U0165774

專業倫理

法律倫理

史慶璞、林春元、洪兆承、蔡鐘慶————著

五南圖書出版公司 印行

校長序

　　中原大學創立於1955年，秉持基督愛世之忱，以信、以望、以愛致力於國家之高等教育，旨在追求真知力行，以傳啓文化、服務人類。多年來，我們推動「全人教育」，培養兼備專業知識、品格涵養和世界觀的知識分子為教育目標。自102年的教學卓越計畫我們提出了人才特色優勢共構計畫起，「專業倫理品格實踐」的特色內容一直是本校在高教深耕上的一大亮點。

　　卅年前本人曾在全國大學商管學院院長會議上，向教育部提議將「商事法」、「企業倫理」列入全國大學商、管學院的必修課。現在國內經歷了黑心油等食安風暴、國外的安隆風暴與著名車廠、製鋼廠造假風波，證明當時力排眾議的堅持是對的。為了強調專業倫理的重要性，中原大學除了成立專業倫理教學發展中心，將專業倫理列為各學院之院通識必修核心課程外，並透過種子師資的培訓與多元媒材的發展，持續精進校內各學院倫理課程與教材。這幾年來，本校也陸續推動大型論壇及全國專業倫理個案競賽，持續將本校「專業倫理」經驗擴散至其他大專院校。例如106年6月舉辦的「全國專業倫理」個案競賽，以「善用知識，力行社會公民責任」為主題，計有大專校院師生跨系或跨校共160組隊伍參賽，引起廣大的迴響。同時，透過國際與國內專家學者之交流及借鏡國外學校之經驗，精進本校專業倫理課程之教學與內容，希冀能厚實能力並協助擴散至大專校院與企業。我們相信透過專業倫理與全人教育之落實，不僅能提升大學畢業生就業競爭力，也是實踐大學教育在社會責任上基本且必須的功能。

　　為增進專業倫理的教學、推展各界對專業倫理的重視，我們邀請了中原大學歷年教授專業倫理的種子教師們，將累積的教學心得去蕪存菁編撰成系列叢書，與各界分享「專業倫理」的教學內容與經驗。期待

本套叢書的出版，能夠在推廣專業倫理的教育上拋磚引玉並達成擴散效應，轉化「倫理能不能教？」的疑問成為「倫理要如何教？」的教育議題，以符合中原大學「篤信力行」的校訓及「教育不僅是探索知識與技能的途徑，也是塑造人格、追尋自我生命意義的過程」之教育理念。

中原大學校長

張光正

107年2月

倫理先於自利—利誠亂之始也

一、倫理的社會功能

倫理是人與人之間應維持的關係，以及由此引申出來人與人相處應遵守的原則。所謂人與人之間的關係，包括我們與識與不識的個人、群體、社會、甚至自然環境之間的關係。人類生存在自然環境之中，人的活動影響環境，反過來也影響人類自己。隨著科技進步，人的生產力和對環境的影響力不斷增強，因此人與環境之間的倫理日益受到重視。

符合倫理的表現為道德，因此倫理和道德常可交換使用。道德表現在人的行為之中為品德。具有品德之人為君子；君子是孔子心目中理想人格的典型。人與人之間因為有倫理才會產生互信，和平相處，形成社會，分工合作，提高生產力，改善生活，使人類從生物人提升為社會人。生物人的意義只有個體的生存和群體的繁衍，社會人則進一步創造文化，使人的生命煥發，多采多姿。

二、以仁為核心的儒家倫理思想

倫理源自人性推己及人的關懷、推愛之心，孟子稱為「惻隱之心」，或「不忍人之心」，西哲亞當‧史密斯（Adam Smith, 1723-90）稱為「同情心」（sympathy）。這一關愛之心就是儒家倫理的核心元素「仁」的雛形，儒家希望通過教育薰陶、個人修養和社會制度加以擴充於全人類。宋儒朱熹更將其擴充到宇宙萬物。朱子說：「仁者以天地萬物為一體，莫非己也」。

仁與情意及互惠相結合，表現於各種人際關係之中，使每個人各自扮演好自己的社會角色，共同促進社會的和諧發展，增進社會全體的福祉。具體的人際關係主要為「五倫」，就是父子、兄弟、夫婦，君臣和朋友。五倫之中，父子、兄弟、夫婦之間的關係，是基於婚姻和家庭而產生的親情和恩義。儒家思想強調親情。不過亞當‧史密斯認為，親情只是共同生活所產生的習慣性的同情與感應，如子女遠離，兄弟分散，

情感隨之淡薄。君臣是職場和工作上的關係，孔子說：「君使臣以禮，臣事君以忠。」（論語，八佾）。君臣用今天的話來說，就是長官與部屬。朋友之間是互惠和情意的關係。至於個人與五倫以外之一般倫理關係，則主要為仁、義、忠、信。仁者愛人；義是行事的正當性；盡己之謂忠；信是誠實不欺。孟子說：「仁、義、忠、信，樂善不倦，此天爵也。」（孟子，告子）

在以儒家思想為主流的中華傳統文化中，倫理是責任和義務的承擔，而非權利和利益的爭取，但在長期中所有人的權責和利害都會得到合理的平衡。如果由於社會制度的扭曲，以致長期失去平衡，社會的和諧與安定也就難以維持。所以倫理雖然源自人心之仁，仍需社會制度的支持，這個制度在儒家思想中就是禮。

綜上所述，可以孔子的一句話來概括：

子曰：「弟子入則孝，出則弟，謹而信，汎愛眾，而親仁。行有餘力，則以學文。」（論語，學而）

孔子這段話有兩點主要的意義。第一，倫理是有層次的，我們對所有的人都要有愛心，也有一些基本的義務，例如行為要謹慎，說話要負責任，不可造成對別人的傷害，但對家人親友則有更多的義務。第二，倫理重於才藝，實踐倫理行有餘力，再去學習才藝。

儒家思想產生於兩千多年前「傳統停滯時代」（traditional stagnation epoch）。所謂傳統停滯時代是指社會缺乏長期持續的技術進步，以致經濟成長停滯。個人追求財富，不會使社會的財富增加，社會全體的福祉來自和諧與安定。因此在我國傳統的價值系統中，倫理優先於財富；反映於教育體系中則是倫理優先於知識。

三、利誠亂之始也

18世紀下半西歐工業革命使技術進步取得持續不斷的可能性，在資本主義機制下，帶領世界經濟脫離「傳統停滯時代」進入「現代成長時代」（modern growth epoch）。個人為追求自己的利益從事生產，創造價值，使社會全體的財富增加。因此自利取得道德的正當性，受到社會鼓勵。亞當·史密斯在他的《國富論》（An Inquiry into the Nature and Causes of the Wealth of Nations,1776）中說：每個人追求自己的利益，冥冥中如有一隻看不見的手帶領，達成社會全體的利益，甚至比蓄意促進

社會的利益更有效率。史密斯甚至說：「我從未聽說那些假裝為了公益而從事交易的人做出什麼好事。」（WN,IV.ii.9）

史密斯並非不重視倫理，實際上他在《國富論》問世前17年發表的《道德情操論》（The Theory of Moral Sentiments,1759）就是一本倫理學巨著。史密斯認為人性有利己的成分，也有利他的成分。我們關心自己的幸福，所以產生審慎的美德（the virtue of prudence）；我們也關心別人的幸福，所以產生公平的美德（the virtue of justice）和仁慈的美德（the virtue of benevolence）。審慎是對財富與社會地位及名聲的追求，公平是不使別人的利益減少，仁慈是增加別人的利益。

史密斯說：「多為別人著想，少為自己著想，節制私欲，樂施仁慈，成就人性的完美。」（TMS, Part I, Sect. I, Chap. V）又說：「為人如能做到恰好的（prefect）審慎，嚴格的（strict）公平和適當的（proper）仁慈，可謂品格完美矣。」（TMS, Part VI,Sect. III）

我們若將史密斯的倫理觀和儒家的倫理觀加以比較，二者似乎並無重大的差異。史密斯雖然鼓勵自利，但也強調公平；公平是不傷害別人的利益。個人在從事生產、創造價值的過程中，如不使任何利害關係者包括個人、社會和環境受到損傷，則他所創造的價值就是社會全體所增加的淨價值，他所得的利益是他為社會創造價值應得的報酬。史密斯雖然視審慎為一種美德，但也主張節制私欲、樂施仁慈，猶如朱子的「存天理，去人欲。」不過社會的價值觀一旦將個人利益放在倫理前面，則當自利和倫理發生重大衝突而社會又缺少有效節制的機制時，就會棄倫理而成就自利。這是現代西方資本主義文化的基本缺失。太史公司馬遷說：

> 余讀孟子書，至梁惠王問「何以利吾國」，未嘗不廢書而嘆也。曰：嗟乎，利誠亂之始也！夫子罕言利者，常防其原也。故曰「放於利而行，多怨」。自天子至於庶人，好利之弊何以異哉！（史記，孟子荀卿列傳）

四、重知識輕倫理的現代教育

進入現代成長時代，技術持續進步，勞動生產力不斷提高，工商業發達，人口從農村進入城市，人力逐工作而居，產業結構改變，社會結構改變，人際關係也隨之改變。

傳統的大家庭消失，只有夫妻子女、甚至無子女的小家庭興起。教育機會平等，生育減少，婦女進入職場，追求自己的理想。生活富裕，健康改善，青春永駐，壽命延長，白首偕老的婚姻不易維持。離婚增加，再婚甚至多次婚姻漸為社會接受。家族與親屬的關係趨於淡薄，朋友、職場與一般的社會關係日益重要。亞當‧史密斯說：文明愈發達，家族的關係愈疏遠。蘇格蘭文明的程度已經很發達，但親情在英格蘭比在蘇格蘭更疏遠。

所得增加，財富累積，人生的追求從物欲滿足，轉移為超越物質，追求個人自主與自由。人生態度從消極默從轉變為積極進取，從集體主義轉變為個人主義，從曲己從人、達成群體的任務，轉變為伸張自我、追逐個人的目的。每個人膨脹自己的權利，欲凌駕他人的權利，擴張自己的自由，欲超越他人的自由，衝撞傳統的倫理規範與社會秩序，使社會的和諧與安定日愈不容易維持。

大家庭消失，家庭守護倫理、傳遞文化的功能式微，個人意志膨脹，無所敬畏，社會價值混亂，規範鬆弛。科技進步，產業多樣，各種專業興起，知識日新月異。學校教育過去強調德、智、體、群、美五育均衡，如今獨尊智育。教育知識化，知識工具化，以提供經濟發展所需的致用之學，人文素養成為不急之務，倫理道德被視為迂腐。

臺灣早期的教育理念延續中國時期重視倫理與品德的傳統，國民小學課程設有「生活與倫理」。國民中學有「公民與道德」。2001年實施九年一貫課程，均改為「社會」。「社會」內容廣泛，包括歷史、地理、社會、政治、經濟、本土、生活、環境，「道德規範」與「人際互動」只是其中一部分。國民教育從倫理、道德轉變為社會，顯示教育思想從我國傳統強調做人的義務與責任，轉變為西方現代所強調的權利和自由。高中的「公民與社會」並包括「社會運動」與「公民不服從」，公開表達對社會秩序與規範的挑戰。2014年十二年國教實施後，倫理教育已從學校教育中消失。如今國家的教育政策與文化政策更表達了去中國化，甚至揚棄中華文化的傾向。然而國家發展不論在經濟領域、政治領域或學術領域，都需要品格端方、「修己以敬」的君子，應如何培育呢？

五、倫理可教嗎？

在我國歷史上，品德之學是孔門弟子的必修科目。「子以四教：

文，行，忠，信。」（論語，述而）文是知識之學，行和忠、信都是品
德之學。孔子最得意的弟子顏回就是德行方面的專家。《論語》中說到
學，絕大部分都是品德之學或倫理之學。魯哀公問孔子：「弟子孰為好
學？」孔子說：「有顏回者好學，不遷怒，不貳過。不幸短命死矣！今
也則亡，未聞好學者也。」（論語，雍也）

　　倫理教育有理性的部分，也有感性的部分。從理性方面看，了解社
會的結構、組織，人與人之間的關係與相處之道，以及人生在世利己、
利他各種價值的選擇，讓學生通過思辨，感悟品德對個人與對社會的意
義，方能理解何以功名利祿不能使人幸福，品德無虧，實現自我，才能
成就幸福人生。

　　除了個人修養之外，為社會和諧安定所賴的倫理道德建立社會支
援體系，誘因制度，也是倫理教育重要的部分。這在孔子時代就是禮和
樂。禮引導人的行為，使之中正；樂調節人的性情，使之平和。《禮
記，樂記》說：

> 禮節民心，樂和民聲。政以行之，刑以防之。禮樂刑政四達而
> 不悖，則王道備矣。

　　廣義的禮包括政和刑。在孔子的時代，禮、樂、征、伐是天子的職
掌。民主政治發展的今天，政府的道德形象敗壞，若干政客甚至人格邪
惡，民間部門尤其是企業部門掌握社會資源最多。因此不僅社會倫理需
要與時俱進，更重視個人與群體與環境之間的關係，倫理的社會支援體
系也需重建，更仰賴民間企業和各種專業團體與公民組織。這些都應成
為現代倫理教育的重要課題。

　　在感性方面，倫理教育需要樹立典範，讓人景仰、嚮往與學習。亞
里斯多德認為應以歷史上我們所崇拜的聖賢豪傑為學習的榜樣。在我國
歷史上，堯、舜、文、武。周公都是孔子所塑造的典型。孔子則是孔門
弟子和後之儒家加以美化和理想化，復得到歷代統治者加持所形成的典
範。

　　蘇轍在〈東坡先生墓誌銘〉中記述了他的兄長少年時的一段故
事：

> 太夫人嘗讀《東漢史》，至《范滂傳》，慨然太息。公侍側
> 曰：「軾若為滂，太夫人亦許之否乎？」太夫人曰：「汝能為

滂，吾顧不能爲滂母耶？」

范滂是東漢後期名士，有節操，爲州縣所服，曾多次應詔出仕。我們很多人應都讀過：冀州飢荒，盜賊四起，他爲朝廷征召，勘察災情，舉奏貪瀆，「登車攬轡，慨然有澄清天下之志。」後來遭黨錮之禍，不願家人親友受累，自行投獄。他的母親安慰他說：「汝今與李、杜齊名，死亦何恨。既有令名，復求壽考，可兼得乎？」李、杜指李膺和杜密，都是當時名士。滂行前對他的兒子說：「吾欲使汝爲惡，則惡不可爲；使汝爲善，則我不爲惡。」路人聞之，莫不流淚。東漢的大儒鄭玄說：「五霸之末，上無天子，下無方伯，善者誰賞，惡者誰罰，紀綱絕矣！」但范滂仍願選擇善行，而八百年後十歲的蘇軾仍願以他爲榜樣。

再說一個反面的例子，謝大寧說：「看《三國演義》讓人不敢做曹操。」

中原大學以「全人教育」（holistic education）爲辦學理念，在當前臺灣教育系統重知識輕倫理，甚至棄倫理於不顧的環境下，可能是唯一將專業倫理列爲全校各學院通識必修核心課程的大學；並成立專業倫理教學發展中心，培訓種子教師，以加強師資，製作多媒體教材以彰顯教學效果。多年以來，中原大學校園祥和安定，畢業的學生爲業界喜愛，除了知識教育精深，我相信倫理教育表現在學生的行爲之上也是一個重要原因。

2018年6月20日，我應邀在中原大學作專題演講，題目是〈品格與倫理：美好人生的一堂倫理課〉，由張光正校長親自主持。光正兄並送我一套中原大學的專業倫理教材，包括工程倫理、教育倫理、科學與倫理，其中企業倫理、法律倫理與設計倫理合爲一冊，共四冊。2020年，《專業倫理》再版，將原來的四冊擴充爲六冊，企業倫理、法律倫理與設計倫理各自獨立成書，各書內容也多有充實，將於2月開學前問世。夏誠華教務長囑我作序。作爲鼓吹倫理教育的同道，我覺得義不容辭。

2000年我從工業技術研究院辭職，到元智大學任教，在管理學院教經濟政策和企業倫理。2001年12月美國爆發安隆（Enron）弊案，第二年7月國會通過沙賓法案（Sarbanes-Oxley Act），加強對公司的監督，一時

企業倫理和公司治理成為美國各大學商、管學院的顯學。然而不論加強倫理教育或外部監督，都不能阻擋資本主義經濟發展對社會和環境製造傷害。美國麻州理工學院（MIT）的梭羅（Lester Thurow）教授說，企業醜聞是資本主義的常態而非異數。又說：

> 那些為了防範弊案再度發生所訂的新法規，宛如還在打上一場戰爭的將軍。這些新法規如早已存在，今天的弊案就不會發生，但並不能阻擋明天的弊案。因為明天的弊案會從新的漏洞爆發。（《天下雜誌》，2002年8月1日）

這也讓我想起孔子的話：

> 道之以政，齊之以刑，民免而無恥；道之以德，齊之以禮，有恥且格。（論語，為政）

我們如將自利放在倫理前面，縱然有嚴格的外部法規，也無法防止弊端發生。

中華文化誕生於兩千多年前我國「傳統停滯時代」，重視倫理，強調個人的責任和義務，而現代西方文化是「現代成長時代」的產物，重視對自利的追求，強調個人的利益、權利和自由。過去十多年，我少讀本行的經濟學，多讀先賢經典，從2011年到2019年出版儒家五書，推廣儒家思想以平衡利益為先的西方文化。唯有將倫理放在利益前面，才能防止追求自利造成對社會和自然的傷害。

舊曆年假期間，我拜讀中原大學《專業倫理》六書，草成這篇序文，敬備中原大學同道參考，並請指正。我也要藉此機會感謝張光正校長和夏誠華教務長對我的信任和囑託。

臺灣大學經濟學系名譽教授、中華教育文化基金會事事長

孫震

2020年2月7日

院長序

　　「倫理」對法律人的重要性，除了是社會大眾基於法律專業在形塑社會生活秩序上扮演著舉足輕重的角色，進而賦予法律從業人員的一項「道德」期待外，也是專業自律賴以運作的一項最重要基石。不論是透過「律師自治」或「司法獨立」等原則來展現，公眾容許律師自我規範或法官獨立審判，目的在換取法律人保證其將以道德、稱職及將公共利益置於個人利益之前的態度，來詮釋與適用法律。相對的，當「倫理」被從法律專業中抽離，則「自律」與「獨立」很可能成為同業間結黨營私的溫床。本書從介紹「倫理」的概念與分類出發，再針對律師、法官與檢察官等三大區塊，詳細說明其等之專業義務及行為規範。除了法律工作者之執業倫理外，本書最後也以「反墮胎公投」、「許厝分校遷校案」及「轉型正義的法律倫理爭議」等三項備受社會矚目之爭議案件，例示法律與倫理間之可能衝突，並以「問題與討論」的方式，鼓勵讀者思索可能的解決之道。全書章節安排層次分明，敘述內容清晰，兼顧了議題的廣度與深度，並配合外國法制之比較說明，以收他山攻錯之效，充分展現了作者群對此一研究主題之專業素養。不論對準備實務考試或學術研究而言，這都是一本值得推薦的好書！

中原大學法學院院長

陳志民

2020年1月9日

CONTENTS
目　錄

第一編

一般倫理

史慶璞

第一章
一般倫理

第一節　倫理的概念

　　倫理是什麼？東漢文學家許慎在《說文解字》一書中，將倫理分爲倫和理二個部分，倫爲次序之意，係指人與人之間不同倫常關係所應謹守的道理；理以玉爲部首，則指處理人與人之間相互關係所應遵循的準則。倫理二字合而爲一即有人倫義理之意，簡單的說，就是關於倫常的道理，亦即人們在日常生活中處理各種事務，與自己、他人及自然的關係發生交錯時所應遵守的原則與規範。例如天、地、君、親、師及父子、君臣、夫婦、長幼、朋友等爲倫常，而親、義、別、序、信等則爲倫理者是。一般而言，倫理的概念至少可從兩個層面去理解，一個是較上位的道德原則，另一個則是較下位的倫常規範。

　　希臘文ethos與拉丁文ethica相同，代表倫理之意，兼具風俗、習慣、規範、良知及德性等內涵。換句話說，倫理應是人們維繫良好群己關係所應具備的行爲準則。依據《韋伯大辭典》所下定義，倫理即是一種關於好與壞的道德責任與義務。《劍橋詞典》更將倫理定義爲是一套以道德爲基礎之行爲準則。因此，倫理規範之建構，自應以較上位之道德體系與哲學基礎爲前提。同時，法律既爲規範人類行爲所需之最低道德標準，其與倫理之作用殊途同歸。所以，倫理應與法律並行不悖，且補充法律之不足，人們除經由法律規範確保社會之安定外，亦應藉由倫理規範獲致社會之和諧。

　　吾人與周遭之人或物，因倫常的作用而發生互動，進而形成特定的倫理關係。這些關係不論長短、遠近、深淺或親疏，皆將爲上述倫理聯繫所牽絆，且因倫理聯繫類型之不同而各自遵行不同之倫理法則。關於倫

理聯繫之態樣，參照學者黃光國教授之論述，約可分爲三種類型。第一種是情感性之倫理聯繫，由於此種聯繫係基於家庭中成員之互動所形成之人際關係，故較著重情感的束縛，例如父子、母女、手足是。於此，倫理之互動應遵循需求法則。第二種是工具性之倫理聯繫，此種聯繫主要係指在現代工商社會中，一個人爲日常生活所需而在不同場合與他人發生交往及互動所形成之人際關係，故較著重法律的拘束，例如老闆與夥計、零售商與消費者、警察與小偷是。於此，倫理之互動應遵循公平法則。第三種則是混合性之倫理聯繫，也就是兼具情感性成分和工具性成分而形成之人際關係，故較著重理性的調諧，例如老師與學生、師父與徒弟、學長與學弟是。於此，倫理之互動應遵循人情法則。

第二節　倫理與道德

　　倫理與道德皆屬人類的規範，但二者仍有區別。在來源方面，倫理是基於社會意志而形成，道德則是基於個人意志所產生；在目的方面，倫理係在規範人類外在的活動，而道德旨在拘束人類內在的思維；在內容方面，倫理係規範人與天、人與地和人與人之間的倫常關係，而道德旨在修爲個人頂天立地、大是大非的凜然情操；在制裁方面，違反倫理者將面臨親屬、鄰里或同僚等的強烈指責與撻伐，而違反道德者則會在良心上受到自己無言的譴責。

　　簡單的說，倫理是關於好與壞、善與惡、正與邪的問題，而道德則是關於對與錯、白與黑、是與非的問題。從倫理的角度觀察，倫理係建立人際關係與和諧關係的基礎，舉凡經由風俗習慣或地方習俗所形成的群我規範或典儀制度等屬之。倫理係基於社會共通價值與渴望和諧的意志而產生，故與社會整體目標的達成及規範的建置息息相關。由於倫理的內容往往涉及社會公平正義的體現與實踐，故其能否成爲普遍遵守的社會生活規範，則仍取決於社群全體的同理心與善意志。

　　反過來說，從道德的角度觀察，道德係建立個人內在修爲的基礎，故較著重自發性內省力量的塑造與昇華。道德係基於個人鍛鍊完善德行的意

志而形成，故其能否成就則完全取決於個人堅定不移的信念與決心。由於道德反映修爲者個人唯我獨尊、捨我其誰的良心，故其成就對於社會正義的實現，或將發揮啓發與引導的作用，但一切道德是否終將成爲一般人普遍認同的社會生活規範，則仍不可一概而論。

第三節　倫理與法律

關於法律，大法官管歐表示：「法律是經過一定的制定程序，以國家權力而強制實行的人類生活規範」；大法官林紀東表示：「法律是社會生活中人與人之間關係的規律，以正義爲其存在的基礎，以國家的強制力爲其實施的手段」；大法官鄭玉波表示：「法律是以保障群眾安寧，維持社會秩序爲目的，而通過國家權力以強制實行的一種社會生活規範」；學者韓忠謨教授表示：「法律是憑藉強制力爲施行保障的社會生活規範」。綜言之，所謂法律，乃是經由國家強制力以實施的社會生活規範。

倫理與法律在本質上並無不同，皆屬人類社會的生活規範，但二者尚有區別。在來源方面，法律是國家依一定強制程序而訂定，而倫理則是特定社群經由全體意志所自由形成；在目的方面，法律是爲維護社會的安寧秩序而存在，倫理則是爲尋求社會的卓越和諧而產生；在內容方面，法律著重人與人之間權利義務關係的對等與均衡，倫理則強調人與天、人與地、人與人身心靈的平和與調諧；在制裁方面，違反法律者將受到國家公權力對於生命、自由、財產的剝奪或限制，而違反倫理者除將面臨親屬、鄰里或同僚等的強烈指摘與撻伐外，仍有反躬自省重新調整的餘地。

倫理與法律雖皆屬社會生活規範，但爲眞正實現社會的公平正義，二者均不可或缺。例如法律雖可使民眾共享社會資源的目標一步到位，但政府因實行強制作爲所產生的民怨，恐無法再行使用法律手段以作因應，解決之道，應轉由倫理策略謀求雙贏，以獲致各方面民眾共融和諧的最佳利益者即是。

在現實生活裡，吾人經常面臨許多抉擇，諸如這件事該不該做、那個活動該不該參加，或是我可不可以這樣做等問題。的確，身爲現代公民社

會的一員，我們一定會先告訴自己，不可違法。但法律沒規定的部分，是不是就算合法？則不太能夠確定。趕快去請教師長、同學或法律專業人士，則不僅緩不濟急，而且可能仍是一頭霧水。在此，法律未能及時指點迷津，吾人即應透過倫理思維理性尋求最為適切的解決方案。

第四節　倫理的思維

在法律與倫理的思辨過程中，我們可能會碰到一些頗為複雜，與在邏輯上極為難解的現象，亦即被認定為合法（lawful）的事物，不一定就是等於合乎倫理（ethical），相反的，被認定為合乎倫理的事物，亦不一定就是等於合法。相對來說，被認定為不法（unlawful）的事物，不一定就是等於不合乎倫理（unethical），相反的，被認定為不合乎倫理的事物，亦不一定就是等於不法。那麼，吾人在倫理與法律之間應如何獲致最為適切的行動方案，則成為在抉擇處理上最應嚴肅面對的課題。

為作成理性與適切的決定，吾人必須藉助倫理學有關道德哲學及相關準則進行道德判斷，如經過道德思維的結果認為事物確有倫理之正當性（ethically justifiable）存在，則縱使該事物的合法性未達明確的程度，甚或在直觀上屬於不法，仍為適法（legitimate），吾人應可在倫理上作成最為適切的抉擇。相反地，如經過道德思維的結果顯示事物有倫理之不正當性（ethically unjustifiable）存在，則該事物不論係在合法性未達明確的程度，抑或係在直觀上屬於合法，皆為不適法（illegitimate），吾人應可在倫理上作成揚棄的抉擇。

就以近年最為人們所熱切議論的食品安全問題為例，如果你是一個沙拉油的製造商，為響應政府舊油回收再利用的政策及為投資股東創造最大利潤，不惜斥資引進國外最新設備，該設備能化腐朽為神奇，可經由過濾裂解等新進薄膜科技程序，將最低劣的廢棄油品提煉成一般人可接近食用的純淨沙拉油。檢視《食品安全衛生管理法》等有關加工與販售食品的規範，相關法令語焉不詳，甚至完全沒有關於禁止以廢棄油提煉再生沙拉油之明文規定，故對於沙拉油的製造商而言，此類製造、販售再生沙拉油的

行為，在科學與法律的思維之下，應屬可行。

然而，著手進行廢棄沙拉油的再生、加工與販售，是否是沙拉油製造商在倫理上最為適切的抉擇，則不無疑義。如前所述，法律著重秩序的維護，而倫理則強調和諧的建構。加工和販售廢棄沙拉油的行為縱使非屬不法，但或許仍會使這位製造商的良心感到異常困窘或不安。若此，即意謂該項行為的倫理正當性已受到質疑與挑戰。

沙拉油製造商透過倫理的思維，如認為創造股東最大利潤的道德價值其權重，顯然無法與維護廣大消費者尊嚴與權益的道德價值抗衡，則該行為即欠缺倫理正當性與適法性，應即做成停止加工和販售再生廢棄沙拉油的抉擇。但反過來說，沙拉油製造商透過倫理的思維，如認為其對於公司及股東負有追求最少成本及最大利益的經理人善良管理義務，且再生沙拉油對於消費者造成傷害之風險微乎其微，履行對於公司股東義務的道德價值，顯然逾越減少消費者微小風險或使微小風險降至零的道德價值，因此，基於權衡股東投資利益與消費者受損風險，加工和販售再生沙拉油的行為應存在倫理正當性，沙拉油製造商作做繼續從事該項行為的抉擇在倫理上，仍應具備適法性。

申言之，在現代生活中，科學的知識也許可以告訴我們什麼事能夠做得到，法律的規定也許可以讓我們知道什麼事可以去做，但任何事物單憑科學的驗證及法律的背書，就可立即付諸實現嗎？當然不行。任何事物如僅訴諸科學與法律的思考而貿然前進，則恐難逃自我良心的反思與譴責，或是造成他人身心靈的怨尤與傷害，甚或導致人類社會及整個自然環境的淪喪與浩劫。

因此、任何事物背後所存在對於自己、他人和自然的道德危機與風險，仍須透過道德與倫理的思維進行整合與調整，冀使吾人可進一步作成毋庸背離情理法且具備倫理正當性的行動抉擇，方為適切。然而，由於道德蘊含人類內在精神及心靈層面上最高位階的良心價值與使命，足資做為吾人辨識事物大是大非本質的神旨與天職。是故，凡事如皆訴諸道德，勢將使萬事萬物裹足不前，如因而造成人類文明的落後與停滯，豈不遺憾。

因此，謹慎尋求人與自己、人與他人、人與天、人與地的卓越與和諧，透過道德哲學找出緩解諸多呈現兩難或多元困境的倫理準則，冀以做成對於天、地、人最為適切的行動方案，即是吾人進行倫理思維的宗旨與目的。

問題討論

1. 要善待自己的生命，但結束自己的生命，是不是也是一個好的決定？
2. 孕婦決定拿掉胎兒，四周的人都勸她三思而行，他們是不是都有話要說？
3. 同性伴侶決定結婚了，他們的決定需不需要再考量？

參考文獻

1. 林紀東（2008），《法學緒論》，五南圖書出版公司。
2. 韓忠謨（2009），《法學緒論》，北京大學出版社。
3. 黃光國（2010），《人情與面子，（中國人的權力遊戲）》，中國人民大學。
4. 管歐（2010），《法學緒論》，五南圖書出版公司。
5. 呂國禎、謝明玲（2014），《重建美食王國》，天下雜誌，第559期。
6. 鄭玉波（2016），《法學緒論》，第22版，三民書局。

第二章

倫理學的內涵

第一節　倫理學的概念

　　關於倫理學，袁廷棟神父表示，是一門依據理性研究人類行為絕對性規範的科學；學者林火旺教授表示，是一個以探討生活方式和行為規則為目的的哲學研究領域；學者鄔昆如教授表示，是一門做人的學問，其不僅具理論性，可增進人們做人的知識，亦具實踐性，可使人們實踐做人的道理；學者何懷宏教授則表示，是一種對於人與宇宙、自然與人群相遇時所應遵循規律之理性思索，是一門關乎人們行為品質之善惡正邪，乃至其生活方式、生命意義及終極關懷等之學問。

　　一般而言，倫理學的研究領域，可歸納為以下四個主要範疇。第一是後設倫理學，以研究倫理概念的理論意義與本質為核心；第二是規範倫理學，除評判各種不同的道德觀外，並對於正確或錯誤的行為給予道德準則之建議；第三是應用倫理學，試圖將倫理理論應用於特定實例之中，使人們在遇到道德問題時，能夠知道應做如何之處置；第四是描述倫理學，研討社會族群所普遍持有的倫理觀，包括社會風氣、風俗習慣、禮儀、法規、人們對於善與惡的見解，以及面對各種行為的反應與態度等。本教材以法律專業倫理為核心，暫未延伸一般倫理完整範疇，僅就規範倫理學及應用倫理學為論述。

　　倫理學的目的，乃在使人們的生命、生存與生活能夠更為完善與和諧。由於倫理學可引領我們澄清個人與其所生存大自然之關係，故能使人性尊嚴及生命意義獲得更為崇隆與彰顯的定位。而個人與天地良善關係之建構，更是奠定個人與他人、個人與萬物，以及個人與自我和諧永續關係之磐石，而倫理學即能提供給我們有價值的道德知識及可運用的實踐哲

學，以對於我們的思維與行動形成倫理上的誘導及啓發。例如倫理學能使我們了解人是身心靈合一的生命體，故能讓我們更願意愛惜自己的生命，善待自己的身體，進而使個人與自我的關係獲得和諧；同時，倫理學亦能使我們認知人與宇宙是生命共同體，故能使我們更加仁民愛物，進而願意竭盡心力與他人和萬物締造良善卓越的完善倫常關係。

嚴格來說，倫理學亦屬驗證之學，與一般科學探究宇宙眞理及追求人類眞知的目的並無不同。但二者在驗證的方法論上，則存在極大的差異，一般科學是拿牢不可破的冰冷證據，作爲驗證科學理論是否正確的依據，而倫理學則是用一般人常年對於特定事物的理性判斷，作爲驗證倫理學理論是否合宜的論據。例如維護生命是某倫理學理論所秉持之哲學基礎，醫師即依據此一理論建議垂死病患捐贈器官，以救治更多生命。但家屬認爲身體神聖且非病患本意，故而反對醫師的建議。此後，類似建議亦同樣遭受其他病患及家屬的質疑與反對，如經年累月都是如此，則上述維護生命的倫理學理論，經過多數人相同判斷取向之驗證，證實無法誘導人們作成較妥適的抉擇，故可證明此一理論存在謬誤，亟待倫理學家予以修正、調整，甚或揚棄者即是。

第二節　規範倫理學

規範倫理學（Normative Ethics），係以建構人類行爲規範之原則爲中心，以作爲人們在形成行動抉擇時之道德哲學，其目的乃在解決我們所面臨在倫理上的難題，亦即關於我們應該拿什麼基準，來作爲辨別事物好與壞、善與惡、是與非，以及曲與直等等問題的依據。一般而言，倫理的決定並非取決於主觀的情緒或感受，亦非爲客觀存在的宗教或法律所左右，因此，有關我們要如何才知道自己的抉擇是合乎倫理的問題，則應以規範倫理學研究所建構的若干道德哲學爲基礎，始可獲得較爲圓滿及妥適的答案。

如前所述，規範倫理學研究所建構之倫理準則，乃在使我們能夠辨明

不合乎倫理的事物並予揚棄，以便順利作成最為適切的決定。經過數世紀先聖先哲的觀察與研究，倫理學為人類所實證累積有關行為規範之哲學理論與倫理模式已相當完整，其不僅對於人類個別與群體的行為產生重大且深遠的影響，同時若干規範理論更成為現今法律與行為規章的立論依據。至於規範倫理學之理論，眾說紛紜，莫衷一是，歸納言之，約可分為效益論、義務論、德行論、權利論、公益論，以及正義論等六類，試扼要分述如下：

效益論（Utilitarianism）

效益論由英國哲學家邊沁（Jeromy Bentham, 1748-1832）和米爾（John Stuart Mill, 1806-1873）所倡導，亦稱功利論，或稱實用論，以行為的目標為導向，行為之道德性取決於行為的結果與效益，與行為的動機無關，故亦屬目的論與結果論的一環。換言之，效益論以行為產生的整體效益，作為決定行為倫理正當性的基準，認為能促進幸福快樂的行為就是善的，相反的，會導致人們痛苦的行為就是惡的。

效益論者主張效益最大化原則，認為一個行為的好壞或一個行為的價值，取決於該行為所帶來量化的幸福效益，如其效益愈大，即意謂該行為愈良善，愈能帶給我們更美好的生活，故其倫理正當性也愈高。例如核能電廠會發生災變造成痛苦，但其發生災變的機率極低，而核能電廠在經濟上能帶給人們很大的效益，是故，基於效益論，政府核能發電的決策是為良善的。

義務論（Deontology）

義務論以德國哲學家康德（Immanuel Kant, 1724-1804）和羅思（William David Ross, 1877-1971）為代表，又稱康德論，或稱道義論和責任論，以道德義務為基礎，判斷行為之倫理正當性及其道德價值。行為之道德性，除取決於行為本身的正當性外，亦應同時探求行為的動機而非結果，故屬動機論的一環。康德認為，行為應以不受外力支配的善意志與

良心為動機，始具有道德價值。

　　康德主張，真正的道德義務應是一個理性的、自律的、普遍的、絕對的及不可附加任何條件的行為責任，該項責任乃建立在自律的定然令式之上，具有普遍與絕對的效力，人們將出自理性的善意志及出自自己良心的命令，對於上述義務無條件地予以遵守與實踐。例如記者對一位進入火海搶救孩童的英雄進行採訪，當記者詢問「進入火場時你在想什麼？」的問題時，英雄只回答「我什麼都沒有去想，只是想到救人要緊」等語。基於義務論，英雄投入火海搶救孩童的決定是為良善的。

德行論（Virtue Ethics）

　　德行論以亞里斯多德（Aristotle, 384-322 B.C.）的論述為核心，其於《尼各馬卡倫理學》一書表示：一切技術、一切科學、一切探索和一切行為與決定，都是以獲得某些善為目標。善為事物追求的目的。亞里斯多德強調，人類一切活動，皆有其目的性。由於人生的最高善就是幸福，因此，獲得幸福就是達到德行圓滿的境界。然而，人的行為是否符合德性，其關鍵並不在於是否奉行至高無上的道德令式，而是取決於其慾望、情感等非理性部分是否能夠完全服從理性的原則，如仁慈、慷慨、誠實及正直等。這些理性原則可經由內化過程形成個人的良好品格，並成為自己日後判斷各種決定和行為道德價值的基礎。

　　理性具有適當與中庸的內涵，與善決定和行為具備卓越與和諧的特質一致。是故，基於德性論，理性的決定和行為就是良善的決定和行為。如慾望和情感能服從理性的原則，則出自理性原則的決定和行為，就會是一種符合德性的決定和行為，亦會是一個良善的決定和行為。德行論者強調，人們判斷行為道德價值的能力，是可以經由不斷地鍛鍊與學習而進行培養與塑造的，人們只要經常保持良善的動機，自然就能作成正確的道德判斷，發揮良好的德行，且獲致卓越與和諧的關係。例如一位用錢揮霍的人，經過理性原則的陶冶，成為一位樂善好施的大善人，基於德行論，此人從揮霍變成慷慨，即是一種理性與良善的轉向。

權利論（Virtue Ethics）

　　權利論以英國哲學家洛克（John Locke, 1632-1704）為代表，其自然權利及社會契約之道德觀點，啟導日後《美國獨立宣言》之論述。權利論主張任何人均與生俱來享有生命、自由與財產等基本權利，不得假借任何方式或因任何決定而遭受他人的侵犯。權利論著重個人權利之享有與保障，對於他人因個人權利之行使所造成的影響與負擔則未必重視，故如個人權利與社會整體利益發生衝突時，該個人權利仍應優先考量。例如擁有槍械是美國憲法保障的基本權利，當該項權利與社會利益發生衝突時，縱使在社會為避免槍械落入危險、不負責任或精神異常者之手，確有訂定控管槍械規定之必要時，個人擁有槍枝的基本權利仍應受到憲法的保障。

共益論（Common Good Ethics）

　　共益論承襲柏拉圖（Plato, 427-347）及亞里斯多德有關社會福利之觀點，且經孟德斯鳩（Jean-Jacques Rousseau, 1712-1778）大力鼓吹，其主張由於大多數人民所共同展現的公共意志，最能體現全體民眾的共同利益，因此，最好的社會應是最能接受其組成分子所展現共同意志的提點與指導。共益論著重社會整體之共同利益，認為所有人都是一個較大社群或團體的一分子，故每個人都應肩負起實現社群共同利益之道德責任，同時，對於他人，尤其是弱勢族群或個人，亦應給予相當的尊重與同情。例如身為藍領階級，每個人都應該為勞工權益而打拼，就是要和自己的老闆對抗，亦應毫不畏懼。

正義論（Justice Ethics）

　　正義論為美國當代政治哲學家羅爾斯（John Rawls, 1921-2002）所提出，其主張正義就是公平，強調在一個平等的經濟社會中，每一位自由的公民皆應在道德上享有均等的權利。正義論認為正義之眼是看不見的，故無分貴賤、階級、地位或其他區別，所有人皆應受到公平的對待，任何人皆不可獲取比他人較多或較少的利益或不利益。正義論旨在防止在社會契

約下發生不公不義的情事，且強調任何人的機會在社會上都是均等的。例如任何人不能僅僅因為享有較多的財富或資源，而可以在器官捐贈的等待名單上佔有較優先的序位。

第三節　應用倫理學

　　應用倫理學（Applied Ethics），係將倫理理論應用於實際情況，以解決道德問題為目的，關於其應用範疇，可從兩個方面著手，一個是專業倫理，另一個則是實用倫理。簡單的說，專業倫理係將倫理理論應用於各種專業領域，以成為各該專業領域人員從事相關活動之道德哲學基礎，例如教師專業倫理、圖書館專業倫理、醫師倫理、律師倫理等是；而實用倫理則係將倫理理論應用於特定事件中，以作為尋求適切處置之道德哲學基礎，例如在興建核能電廠或安樂死等問題上，或是在《搶救雷恩大兵》的電影情節中，應用倫理理論等是。

　　在應用倫理學領域中，又以專業倫理學之研究較屬完備。專業倫理學試圖提供個人在專業職域中，於面對專業責任、專業價值、個人信念、組織目標及角色扮演等多重困境而須作成最佳判斷或決定時所應具備的道德價值與準則。因此，專業倫理學之研究，乃在於各個專業領域中，建構一種共同認可的規則、規範、原則、標準或準則，冀使每位在該類專業領域中之專業從業人士，皆能透過道德思維而作成合乎倫理正當性最為適切的行動與抉擇。

　　如前所述，專業倫理係為維繫專業組織內部成員與他人或政府永續倫理關係之道德準則，因此，專業倫理的本質，與一般倫理並無不同，皆屬關於人與人之間卓越和諧關係之倫常規範，故其內容之建構，仍須以維繫人類通常倫常關係之道德標準為基礎，如有必要，始得依特定領域專業特性之不同而做成若干適度之修正、擴充或變更。

　　參照學者懷特和渥頓的論述，專業倫理的建構，應以共同價值、行為準則、專業知識與法律規範等四個發展階段為基礎。只有當價值、準則、

知識及規範等四個階段次第發展且建構完成後，專業倫理的紀律始得存在。至於專業倫理的適用範圍，則可能會因為專業從業人士在其專業領域中所可能面對的各種類型互動對象之屬性而有所不同。大體而言，應包括客戶或委託人本人及其親屬、家屬或朋友；客戶及委託人之相對人、關係人及其親屬、家屬或朋友；民眾、傳播媒體及利益團體；各級政府、目的事業主管機關及其他非政府公益或營利組織；以及員工、同儕、同業及各種職業公會或工會等。

關於作成專業倫理判斷的道德準則，當代生命醫學倫理學大師Thomas Beauchamp和James Childress表示，至少應包含下列各項基本原則：一、不傷害原則：不傷害自己或他人；二、互惠原則：幫助自己及他人；三、自主原則：讓有理性的個體知情自主地做成決定；四、公義原則：公平對待他人；五、效益原則：盡量擴大所有人的福利，減少傷害；六、誠信原則：遵守自己的承諾和協議；七、信實原則：不說謊、詐騙、欺瞞或誤導別人；八、保密原則：尊重個人的隱私及秘密。

問題討論

1. 臺電公司工程師對於核能電廠附近居民的抗爭，應如何面對？
2. 醫師對於安寧病患提出安樂死請求，應如何處理？
3. 警察對於訴求公民不服從的陳抗群眾，應如何執法？

參考文獻

1. 袁廷棟（1989），《普通倫理學》，黎明文化事業公司。
2. 林火旺（2004），《倫理學》，五南圖書出版公司。
3. 鄔昆如（2008），《倫理學》，五南圖書出版公司。
4. 林火旺（2009），《基本倫理學》，三民書局。
5. 何懷宏（2015），《倫理學是什麼》，北京大學出版社。
6. 梁光耀（2016），《倫理學》，非凡出版。
7. 陳特（2019），《倫理學釋論》，東大圖書公司。

8. 蔡淑麗（2003），《專業倫理的存在意義》，輔仁大學社會人文與全人教育學術研討會。

9. Thomas Beauchamp, James Childress (2013), 7th Edition, 《Principles of Biomedical Ethics》, Oxford University Press.

10. Adil Shamoo, David Resnik (2015), 3rd Edition, 《Responsible Conduct of Research》, Oxford University Press.

11. Jaime Nguyen (2019), 4th Edition, 《Legal and Ethical Issues for Health Professions》, Elsevier, Inc..

第三章
研究倫理

第一節　研究倫理的概念

　　研究倫理（Research Ethics）係指為確保研究人員切實履行誠正信實的研究行為與態度，經研究機構或團體共同訂定而要求研究者遵守奉行的道德準則，其內容應包括研究方法之完善性、研究過程之合理性、研究成果之忠實性、研究資料之正確性，以及對於研究參與者及受試者之平等對待及生命尊重等，屬於道德層次的自律性規範。

　　研究倫理逐漸獲得重視，應起始於第二次大戰末期，在醫學研究領域所爆發一連串之不當人體試驗案件，致使國際醫學界與各國政府陸續制定從事人體試驗研究所應遵守之研究誠信基本倫理原則，且建置相關組織進行研究倫理之推廣與審查，一方面在研究計畫籌劃期間提供建言，另一方面則於計畫執行期間予以協助與管理，如美國於各大學校院或研究機構設置Institutional Review Boards（IRBs）、英國於各區域設置Research Ethics Committees（RECs）、加拿大設置Research Ethics Boards（REBs），以及澳洲政府設置Australian Health Ethics Committee（AHEC）及非政府組織Human Research Ethics Committees（HRECs）等是。

　　一般而言，涉及生命的研究活動如係以人類為對象，則研究倫理應置重點於對於個人或群體的資料、行為、心理、背景或文化等方面之調查、蒐集與運用是否符合公平、合理與完善之基本倫理原則，研究過程是否平等對待研究參與者及受試者且盡力維護其身心平衡與權益，以及研究活動是否尊重人性尊嚴等。在另一方面，如研究活動涉及人類以外，包括動、植物及其他細微生命個體時，則研究倫理應置重點於是否解除或減緩受試

生命體在研究或實驗過程中所可能遭受的痛苦及傷害，是否盡力以人道關懷善待道德品位層次較高的動物。為貫徹研究倫理目的，對於一切涉及生命現象的有關研究，研究人員在倫理審查尚未完成前，不宜貿然開始或繼續進行。

第二節　研究倫理規範

　　研究人員所應遵循之研究倫理規範，其名稱及類型或有不同，但大致來說，應包含各研究學門的倫理守則、各研究方法的倫理守則、國際倫理公約、各國有關法令、公私立機構相關政策、社群或群組各自形成的研究公約，以及其他與研究活動有關之各種研究倫理標準、準則等。基本上，研究人員在規劃、執行、解釋與呈現研究活動的行為和結果時，應尊重不同倫理規範所欲實現的目的與宗旨，並考量不同規範間存在的衝突或牴觸，以避免產生摩擦或造成無謂之倫理爭議，同時，亦須盡力確保參與者和受試者在程序上和實體上之完整權益。

　　關於國際上重要之研究倫理守則與公約，且為當代科學及研究人員所奉為圭臬者，舉其大者，當推以下數種：一、《紐倫堡準則》（The Nuremberg Code）；二、世界衛生組織世界醫師會《赫爾辛基宣言》（WMA Declaration of Helsinki）；三、聯合國教育科學文化組織《世界生命倫理與人權宣言》（UNESCO Universal Declaration on Bioethics and Human Rights）；四、美國《貝爾蒙特報告書》（The Belmont Report）；五、加拿大三理事會人類研究倫理行為政策指導（Tri-Council Policy Statement Ethical Conduct for Research Involving Humans）；六、英國經濟社會研究理事會研究倫理框架The Economic and Social Research Council Framework for Research Ethics；七、歐盟社會經濟研究倫理準則（EU Code of Ethics for Socio-Economic Research）

　　在自然科學領域深耕研究倫理，世界各國多已形成共識。然而，社會科學的研究，縱使未如自然科學動輒涉及生命，但對於人類生物行為的研

究亦所在多，不容忽視。在我國，爲推動社會科學領域研究倫理觀念的建立與重視，科技部人類研究倫理治理架構建置推動計畫與臺灣社會科學相關專業學會合作，期望在不同學門專業研究規範的思維之下，由各研究社群依據其特定研究性質，且以其在研究現場所面對各種倫理疑慮爲脈絡，獨立建構各自學門之研究倫理規範，再經由學術社群自律角度進行倫理爭點討論，以促進社會科學研究人員正視研究倫理議題。

目前，經公告訂定研究倫理之學會，包括臺灣社會工作人員專業協會社會工作研究倫理守則、臺灣社會學會研究倫理守則、教育學門保護研究對象倫理信條及臺灣人類學與民族學學會倫理規範等。

第三節　研究倫理基本原則

《紐倫堡準則》、《赫爾辛基宣言》及《貝爾蒙特報告書》經舉世公認爲研究倫理之三大基本原則，是世人進行科學研究所一致尊崇之普世價值，且已成爲各國研究倫理之規範。

生命倫理─《紐倫堡準則》

研究倫理係以受試對象所擁有生命的道德價值爲依歸，故關於研究倫理基本原則之建立，自應以生命倫理有關哲學基礎爲核心。而當代生命倫理道德哲學之建立，顯然係受戰後《紐倫堡準則》所啓導。關於《紐倫堡準則》所闡述之生命倫理原則，摘要如下：一、自願者的知情同意須未受任何脅迫而取得；二、試驗須爲獲致社會福祉所必要；三、人類試驗須以先前的動物試驗爲基礎；四、預期的科學成果應可正當化所進行的試驗；五、唯有合格的科學家才可進行醫學試驗；六、身體與精神的痛苦和傷害應予避免；七、試驗未預期任何死亡或失能的傷害。

醫學倫理─《赫爾辛基宣言》

由於醫學普遍係以提升人類生存及健康福祉爲主要目的，故其研究將經常以人類生命爲重要受試對象，有關醫學團體自發性或政策性之研究倫

理公約、宣言、信條或指引等，乃自然而然地成爲各個科學領域建構生命研究倫理規範的領頭羊。而1964年世界衛生組織世界醫師會於芬蘭赫爾辛基所簽署關於醫學倫理之宣言，更是在當代國際法領域中，儼然成爲世界各國所公認，係一切應用人類生命體進行醫學研究之基本倫理原則。

《赫爾辛基宣言》規範涉及人體醫學研究之臨床與非臨床試驗，其內容包括以下數點：一、人體試驗是受試者在自由意志下經過知情同意而作成；二、受試者對於實驗內容取得正確且完整的資訊；三、人體試驗應有利於受試者，且以人類福祉爲目的；四、進行人體試驗前應先進行動物試驗；五、人體試驗應盡力避免對於人體身心的傷害，如在實驗進行中發現對人體有害則應立即停止；六、人體試驗應在合法機關的監督之下，由具備資格者進行實驗，且應事前預擬補償措施；七、受試者對於自己的身體有說不要的選擇與權利。

研究倫理－《貝爾蒙特報告書》

美國全國生物及行爲研究人體受試者保護委員會於1979年製作《貝爾蒙特報告書》，除對於生物醫學研究者的行爲進行約束外，並藉由本報告書闡明保障研究參與者及受試者之核心倫理原則，其內容包括尊重個人、善意不傷害及正義等三大原則，分述如下：

第一、尊重個人原則，亦即研究者應尊重研究參與者及受試者於研究過程中的自主性，參與者及受試者可決定是否參與研究、是否參與某些程序、是否分享某些經驗，或在不影響權益情形下退出研究等。資訊不充分、說明不明確或有外力介入等情事，皆爲影響參與者及受試者行使決定的因素；第二，善意不傷害原則，亦即研究應在增進參與者及受試者、其所屬社群及社會全體福祉的前提下進行。研究者應盡力降低研究帶給參與者及受試者傷害的可能性，並致力提升研究對於參與者及受試者、所屬社群或社會全體的利益；第三，正義原則，亦即研究者應承擔公平且平等對待他人之責任。如研究使參與者及受試者增加受傷害的程度時，研究者應考量參與者及受試者權力不對等情形、缺乏理解能力或欠缺爲自己辯護或

保護自己權益等情事，且研究風險與利益亦不應集中於特定參與者及受試者的身上。

以人體研究法第4條第1項規定所指稱從事取得、調查、分析、運用人體檢體或個人之生物行為、生理、心理、遺傳、醫學等有關資訊之人體研究為例，為實踐以人類生命體為對象之研究倫理原則，吾人應從下列三個層面著手。第一層面，尊重個人，要使受試者作成認知與自主的知情同意；第二層面，善意不傷害，要仔細進行受試者風險與公共利益的評估；以及第三層面，履行正義，要對於受試者的招募地位詳實評估。

所謂知情同意（Informed Consent），應至少包含受試者做成決定所需經歷的三個思維內涵，亦即認知、同意及自主等。認知係指研究人員應以受試者可以理解之方式，主動且明確地告知受試者關於研究進行之相關資訊，包括研究目的與期程、主持人姓名與研究機構名稱、研究經費來源與研究內容、受試者權益與合理範圍內可預見風險、隱私權保障與研究者義務，以及研究致生損害之賠償與補償機制等，期使受試者能概括理解其所將參與之研究活動。其次，同意則指受試者在作成參與研究活動的決定時，應具備足夠的理解與判斷能力。最後，所謂自主，應指受試者係在完全的自由意志下做成自願性的決定。

我國人體研究法闡明研究倫理之內涵頗為深刻，其於第2條規定：「人體研究應尊重研究對象之自主權，確保研究進行之風險與利益相平衡，對研究對象侵害最小，並兼顧研究負擔與成果之公平分配，以保障研究對象之權益。」同法第12條至第14條及第21條並完整規定受試者權益，包括福祉、自主、知情同意、隱私、去連結化及正義等內涵，與國際上所共同遵循之生命研究倫理原則接軌，值得吾人推崇。

問題討論

1. 心理學者對於通過十字路口路人情緒進行生物行為研究，是否可不必接受研究倫理委員會之審查？
2. 教學醫院醫師認為某學名藥風險極低，直接進行人體試驗，並給予每位受試者出席費一千元。這個新藥試驗，是否為一個負責任的研究行為？
3. 倫理學老師徵求學生自願捐血進行研究，課後有10位同學參與。這位老師有無違反研究倫理？

參考文獻

1. Thomas Beauchamp, James Childress (2013), 7th Edition, 《Principles of Biomedical Ethics》, Oxford University Press.
2. 臺灣學術倫理教育推廣資源中心（2019），《研究倫理的定義與內涵》，https://ethics.moe.edu.tw/files/demo/demo_u01/index.html
3. 國立成功大學人類研究倫理治理架構，《何謂研究倫理》，https://rec.chass.ncku.edu.tw/about_research_ethics/definition
4. Office of Human Research Protections (2019), 《The Belmont Report, Ethical Principles and Guidelines for the Human Subjects of Research》，https://www.hhs.gov/ohrp/regulations-and-policy/belmont-report/index.html

第四章
學術倫理

第一節　學術倫理的概念

　　學術倫理（Academic Ethics）係指學術社群在從事學術活動時，為履行誠正信實之學術責任而應予遵守與奉行的道德義務。此種自律規範除係為學術從事者所建構者外，亦屬學術社群道德層次之團體紀律，可視為係學術主體在進行知識形成、累積與驗證等學術過程時所共同認知與謹守之通則與分際。其次，關於學術倫理所應規範的對象，依我國現制，舉凡大專以上公私立校院從事教學及研究工作的教師、研究人員，以及校內、外參與或協助教師進行教學與研究工作的博士後研究人員、博士班及碩士班研究生，以及大學部本科生等，皆屬之。

　　古訓「君子應自重」，實一語道破學術倫理的精隨。對於學術從事者而言，學術倫理不僅是一種自我深化的專業素養，同時更是學術研究單位確保學術研究品質與公信力所不可或缺之要件。由於教育背景與傳統文化的差異，學術倫理議題始終未受重視，直至一連串違反學術誠信疑義事件層出不窮，國人始逐漸認知建構學術倫理規範之重要，並試圖在維護學術自由與確保學術誠信之間取得平衡點，冀使學術行為可在相關學術領域倫理原則的適度規範下，受到一定程度之拘束和勸勉。大體而言，違反學術倫理之不當學術行為，類型極為複雜，輕重亦有區別，其情節輕微者或可以規勸代替懲處，但如遇情節重大時，則須移送法辦，嚴懲不貸。因此，一套公平理性在地化倫理規範之建構，除有賴學術主體自發性地形成共識外，別無他途。

第二節　學術倫理規範

　　參照教育部與科技部有關倫理規範及相關函釋意見，違反學術倫理之不當學術行爲可分爲三種型態，第一種型態爲捏造、造假（falsification），例如虛構不存在之申請資料、研究資料或研究成果等。第二種型態爲竄改、變造（fabrication），例如不實變更申請資料、研究資料或研究成果等。第三種型態爲剽竊、抄襲（plagiarism），例如未經同意或未經適當註明而引述他人之申請資料、研究資料或研究成果等。

　　甚至，隱匿研究成果部分內容爲自己曾經發表過之研究成果、未經註明重複發表自己曾經發表過之研究成果致研究成果重複計算，以及未適當註明而大幅引用自己曾經發表過之研究成果等涉及自我抄襲之學術行爲部分，學術界多肯定亦屬違反學術倫理行爲之範疇。

　　政府學術研究主管部門基於實證經驗之建構與對應法令之續造，將定期公告整編違反學術倫理行爲之類型，以昭公允。目前經政府公告違反學術倫理之行爲樣態，大致有如下之類型，可供參考：㈠未適當引註、未引註出處、未引註來源。㈡抄襲、自我抄襲、未引註自己著作、抄襲他人未發表論文、剽竊。㈢找他人代寫。㈣掛名、未經他人同意即列入共同作者。㈤重複提報計畫及經費，違反學術清廉原則。㈥資料造假、研究圖文篡改造假、未經同意修改圖形、數據處理不當。㈦一魚多吃，重複發表。㈧以翻譯代替論著、以翻譯作爲研究，未具原創性。

　　爲公正處理學術主體違失或不當之學術行爲，應將疑似違反學術倫理之行爲類型歸納分析，並依行爲責任之輕重劃分若干倫理等級，冀以建立一套公平、合理與公開之懲處機制。申言之，學術倫理處理機構可將學術倫理行爲劃分爲符合倫理（ethical）、有倫理問題（ethically questionable）與違反倫理（unethical）等三個等級。對於經查證確屬符合學術倫理之行爲，應不予懲處，例如誠實申報研究數據及結果、依據精神智慧貢獻密度給予作者眞實評價者是。

　　然而，對於有倫理問題及違反倫理二個倫理等級之行爲，則應分別給予適當與不同程度之懲處。換言之，對於經查證有學術倫理問題之行爲，

應依其情節輕重，給予類如口頭申誡、書面告誡、撰寫悔過書等較輕微且僅具名義效果之懲處，例如浮誇自己或他人研究數據及結果之重要性、避重就輕忽略他人在論文上之作者地位者是。至於對經查證確屬違反學術倫理之行為，則應依其行為樣態，給予類如停權、降等、免職等最嚴厲且具實質效果之懲處，例如研究數據造假、研究結果不實、研究論文抄襲者是。如有涉及不法之情事，並應移送有關機關處理。

第三節　學術倫理基本原則

　　在學術倫理規範中所嚴格禁止的剽竊、抄襲他人作品之不當學術行為，得否依著作權法有關合理引用他人著作之規定而免責，則不無疑問。著作權法第10-1條規定：「依本法取得之著作權，其保護僅及於該著作之表達，而不及於其所表達之思想、程序、製程、系統、操作方法、概念、原理、發現。」同法第52條並規定：「為報導、評論、教學、研究或其他正當目的之必要，在合理範圍內，得引用已公開發表之著作」。

　　關於合理引用之意涵，參照我國司法實務103年度刑智上易字第33號判決意見，係指著作財產權人以外之人，雖未獲得著作財產權人之同意或授權，仍得利用該著作而不構成著作財產權侵害之謂。若此，任何人如符合著作權法所定合理引用之條件而利用他人已公開發表之著作，且依同法第64條「利用他人著作者，應明示其出處」之規定註明出處，即可完全排除違反學術倫理之責任和若干不名譽之指控。果真如此，則學術倫理規範所揭櫫自重、尊重、誠正與信實之基本原則勢將蕩然無存，豈不令人感到汗顏。

　　如前所述，法律存在之目的，乃在追求社會的安定與秩序，而倫理存在的目的，旨在尋求社會的和諧與卓越。因此，法律與倫理雖同屬社會生活規範，但倫理的目標應在法律之上，乃在謀求一個趨向道德更平和與良善的社會正義之實現。所以，符合在著作權法上合理引用之規定，未必即可免除在學術倫理規範上有關不當引用之責罰。

　　依據學術倫理基本原則所衍生之要求，作者於引用他人著作時，除

須依照著作權法明確註明文字出處外，亦須對於他人被引用之文字作成引述、摘要或重述等適當之處置。所謂引述（Quoting），係指作者得完整引用他人著作所使用之文字，但應於文字始末冠入上、下引號。所謂摘要（Summarizing），係指允許作者得使用相異之文字陳述他人著作所表達之主題與意念，但毋須於文字始末冠入上、下引號。至於所謂重述（Paraphrasing），則係允許作者於掌握他人著作所陳述特定信息之主題後，得使用完全不同之文字或詞句重述與該部分信息相同之信息。但重述如屬不當，則仍應視為剽竊或抄襲。

關於應如何適當重述他人著作，學者提出若干建議，值得參考。首先，在重述他人著作前，應先行對於他人著作作成適當與正確之引註（Citing）。同時，在臚列參考書目（Reference List or Bibliography）時，亦應注意詳列作者姓名、著作名稱、出處及出版年月等資訊。其次，重述他人著作非常多元，可從下列三個改變方向著手。第一個方向，改變詞句之結構，例如從直述句改寫為疑問句，或從疑問句改寫為直述句者是。第二個方向，改變語態之結構，例如由主動式改寫為被動式，或由被動式改寫為主動式者是。第三個方向，改變內文之結構，例如由數個詞句改寫為一個段落，或由一個段落改寫為數個詞句者是。

問題討論

1. 學者將自己的博士論文重新編排整理並翻譯為我國文字後出書，經民眾檢舉有自我抄襲之疑慮。學術倫理委員會應如何審查？

2. 教授遭學生指控抄襲期末報告且未見適當引註，教授主張引用內容係基於上課指導所產生，學生未曾享有著作權。教授的主張是否有理？

3. 博士生畢業論文經教育部比對軟體查證，部分內容與8篇期刊論文雷同，相似度總計約為全部論文之40%。學校學術倫理委員會決議取消學位授予，此項懲處是否適當？

參考文獻

1. 黃銘傑（2011），《著作權法與學術倫理面面觀》，人文與社會科學簡訊。
2. 王明源（2015），《我國大專校院學術倫理的現況與發展》，臺灣學術倫理高峰論壇—實踐誠信與體現價值。
3. Olugbenro Oyekan (2013),《Academic Integrity: Study & Guide》, Xlibris LL.C
4. Adil Shamoo, David Resnik (2015), 3rd Edition,《Responsible Conduct of Research》, Oxford University Press.

第二編

專業倫理

第一篇　律師倫理

蔡鐘慶

第五章
律師的社會功能

第一節　律師的角色

　　律師法第一條規定律師有「保障人權、實現社會正義及促進民主法治」的使命；律師制度，基本上就是為了公益而存在的。律師們雖然只是受理個案當事人的委託，依法盡力維護當事人的權益，但是，讓需要法律保護的個人或團體能夠得到律師依法代其主張權益，本來即是藉著正當法律程序實現社會正義的必經途徑。律師盡其責任為當事人依法陳述一面之詞，中立的審判者才有「兼聽」的機會，也才能從事公正的審判，實現社會正義。愈能促成社會正義的實現，就愈能符合社會公益；律師依法盡責執行職務，本身即是追求社會公益不可或缺的環節，提供平民法律扶助與義務辯護這是律師積極促進社會公益最直接的方法之一。平民法律扶助與義務辯護本質相通，但重點尚有不同。平民法律扶助是普遍性的公益活動，理想的型態應該是一方面建立以律師辯護主義為原則的訴訟制度，另一方面課予每位律師每年均能投入一定比例的工作時間或是接受一定數量案件的義務，從事平民法律服務[1]，許多國家規定律師必須接受法院指定之職務，且每年道德義務上提供一定時數為窮人提供法律扶助，如美國律

---

[1]　李念祖，律師的公益角色，司法改革雜誌第40期，2002年8月，頁24。

師協會之律師專業行為準則6.1及6.2即有此規定[2]。律師倫理規範前言規定：律師以保障人權、實現社會正義及促進民主法治為使命，並應基於倫理自覺，實踐律師自治，維護律師職業尊嚴與榮譽，爰訂定律師倫理規範，切盼全國律師一體遵行。

　　立法院於2019年12月13日三讀通過律師法修正案（下稱新律師法），立法院會今天三讀修正通過律師法，落實律師淘汰制度、增訂參與社會公益活動的義務、改革懲戒制度等，並減少執業障礙；此外，透過建置律師及律師懲戒決議書查詢系統，讓資訊更公開透明。修法條文由53條大幅增加至146條，是1941年律師法訂定以來最大幅度的修正。三讀條文規定，經律師考試及格並完成律師職前訓練者，得請領律師證書；不過申請人若有「曾任法官、檢察官而依法官法受免除法官、檢察官職務，並不得再任用為公務員」，或「違法執行律師業務、有損司法廉潔性或律師職務獨立性的行為，且情節重大」，或「曾任法官、檢察官而依法官法受撤職處分」等8款情形之一者，不得發給律師證書。三讀條文也規定，法務部核准發給律師證書後，發現申請人於核准前有上述8款情形之一者，撤銷其律師證書。關於律師懲戒部分，原條文規範的懲戒處分有4種，為警告、申誡、停止執行職務2年以下及除名；三讀通過條文，除增加一款懲戒處分，即律師於一定期間內自費接受額外的律師倫理規範6小時至12小時的研習，也將停止執行職務的期間，修改為2月以上2年以下。為便利民眾利用政府資訊，查詢律師是否確實具有充任律師的資格，三讀條文規定，法務部應於網站上建置律師及律師懲戒決議書查詢系統，供民眾查詢；查詢系統得對外公開之個人資料包括，姓名、性別、律師證書的字號及相片等7款資料。至於律師參與社會公益活動部分，三讀條文規定，律師應參與法律扶助、平民法律服務或其他社會公益活動。三讀條文也規定，擬執行律師職務者，應依本法規定，僅得擇一地方律師公會為其所屬地方律師公會，申請同時加入該地方律師公會及全國律師聯合會，為該地

2　魏千峰，法律人的共同倫理，臺北律師公會主編之法律倫理，2015年3月，頁66。

方律師公會的一般會員及全國律師聯合會的個人會員。此外，除了擇定所屬地方律師公會外，律師也得申請加入其他地方律師公會，為其特別會員[3]。

第二節　律師的使命與職責

　　新律師法第1條除了規定律師以保障人權、實現社會正義及促進民主法治為使命外，於第2項規定律師應基於前項使命，本於自律自治之精神，誠正信實執行職務，維護社會公義及改善法律制度。因此，現代律師應本其使命發揮下列之社會功能，在保障人權，實現社會正義的功能方面，律師積極參與社會改革與法律扶助可看出我國律師實現正義這一面，此外，律師依據法律為當事人提起訴願，行政訴訟，及上訴，再審，可看出律師實為人民權益之捍衛者。實務上，由於社會的變遷，法律往往落後實際狀況，因此，實務上，律師往往扮演促進法律修正角色，或提出釋憲案，讓法律制度更趨於完善。律師法第2條明定律師之職責，要求律師應砥礪品德、維護信譽、遵守律師倫理規範、精研法令及法律事務。

第三節　律師的公益角色檢討

　　我國現行律師法對於律師並無公益服務要求的規定，僅律師倫理規範第9條中有：「律師應參與法律扶助、平民法律服務，或從事其他社會公益活動，以普及法律服務。但依法免除者，不在此限。」之規定，由於此抽象規範並無違反之法效果，僅能解為訓示規定並無強制效果。對於律師是否應有公益服務時數之要求，多年來，每逢律師制度改革之檢討，多有認應建立律師公益服務制度者，但各方意見仍不一。鑑於將來面臨金字塔型訴訟制度之改革，並於訴訟程序中採行強制辯護與強制代理之配套措施下，為保障當事人之訴訟權，除讓當事人自行委任律師外，國家應提供

3　王揚宇，立院三讀 修律師法落實淘汰制度減少執業障礙，中央社報導，2019年12月13日。

更多的辯護資源給無資力之當事人。若能結合律師公益服務之概念，讓律師公益服務時數制度化，不但能讓律師公益性的角色更符合期待，也能提供將來強制辯護與強制代理制度下，當事人更周全的訴訟權保障。我國若欲採行律師公益時數制度，可參考對律師公益服務要求有完整規定之美國律師公會的規範。美國律師公會（American Bar Association，簡稱ABA）於職業行為準則規範（American Bar Association's Model Rules of Professional Conduct）第6.1條中明定，提供專業服務給無資力負擔者為律師的專業責任。每位律師每年應致力提供至少50小時的公益服務時數，且此公益服務必須限於法律服務。由於ABA上開準則規範僅為美國律師的倫理守則，原則上不具強制力，因此美國各州開始對此公益服務時數有更積極的要求。有些州，如紐約州規定以50小時公益時數作為申請律師執照的要件之一，有些州則提供向法律扶助組織捐款之替代方式讓律師選擇，以兼顧專業倫理之要求，例如佛羅里達州，而司法改革會議中司法院亦提出下列建議：為因應將來金字塔型訴訟制度與強制代理、強制辯護制度之改革，並落實律師法上對律師公益服務之要求，建議律師主管機關於律師法修正時，可研議明定律師每年應為一定公益服務時數之可行性，但為保持彈性，亦可由律師以向法律扶助基金會或律師公會捐款之方式折抵，以建立我國律師公益服務之制度[4]。

第四節　律師職業的特質

律師倫理規範第4條規定：「律師應重視職務之自由與獨立。」，第7條規定：「律師應體認律師職務為公共職務，於執行職務時，應兼顧當事人合法權益及公共利益。」律師職業除具專業性之外，尚包括有自由性，獨立性及公益性等特質，律師職業的自由性源自於其職業之專業性，在2002年修正前舊律師法第32條規定：「律師不得兼營商業。但與職務無礙，經所登錄高等法院或分院檢察署許可者，不在此限。」2002年修

4　2017年司法改革國是會議第3組第6次會議，資料編號：3-6-討6（司法院提出），頁1-2。

正律師法第32條規定：「律師不得從事有辱律師尊嚴及名譽之行業。」（新律師法移至第39條）獨立性部分，新律師法第42條規定：「律師不得兼任公務員。但擔任中央或地方機關特定之臨時職務者，不在此限。」而在公益性部分，律師倫理規範第7條：「律師應體認律師職務為公共職務，於執行時，應兼顧當事人合法權益及公共利益。」、第9條規定：「律師應參與法律扶助，平民法律服務，或從事其他社會公益活動，以普及法律服務。但依法免除者，不在此限。第11條：「不應拘泥於訴訟勝敗而忽略真實之發現。」

第五節　律師業務之執行與基本紀律

　　舊律師法第7條規定：「律師得向各法院聲請登錄。律師應完成職前訓練，方得登錄。但曾任法官，檢察官，公設辯護人，軍法官者，不在此限。前項職前訓練之實施方式及退訓，停訓，重訓等有關事項，由法務部徵詢全國律師公會聯合會意見後，以職前訓練規則定之。」，而受免職處分公務員，因已非現任公務人員，無律師法第4條第1項第3款規定適用，而得依同法第7條第1項規定，向各法院聲請登錄；惟登錄後並應加入律師公會，始得執行律師職務；另如具有司法官身分，應依法官法相關規定辦理[5]。新律師法第3條則規定：「經律師考試及格並完成律師職前訓練者，得請領律師證書。但有第五條第一項各款情形之一者，不得請領。前項職前訓練，得以下列經歷代之：一、曾任實任、試署、候補達二年之法官或檢察官。二、曾任公設辯護人、軍事審判官或軍事檢察官合計達六年。非領有律師證書，不得使用律師名銜。」

　　此外，新律師法第27條則規定：全國律師聯合會及各地方律師公會，應置個人會員名簿，載明下列事項：

一、姓名、性別、出生年月日、身分證明文件編號及戶籍地址。

二、律師證書字號。

5　民國106年05月08日法檢字第10600072290號。

三、學歷及經歷。

四、主事務所或機構律師任職法人之名稱、地址、電子郵件信箱及電話。

五、加入律師公會年月日。

六、曾否受過懲戒。

　　前項會員名簿，除律師之出生月日、身分證明文件編號、戶籍地址外，全國律師聯合會及各地方律師公會應利用電信網路或其他方式提供公眾閱覽。

　　全國律師聯合會應置團體會員名簿，載明下列事項：

一、名稱及會址。

二、代表人。

　　舊律師法第11條第1項規定：「律師非加入律師公不得執行職務；律師公會亦不得拒絕其加入。」惟在律師受委託辦理強制執行程序，因部分執行標的經原法院囑託他法院執行，律師至受託法院辦理執行程序，應可視其仍屬執行原囑託法院強制執行程序，故律師僅須加入原囑託法院管轄範圍內地方律師公會，毋須加入受託法院管轄範圍內地方律師公會[6]，新律師法第19條則規定：領有律師證書並加入地方律師公會及全國律師聯合會者，得依本法規定於全國執行律師職務。新律師法第 20 條第1項則規定：「律師於所加入地方律師公會區域外，受委任處理繫屬於法院、檢察署及司法警察機關之法律事務者，應依本法或章程規定，繳納全國或跨區執業費用。」

第六節　律師承辦業務範圍

　　律師承辦業務的範圍，新律師法第21條規定：「律師得受當事人之委任，辦理法律事務。律師得辦理商標、專利、工商登記、土地登記、移民、就業服務及其他依法得代理之事務。律師辦理前項事務，應遵守有關法令規定。」律師得辦理之事務有法律事務及其他依法得代理之事務。所

6　民國107年07月27日法檢字第10700605230號。

謂辦理「法律事務」，係指就具體個案分析判斷事實及應如何適用法律等提供法律意見或代為法律行為而言；擔任法律顧問、提供法律諮詢及受託代撰訴訟書狀亦包括在內係指就具體個案分析判斷事實及應如何適用法律等提供法律意見或代為法律行為而言，擔任法律顧問，提供法律諮詢及受託代撰訴訟書狀等均包括在內，此外有關「事業體之法務人員與合法設立之相關管理顧問公司，就業管職掌事務之法律諮詢與意見之提陳」及「鄉鎮公所或地方法院民事之調解程序，法務人員或管理顧問公司，就其業管職掌事務於調解程序協商溝通之推動」等事項是否違反律師法相關規定，分述如下：㈠事業體內之法務人員就其內部事務諮詢或意見之提陳及鄉鎮公所或地方法院民事事件之調解程序，法務人員代表該公司就該公司業務出席調解程序，因該未取得律師資格之法務人員係受僱於公司，為代表公司辦理法律事務，並無意圖營利之目的，故未悖於律師法相關規定。㈡至於管理顧問公司提供法律諮詢及從事調解程序之推動為營業項目等事項，依前開函釋既屬律師之執業範圍，如管理顧問公司所營事業係以辦理法律事務為範疇，其申請公司名稱應有違反「公司名稱及業務預查審核準則」第12條第2條之虞；另有無違反相關法規之規定，仍應就具體個案情節予以審認之[7]。

第七節　其他相關重要判解函釋

一、合署律師另設他事務所作為申請稅籍編號，是否違反舊律師法第21條第1項但書？

　　合署律師於其合署事務所外，基於稅務考量，於同一法院轄區內，另設他事務所作為申請稅籍編號之用，是否違反律師法第21條第1項但書？按律師法第21條第1項但書規定，同一地方法院管轄區域內，不得設二以上之事務所，並不得另設其他名目之事務所，核其立法意旨，係為避免律

7　民國98年07月03日法檢決字第0980023703號。

師間不當競爭。而合署律師若為申請稅籍或社會保險之需求，以另一事務所名義個別向該等行政機關申請，若僅限於該等目的範圍內使用另一律師事務所名義，雖與律師法第21條第1項但書立法意旨無違，惟其究與律師法第1條規定律師應誠實執行職務之意旨未盡相符，實屬不當。準此，合署律師因有申請稅籍編號或社會保險之需求，應在符合律師法之規定下，向該等行政機關尋求解決[8]。

二、受僱律師於他律師事務所擔任學習律師時，曾就某一案件之法律問題參與討論，嗣該受僱律師得否受同一案件之他造委任為訴訟代理人？[9]

查學習律師在律師職前訓練期間仍有律師倫理規範之適用，前經本部以103年4月17日法檢字第10304510540號函釋在案。按律師法第26條規定：「律師對於左列事件，不得執行其職務：一、本人或同一律師事務所之律師曾受委託人之相對人之委任，或曾與商議而予以贊助者。二、任法官、檢察官或司法警察官、司法警察時曾經處理之事件。三、依仲裁程序以仲裁人資格曾經處理之事件。（第1項）當事人之請求如係職務上所不應為之行為，律師應拒絕之。（第2項）」考其立法要旨，在保護當事人權益、確保律師公正執業及律師之品德操守，並課予律師忠誠之義務。甲律師於A事務所擔任學習律師時，曾就某拆屋還地案件之法律問題參與討論（未受該案當事人委任），嗣經律師職前訓練合格後，至B事務所擔任受僱律師，復受上開同一案件之對照當事人委任為訴訟代理人，甲律師固未違反律師法第26條第1項第1款規定：「……律師曾受委託人之相對人之『委任』……」；惟依律師法第3條第1項規定，職前訓練合格既係取得律師執業資格之必要條件，則學習律師於實務訓練階段所為之案件擬作，自易獲知該案之相關資訊，苟其執業後又受同一案件對照當事人之委

8　民國104年04月24日法檢字第10400551440號。

9　民國105年08月08日法檢字第10504526270號。

任，難免遭致外界物議及批評，似有損及律師整體形象及聲譽之虞。至於律師於受委任案件有無違反律師倫理規範中有關利益衝突之疑義部分，因律師倫理規範係由中華民國律師公會全國聯合會訂定，自宜由該會解釋。

三、學習律師可否擔任訴訟事件之訴訟代理人或複代理人

按律師法81年11月16日修正第3條第1項規定：「中華民國人民經律師考試及格『並經訓練合格』者，得充律師。」，其增列「並經訓練合格」之立法理由，係為使律師之養成，理論與實務並重。因此，學習律師於未完成律師職前訓練前，尚不得以律師名義執行職務。次按律師職前訓練規則第2條規定：「律師職前訓練之目標，在充實學習律師之專業知識，培養律師倫理觀念，增進實務經驗，使其具備完成律師使命之基本能力。」第5條規定：「本訓練分基礎訓練及實務訓練，期間定為6個月，分下列二個階段依序實施：……第二階段：學習律師在律師事務所或財團法人法律扶助基金會接受5個月之實務訓練。」第8條第2項規定：「學習律師在訓練期間，並應遵守律師倫理規範，自律自治，虛心接受指導律師之指導。」及中華民國律師公會全國聯合會律師職前訓練辦法第9條規定：「……指導律師出庭執行職務時，學習律師應隨同在場旁聽見習。」與該會訂定之指導律師注意事項第5點規定：「指導律師出庭執行職務時，學習律師應隨同在場旁聽見習，……」綜上，學習律師於實務訓練期間接受指導律師之指導，如遇指導律師出庭執行職務時，學習律師應隨同在場旁聽見習，以增進學習律師之實務經驗；如指導律師無法出庭執行職務，縱學習律師經委任人同意及審判長許可而得擔任訴訟代理人或複代理人而無違背訴訟法規定，然因未有指導律師在旁指導，任由學習律師獨自出庭，仍與上開規定有違[10]。

---

10 民國105年03月07日法檢字第10504501330號。

第六章
律師的義務

第一節　律師忠實義務與真實義務

　　新律師法第31條：「律師為他人辦理法律事務，應探究案情，蒐集證據」，換言之律師接受事件之委託後，應忠實搜求證據，探究案情，此即律師的忠實義務。新律師法第38條：「律師對於委託人、法院、檢察機關或司法警察機關，不得有矇蔽或欺誘之行為。」而律師因業務上知悉委任人以外之他人涉有重大犯罪嫌疑，究應保守該秘密或向檢調機關舉發，依法務部之見解認為：按律師之辯護活動，對法院復有真實之義務，對委任人則負有忠實之義務；至對於委任人以外之人，即無任何義務負擔。蓋律師與委任人以外之人間並無存有信賴關係，故無須對其負有保密義務。又律師固對於委任人以外之人並無負有保密之義務，惟查律師法及律師倫理規範亦未明定律師對委任人以外之人犯罪，應負有積極舉發犯罪之義務。律師是否應向偵查權之機關舉發犯罪，係律師得自行選擇之決定；惟於具體個案上，律師如欲舉發因業務上知悉委任人以外之人涉有重大犯罪嫌疑時，似亦應注意是否有損及委任人相關權益，而有悖於律師應負之忠實義務[1]。此外，律師倫理規範第11條：「律師不應拘泥於訴訟勝敗而忽略真實之發現。」；第16條：「律師接受事件之委託後，應忠實蒐求證據、探究案情，並得在訴訟程序外就與案情或證明力有關之事項詢問證人，但不得騷擾證人，或將詢問所得作不正當之使用。律師不得以威脅、利誘、欺騙或其他不當方法取得證據。律師不得自行或教唆、幫助他人使證人於受傳喚時不出庭作證，或使證人出庭作證時不為真實完整

1　民國96年12月26日法檢字第0960039956號。

之陳述。但有拒絕證言事由時，律師得向證人說明拒絕證言之相關法律規定。」第23條：「律師於執行職務時，不得有故為矇蔽欺罔之行為，亦不得偽造變造證據、教唆偽證或為其他刻意阻礙真實發現之行為。律師於案件進行中，經合理判斷為不實之證據，得拒絕提出。但刑事被告之陳述，不在此限」。換言之，律師的「真實義務」係指對於法院、檢察機關或司法警察機關，不得有任何矇蔽或欺誘的行為，且亦不得以騷擾威脅、利誘、欺騙、教唆等方式，使證人於受傳喚時不出庭作證，或使證人出庭作證時不為真實完整之陳述。此外，基於發現真實之要求，律師在案件進行中，經合理判斷委任人所交付之資訊係不實證據，得拒絕將其提出予法院[2]。

第二節　律師行為規範

新律師法第39條：「律師不得有足以損及其名譽或信用之行為」。此外，律師以保障人權、實現社會公義及促進民主法治為使命，於承辦法律事務，應基於誠信、公平、理性及良知，依據法令及正當程序，盡力維護當事人之合法權益，與執行法令所定職務且需服從長官監督之公務員性質不同，為避免影響律師從事業務之獨立性，新律師法第41條規定：「律師不得兼任公務員」，又該條所稱公務員，參照公務員服務法第24條規定，係指受有俸給之文武職公務員，及其他公營事業機關服務人員，此有法務部99年2月8日法檢決字第0999003081號函可資參照。復依銓敘部96年4月25日部法一字第0962741639號書函所示，公務員服務法第24條所稱「受有俸給之文武職公務員，及其他公營事業機關服務人員」，包括依聘用人員聘用條例及行政院暨所屬機關約僱人員僱用辦法進用之聘僱人員，故律師不得兼任公務員，即不得兼任依聘用人員聘用條例及行政院暨所屬機關約僱人員僱用辦法進用之聘僱人員[3]。律師雖然不得兼任受有

2　鄭津津，法律倫理學，五南圖書出版股份有限公司，2017年3月，頁107-108。
3　民國104年03月20日法檢字第10400041010號。

俸給之文武職之公務員，及其他公營事業機關之服務人員，但民選之村（里）長既屬無給職之職務，且地方制度法之亦未規定其適用公務員服務法第24條規定之適用對象，因此，律師兼任民選之村（里）長之職務，毋需受舊律師法第31條規定之拘束[4]。

　　新律師法第43條：「律師不得從事有辱律師尊嚴及名譽之行業。律師對於受委託、指定或囑託之事件，不得有不正當之行為或違反其業務上應盡之義務」，而在91年律師法修正前，本條規定：「律師不得兼營商業。但與職務無礙，經所登錄之高等法院或分院檢察署許可者，不在此限，其修正理由謂：「一、按律師兼營商業之限制，係為免律師因兼業而貽誤受託案件之處理致影響當事人 之權益，惟近年來律師高考錄取人數倍增，律師市場競爭激烈，再加上新興的專門職業人員考試種類日益增多，而具備法律以外其他專長之律師無異為其執業競爭之利器，開放律師得從事其他行業，實有必要。二、律師以保障人權、實現社會正義及促進民主法治為使命，其所從事之行業並非全無限制，除應受律師倫理規範之限制，不得從事有辱律師尊嚴及名譽之行業外，對於受委託、指定或囑託之事件，亦應善盡律師之職責」，換言之，現在已沒有律師不得兼營商業之限制。舊律師法第33條律師不得與司法人員及司法警察官、司法警察為不正當之往還酬應，本條原僅針對律師不得與司法人員為不正當之往還酬應而設，刑事訴訟法部分條文修正公布後，律師既得於偵查中受任為犯罪嫌疑人之辯護人，於73年增訂律師亦不得與司法警察人員為不正當之往還酬應之規定，俾確保偵查程序之公正進行，並維護優良風紀。按舊律師法第34條規定：「律師不得受讓當事人間系爭之權利。」該條所稱「權利」，非僅限系爭之標的，凡屬系爭標的有關之權利均在規範之列；又訴訟終結後之受讓，除依其情形可認與受任代理訴訟無關外，否則仍不得受讓當事人間系爭之權利，前經本部95年6月12日法檢字第0950802116號函釋示在案。三、查律師法並未就「後酬」有所規定，貴會所詢律師

4　民國99年02月08日法檢決字第0999003081號。

第六章　律師的義務

與當事人約定之後酬，倘僅係以「訴訟標的之一定比例」或「訴訟標的價額之一定比例」作為酬金之計算方式或數額，而不涉受讓當事人間系爭之權利，應與舊律師法第34條規定無違，本部106年10月23日法檢字第10604528660號書函應予補充[5]，惟律師與當事人約定之後酬，是否涉有受讓當事人間系爭權利之情形，仍應參照上開說明依具體個案判斷之[6]。此外，律師受讓裁判已終局確定訴訟案件之民事債權，是否違反舊律師法第34條及律師倫理規範第36條規定，按舊律師法第34條規定：「律師不得受讓當事人間系爭之權利。」之「權利」一詞，經參酌司法院院解字第3928號解釋與最高法院40年臺上字第618號判例等意旨，應非僅限系爭之標的，意即凡屬系爭之標的有關之權利應均在規範之列；又訴訟終結後之受讓，除依其情形可認為與受任代理訴訟無關外，否則仍不得受讓當事人間系爭之權利。另律師一旦受讓律師法第34條所定之權利，其間所涉法律關係及其效力之爭議，仍須由法院視實際之具體個案情形依職權審認之[7]。新律師法第42條則規定：「律師不得利用職務上之機會，直接或間接受讓當事人間系爭之權利或標的」（新法將第34條移至第42條）。

　　新律師法第28條：「司法人員自離職之日起三年內，不得在其離職前三年內曾任職務之法院或檢察署執行律師職務。但其因停職、休職或調職等原因離開上開法院或檢察署已滿三年者，不在此限。」，此即司法人員之旋轉門條款，而依律師法施行細則第15條：「本法第三十三條及第三十七條之一所稱司法人員，指法官、檢察官、公設辯護人、公證人、觀護人、法醫師、法官助理、檢察事務官、書記官、通譯、佐理員、檢驗

5　法檢字第10604528660號：按律師法第34條規定：「律師不得受讓當事人間系爭之權利。」該條所稱「權利」，非僅限系爭之標的，凡屬系爭標的有關之權利均在規範之列；又訴訟終結後之受讓，除依其情形可認與受任代理訴訟無關外，否則仍不得受讓當事人間系爭之權利，前經本部95年6月12日法檢字第0950802116號函釋示在案。又參酌司法院院解字第3928號解釋及最高法院40年臺上字第618號判例等意旨，倘律師與當事人約定之後酬，係以勝訴後系爭標的之一部或一定比例作為酬金，即與受讓權利無異，難謂與律師法第34條規定無違。

6　民國108年03月12日法檢字第10804503780號。

7　民國95年06月12日法檢字第0950802116號。

員、執達員、法警、錄事、庭務員及依法律所定，法院及檢察署所置之其他人員而言」，惟特約通譯依法院組織法第23條第4項規定之立法理由，非屬法院、檢察署編制內之人員，係視傳譯需要而由法院或地檢署逐案約聘，故與法院組織法第23條等相關規定所稱之「通譯」不同，自非屬律師法施行細則第15條規定所稱「依法律所定，法院及檢察署所置之其他人員」，故其非舊律師法第37條之1（新律師法第28條）所稱「司法人員」[8]，本條規定所稱「離職」係指退休（職）、辭職、資遣、免職、調職、停職及休職等原因離開其職務而言，如司法人員因故停職，停職期間再行離職者，其迴避曾任職務法院或檢察署期間仍以停職日起算[9]。關於司法行政役之替代役役男，依法為服兵役之義務役性質，並非律師法施行細則第15條所列舉之司法人員，亦非依法律所定之法院及檢察署所置之其他人員之範疇，因此，毋需受律師法規定限制[10]。

第三節　律師的保密義務

在委任契約中律師對於委任人所透露的資訊負有保密義務，然我國舊律師法中僅針對外國法事務律師洩漏業務知悉秘密設有罰則，舊律師法第50條之1規定：「外國法事務律師無故洩漏因業務知悉或持有之他人秘密者，處一年以下有期徒刑、拘役、或科新臺幣二十萬元以下罰金」，新律師法則於第36條規定：「律師有保守其職務上所知悉秘密之權利及義務。但法律另有規定者，不在此限。依律師倫理規範第33條規定：「律師對於受任事件內容應嚴守秘密，非經告知委任人並得其同意，不得洩漏。」如有洩漏則應依刑法第316條之業務上洩密罪處罰。有學者認為保密義務之主體，除了受任律師外，應擴張適用於受任律師所聘僱之助理及同一律師事務所的合夥律師[11]。其他關於律師保密義務規定，在刑事

8　民國104年11月03日法檢字第10404530880號。

9　民國103年04月17日法檢字第10304510550號。

10　民國99年02月02日法檢字第0990800503號。

11　姜世明，法律倫理學，元照出版有限公司，2018年9月，頁338。

訴訟法、民事訴訟法中可見相關規定，刑事訴訟法第182條、民事訴訟法第307條第4款之業務上拒絕證言權。保密義務之例外，則依律師倫理規範第33條但書規定：「但有下列情形之一，且在必要範圍內者，得為揭露：一、避免任何人之生命、身體或健康之危害。二、避免或減輕因委任人之犯罪意圖及計畫或已完成之犯罪行為之延續可能造成他人財產上之重大損害。三、律師與委任人間就委任關係所生之爭議而需主張或抗辯時，或律師因處理受任事務而成為民刑事訴訟之被告，或因而被移送懲戒時。四、依法律或本規範應揭露者。」因此，律師對於受任事件內容可能涉及任何人之生命、身體、健康之危害或造成財產上之重大損害者，在必要範圍內得將其揭露。律師對於委任人所負有之保密義務與律師對於司法機關應負之真實義務發生衝突時，是否亦構成保密義務之例外？例如：律師因隱匿業務上知悉之刑事證據，檢察官得否以發現真實為由搜索律師事務所？實務見解認為，如該證據係律師與刑事被告間基於信賴關係所獲知者，應不得為搜索扣押之客體，以保障被告之辯護依賴權[12]。

第四節　律師利益的衝突

　　新律師法第34條規定：「律師對於下列事件，不得執行其職務：一、本人或同一律師事務所之律師曾受委任人之相對人之委任，或曾與商議而予以贊助者。二、任法官、檢察官、其他公務員或受託行使公權力時曾經處理之事件。三、依仲裁程序以仲裁人身分曾經處理之事件。四、依法以調解人身分曾經處理之事件。五、依法以家事事件程序監理人身分曾經處理之事件。前項第一款事件，律師經利益受影響之當事人全體書面同意，仍得受任之。當事人之請求如係違法或其他職務上所不應為之行為，律師應拒絕之。」（本條舊律師法於第26條規定），而有關律師就同一案件曾擔任調解委員，嗣調解不成立，進入審判後，受聘擔任一造之訴訟代理人，是否違反舊律師法第26條規定，實務上認為：「參照律師法

---

12 鄭津津，法律倫理學，五南圖書出版股份有限公司，2017年3月，頁123。

第26條第1項規定，所列舉各款事件並未涵蓋調解事件，基於法律保留原則，律師就同一案件曾擔任調解委員，嗣調解不成立，進入審判後，受聘擔任一造之訴訟代理人，尚難認有違反前開規定[13]」

　　此外，律師倫理規範第30條：「律師不得受任下列事件：一、依信賴關係或法律顧問關係接受諮詢，與該諮詢事件利害相衝突之同一或有實質關連之事件。二、與受任之事件利害相衝突之同一或有實質關連之事件。關於現在受任事件，其與原委任人終止委任者，亦同。三、以現在受任事件之委任人為對造之其他事件。四、由現在受任事件之對造所委任之其他事件。五、曾任公務員或仲裁人，其職務上所處理之同一或有實質關連之事件。六、與律師之財產、業務或個人利益有關，可能影響其獨立專業判斷之事件。七、相對人所委任之律師，與其有配偶或二親等內之血親或姻親關係之同一或有實質關連之事件。八、委任人有數人，而其間利害關係相衝突之事件。九、其他與律師對其他委任人、前委任人或第三人之現存義務有衝突之事件。前項除第五款情形外，律師於告知受影響之委任人與前委任人並得其書面同意後，仍得受任之。律師於同一具訟爭性事件中，不得同時受兩造或利害關係相衝突之一造當事人數人委任，亦不適用前項之規定。律師於特定事件已充任為見證人者，不得擔任該訟爭性事件之代理人或辯護人，但經兩造當事人同意者，不在此限。委任人如為行政機關，適用利益衝突規定時，以該行政機關為委任人，不及於其所屬公法人之其他機關。相對人如為行政機關，亦同。」本條「利益衝突」法則，基本上禁止律師受有利害衝突之不同當事人委任，要求律師應充分保障委任人之權益，此一職責不得因其他當事人委任而受影響，並不以委任人在訴訟互為對造為要件，參諸同條第七款規定「委任人有數人，而其間利害關係相衝突之事件」，依此，即使同一訴訟之數共同原告（或共同被告）間有利害衝突，律師亦不得同時受該等共同原告（或共同被告）之委任。例如：某受僱因業務過失造成第三人傷害，受害人向該受僱人與僱主起訴

---

13 民國100年07月14日法檢字第1000804281號書函。

請求損害賠償。如僱主打算向受僱人願承認過失而以低額賠償單獨與受害人和解（而僱主反對），此等情形，受僱人與僱主間存有利害衝突，律師即不得在該損害賠償案受此二共同被告之委任。由此可見，縱使共同被告間尚未成提起訴訟，成為對造，且該損害賠償案之裁判結果亦不致直接產生共同被告互相間之衝突，然因受僱人與僱主間存有利害衝突，律師仍不得受共同被告之委任。利益衝突之判斷，應著重在委任間是否有利害衝突，而非單就特定「事件」之裁判結果認定，亦不以利害衝突有必然性為要件[14]。律師倫理規範第30條之1：「律師因受任事件而取得有關委任人之事證或資訊，非經委任人之書面同意，不得為不利於委任人之使用。但依法律或本規範之使用，或該事證、資訊已公開者，不在此限。」第30條之2：「律師不得接受第三人代付委任人之律師費。但經告知委任人並得其同意，且不影響律師獨立專業判斷者，不在此限」。此外，律師倫理規範第32條第1項規定：「律師依第三十條第一項、第三項、第三十條之一、第三十條之二受利益衝突之限制者，與其同事務所之其他律師，亦均受相同之限制。但第三十條第一項第六款、第七款、第九款之事件，如受限制之律師未參與該事件，亦未自該事件直接或間接獲取任何報酬者，同事務所之其他律師即不受相同之限制。」，此係因同一事務所之律師間資訊互通可能性極高。是以，明定同一事務所之其他律師，除符合特定條件外，亦負有迴避義務。

---

14 民國97年02月01日中華民國律師公會全國聯合會（97）律聯字第97025號函。

第一節　前言與制定依據

　　律師以保障人權、實現社會正義及促進民主法治爲使命，並應基於倫理自覺，實踐律師自治，維護律師職業尊嚴與榮譽，爰訂定律師倫理規範，切盼全國律師一體遵行。律師倫理規範係依律師法第十五條第二項規定訂定之，共計有7章，50個條文，分別是第一章總則、第二章紀律、第三章律師與司法機關、第四章律師與委任人、第五章律師與事件之相對人及第三人、第六章律師相互間、第七章附則。

第二節　總則與紀律

　　律師倫理規範第2條：「律師執行職務，應遵守法律、本規範及律師公會章程」、第3條：「律師應共同維護律師職業尊嚴及榮譽」、第4條：「律師應重視職務之自由與獨立」、第5條：「律師應精研法令，充實法律專業知識，吸收時代新知，提昇法律服務品質，並依中華民國律師公會全國聯合會所訂在職進修辦法，每年完成在職進修課程」，依據該辦法，律師於執行業務期間每一年應接受至少六小時之在職進修課程，且二年中至少包括二小時之法律倫理或律師倫理課程。但年滿六十五歲者，不在此限。第6條：「律師應謹言慎行，以符合律師職業之品位與尊嚴」、第7條：「律師應體認律師職務爲公共職務，於執行職務時，應兼顧當事人合法權益及公共利益」、第8條：「律師執行職務，應基於誠信、公平、理性及良知」，在在都體現了倫理規範要求律師們應有一定之紀律。

　　律師倫理規範第9條更體現出律師應扮演公益角色：「律師應參與法律扶助、平民法律服務，或從事其他社會公益活動，以普及法律服務。但

依法免除者，不在此限」，惟目前尚無強制力，依據扶助律師辦理扶助案件應行注意事項第2點：「律師應依本會規定向分會申請獲准擔任扶助律師後，始得接受本會派案」、第3點：「扶助律師應基於保障弱勢者之權益，竭盡所能為受扶助人爭取一切權益，並應於扶助過程中，以懇切之態度對待受扶助人」、第4點：「扶助律師辦理扶助案件，應遵守律師法及律師倫理規範之規定」、第6點：「扶助律師因辦理扶助案件知悉受扶助人之秘密、隱私及個人資料，負有保密之責，非經受扶助人同意或有正當理由，不得洩漏或公開」。而法律扶助則訂有法律扶助法，其第1條即開宗明義表示：「為保障人民權益，對於無資力或因其他原因，無法受到法律適當保護者，提供必要之法律扶助，特制定本法」，第3條：「為實現本法之立法目的，應成立財團法人法律扶助基金會（以下簡稱基金會）；其捐助及組織章程，由主管機關定之。本法主管機關為司法院」，法律扶助，包括下列事項：一、訴訟、非訟、仲裁及其他事件之代理、辯護或輔佐。二、調解、和解之代理。三、法律文件撰擬。四、法律諮詢。五、其他法律事務上必要之服務及費用。六、其他經基金會決議之事項。

　　此外，各地律師公會依其章程規定上可辦理平民法律扶助，各地律師公會規模不一，規模大者設有平民法律服務中心，如臺北、臺南、高雄等律師公會，規模小者限於人力不足，平民法律扶助之業務多由律師公會理事長負責，未設獨立平民法律服務中心；而參與服務之律師，亦乏強制規範，對於人民申請法律扶助之條件，各地律師公會章程所訂亦不盡相同，目前律師公會受理法律扶助對象，係以該公會所在縣市設籍之民眾，經公會認定有必要者及無資力負擔律師酬金等為限[1]。而律師倫理規範第10條：「律師對於所屬律師公會就倫理風紀事項之查詢應據實答復」，第11條：「律師不應拘泥於訴訟勝敗而忽略真實之發現」，均為律師所應遵守之紀律。

1　法務部官網https://www.moj.gov.tw/cp-317-63670-23d07-001.html。

第三節 律師與司法機關

　　律師倫理規範第20條至第23條規定：律師應協助法院維持司法尊嚴及實現司法正義，並與司法機關共負法治責任，此外律師應積極參與律師公會或其他機關團體所辦理之法官及檢察官評鑑。律師對於依法指定其辯護、代理或輔佐之案件，非經釋明有正當理由，不得拒絕或延宕，亦不得自當事人或其他關係人收取報酬或費用。律師於執行職務時，不得有故為矇蔽欺罔之行為，亦不得偽造變造證據、教唆偽證或為其他刻意阻礙真實發現之行為。律師於案件進行中，經合理判斷為不實之證據，得拒絕提出，但刑事被告之陳述，不在此限。此外，律師不得惡意詆譭司法人員或司法機關；對於司法人員貪污有據者，應予舉發。律師不得公開或透過傳播媒體發表有關特定司法人員品格、操守，足以損害司法尊嚴或公正形象之輕率言論，但有合理之懷疑者，不在此限。律師倫理規範第24條特別針對律師就受任之訴訟案件於判決確定前發表言論規範，其要求：「律師就受任之訴訟案件於判決確定前，不得就該案件公開或透過傳播媒體發表足以損害司法公正之言論，但為保護當事人免於輿論媒體之報導或評論所致之不當偏見，得在必要範圍內，發表平衡言論」。第25條則規範律師協助司法機關之義務：「律師對於司法機關詢問、囑託、指定之案件，應予以協助。但有正當理由者，不在此限」。

第四節 律師與委任人

　　律師倫理規範於第26條至第38條規定律師與委任人之間的關係，其中第26條規定：「律師為當事人承辦法律事務，應努力充實承辦該案所必要之法律知識，並作適當之準備。律師應依據法令及正當程序，盡力維護當事人之合法權益，對於受任事件之處理，不得無故延宕，並應及時告知事件進行之重要情事」，其訂定之理由乃為：「一、按法律事務日趨複雜與專業化，律師如不具備特定案件所需之專業知能或適當準備，即草率辦案，自易損害當事人權益。因此，美國法曹協會「專業行為模範規則」（Model Rules of Professional Conduct）第1.1條首先明定律師之適任性

（competence）為律師倫理之首要條件。本倫理規範原無此規定，自有增訂之必要，爰增訂為第一項。二、又參照美國法曹協會「專業行為模範規則」（Model Rules of Professional Conduct）第1.1條註解之說明，律師之適任性，不當然以接辦之初即具有承辦該案所需之專業知能或適當準備為必要。如依該律師之現有專業知能，加上辦案期間之適當研究與準備，或諮詢相關領域之專業人士或律師，即可勝任者，仍可認為具備適任性」。此處有一重要問題乃為律師因業務上知悉委任人以外之他人涉有重大犯罪嫌疑，究應保守該秘密或向檢調機關舉發，實務上認為：「按律師之辯護活動，對法院復有真實之義務，對委任人則負有忠實之 義務；至對於委任人以外之人，即無任何義務負擔。蓋律師與委任人 以外之人間並無存有信賴關係，故無須對其負有保密義務。又律師固對於委任人以外之人並無負有保密之義務，惟查律師法及律 師倫理規範亦未明定律師對委任人以外之人犯罪，應負有積極舉發犯 罪之義務。是律師是否應向偵查權之機關舉發犯罪，係律師得自行選 擇之決定；惟於具體個案上，律師如欲舉發因業務上知悉委任人以外之人涉有重大犯罪嫌疑時，似亦應注意是否有損及委任人相關權益， 而有悖於律師應負之忠實義務」[2]。此外，律師倫理規範第27條：「律師對於受任事件，應將法律意見坦誠告知委任人，不得故意曲解法令或為欺罔之告知，致誤導委任人為不正確之期待或判斷」。第28條：「律師就受任事件，不得擔保將獲有利之結果」。第29條：「律師於執行職務時，如發現和解、息訟或認罪，符合當事人之利益及法律正義時，宜協力促成之」，都提供了律師執行業務時與委任人間的行為準則。

　　律師倫理規範第30條規定：「律師不得受任下列事件：一、依信賴關係或法律顧問關係接受諮詢，與該諮詢事件利害相衝突之同一或有實質關連之事件。二、與受任之事件利害相衝突之同一或有實質關連之事件。關於現在受任事件，其與原委任人終止委任者，亦同。三、以現在受任事

2　民國96年12月26日法務部法檢字第0960039956號書函。

件之委任人爲對造之其他事件。四、由現在受任事件之對造所委任之其他
事件。五、曾任公務員或仲裁人，其職務上所處理之同一或有實質關連之
事件。六、與律師之財產、業務或個人利益有關，可能影響其獨立專業判
斷之事件。七、相對人所委任之律師，與其有配偶或二親等內之血親或姻
親關係之同一或有實質關連之事件。八、委任人有數人，而其間利害關係
相衝突之事件。九、其他與律師對其他委任人、前委任人或第三人之現存
義務有衝突之事件」。除了律師曾任公務員或仲裁人，其職務上所處理之
同一或有實質關連之事件情形外，律師於告知受影響之委任人與前委任人
並得其書面同意後，仍得受任之，而律師於同一具訟爭性事件中，不得同
時受兩造或利害關係相衝突之一造當事人數人委任、律師於特定事件已充
任爲見證人者，除非經兩造當事人同意，否則不得擔任該訟爭性事件之代
理人或辯護人。

　　律師倫理規範第30-1條則規定：「律師因受任事件而取得有關委任人
之事證或資訊，非經委任人之書面同意，不得爲不利於委任人之使用。但
依法律或本規範之使用，或該事證、資訊已公開者，不在此限」、第30-2
條：「律師不得接受第三人代付委任人之律師費。但經告知委任人並得其
同意，且不影響律師獨立專業判斷者，不在此限」、第31條：「有下列
情形之一者，律師不得接受當事人之委任；已委任者，應終止之：一、律
師明知當事人採取法律行動、提出防禦、或在訴訟中爲主張之目的僅在恐
嚇或惡意損害他人。二、律師明知其受任或繼續受任將違反本規範。三、
律師之身心狀況使其難以有效執行職務。律師終止與當事人間之委任關係
時，應採取合理步驟，以防止當事人之權益遭受損害，並應返還不相當部
分之報酬」。第32條律師依第三十條第一項、第三項、第三十條之一、
第三十條之二受利益衝突之限制者，與其同事務所之其他律師，除有法定
事由外，亦均受相同之限制。律師倫理規範第33條如同前述規定了律師
的保密義務，第34條則規範律師對於受任事件代領、代收之財物，除法
令另有規定或契約另有約定者，應即時交付委任人。律師對於保管與事件
有關之物品，應於事件完畢後或於當事人指示時立即返還，不得無故拖延

或拒絕返還。

倫理規範第35條規定：「律師應對於委任人明示其酬金數額或計算方法。律師不得就家事、刑事案件或少年事件之結果約定後酬」。第36條律師不得就其所經辦案件之標的獲取財產利益，但依法就受任之報酬及費用行使留置權，或依本規範收取後酬者，不在此限。律師不得就尚未終結之訴訟案件直接或間接受讓系爭標的物。實務上對於律師受委任為強制執行事件之代理人，得否參與投標該執行事件所拍賣之不動產之情形，認為：「律師受債務人委任為強制執行事件之代理人，就拍賣法律性質而言，係以債務人為出賣人，故律師買受執行標的物，將產生雙方代理或自己代理之問題，雖民法第106條在得到本人許諾後仍得為之，惟為免律師於受託案件中介入私人利益，自不宜為之。至於律師受債權人委任為強制執行事件之代理人，如律師買受執行標的物，仍存有律師自身利益與債權人利益間之衝突，於法有違，其理由主要以律師倫理規範第36條規定：「律師不得就其所經辦案件之標獲取財產利益，但依法就受任之報酬及費用行使留置權，或依本規範收取後酬者，不在此限。」考其規範目的，係為避免律師與當事人間之利益衝突，而影響律師對當事人基於委任關係所生之忠誠義務及專業判斷；另第30條第1項第6款規定：「律師不得受任與律師之財產、業務或個人利益有關，可能影響其獨立專業判斷之案件。」亦係為防止律師因個人利害關係，影響其獨立之專業判斷而設，故律師受委任為強制執行事件之代理人，無論係受債權人或債務人委任，皆不得參與投標該執行事件拍賣之不動產[3]。

律師倫理規範第37條：「律師未得主管機關之許可，不得為受羈押之嫌疑人、被告或受刑人傳遞或交付任何物品，但與承辦案件有關之書狀，不在此限」、第38條：「律師應就受任事件設置檔案，並於委任關係結束後二年內保存卷證。律師應依委任人之要求，提供檔案影本，不得無故拖延或拒絕；其所需費用，由委任人負擔。但依法律規定不得提供予

---

3 民國105年06月14日法務部法檢字第10504512770號書函。

委任人之文件、資料，不在此限」。

第五節　律師與事件之相對人及第三人

　　律師倫理規範第39條：「律師就受任事件維護當事人之合法權益時不得故爲詆譭、中傷或其他有損 相對人之不當行爲」，第40條：「律師就受任事件於未獲委任人之授權或同意前，不得無故逕與相對人洽議，亦不得收受相對人之報酬或餽贈」。第41條：「律師於處理受任事件時，知悉相對人或關係人已委任律師者，不應未經該受任律師之同意而直接與該他人討論案情」，其中本條提及：「律師知悉相對人已委任律師者，不應未經對方律師之同意而直接與相對人聯繫。」若因同案有通知、催告等必要而直接發函予相對人，是否違反上開規定？實務上認爲：按律師倫理規範第41條類似美國法曹協會Model Rules of Professional Conduct（專業行爲模範規則）第4.2條規定："Rule 4.2 Communication With Person Represented By Counsel: In representing a client, a lawyer shall not communicate about t- he subject of the representation with a person the lawyer knows to be represented by another lawyer in the matter, unless the lawyer has the consent of the other lawyer or is authorized to do so by law or a court order". （律師代表客戶時，知悉相對人就該事項有委任律師者，不得就受任事項與相對人聯繫，除非他方律師同意，或依法或依法院之命令得逕予相對人聯繫。）此等條文之規範目的在保護已委任律師之當事人，於他造律師就受任事項與其聯繫往來時，確保其委任之律師在場提供法律協助，避免他造律師利用當事人律師不在場情況下，與該當事人溝通聯繫，因武器不對等而發生當事人在他造律師壓力下，作出決定或反應，或應反應而未反應，或洩露不利資訊予他造律師等。來函認律師倫理規範第41條之「聯繫」，限於對話、面談；至於如爲寄發信函，一方面形諸文字，有跡可循，二因收受信函之相 對人有充裕時間與其委任律師諮詢，不致有上開規範目的之疑慮，惟查美國法曹協會專業行爲模範規則第4.2條之所稱之「聯繫」，包括一切口頭或書面之溝通，如信件、傳

眞、電子郵件等均屬之。我國律師倫理規範第41條與美國法曹協會專業行爲模範規則用語相同，規範目的一致，且條文本身並無除外事由，允宜爲相同之解釋。綜上所述，律師倫理規範第41條之「聯繫」，基本上包括一切口頭或書面之溝通，但有催告、通知對造當事人之必要，又不確定對造當事人委任之律師是否有代爲收受該催告、通知之權限時，宜以正、副本方式分送對造當事人及其委任之律師（正、副本收文者可互換），至於律師於執行職務中是否違反律師倫理規範第41條之規定，仍需視個案具體狀況認定[4]。

第六節　律師相互間之關係

　　律師倫理規範中對於律師相互間之行爲也有明確規範，其要求律師間應彼此尊重，顧及同業之正當利益，對於同業之詢問應予答復或告以不能答復之理由。律師不應詆譭、中傷其他律師，亦不得教唆當事人爲之。此外，律師知悉其他律師有違反本規範之具體事證，除負有保密義務者外，宜報告該律師所屬之律師公會，且不得以不正當之方法妨礙其他律師受任事件，或使委任人終止對其他律師之委任。律師基於自己之原因對於同業進行民事或刑事訴訟程序之前，宜先通知所屬律師公會，律師相互間因受任事件所生之爭議，應向所屬律師公會請求調處。數律師共同受同一當事人委任處理同一事件時，關於該事件之處理，應盡力互相協調合作。受僱於法律事務所之律師離職時，不應促使該事務所之當事人轉委任自己爲受任人；另行受僱於其他法律事務所者，亦同。律師違反律師倫理規範時，由所屬律師公會審議，按下列方法處置之：一、勸告。二、告誡。三、情節重大者，送請相關機關處理。律師倫理規範經中華民國律師公會全國聯合會會員代表大會通過後施行，並報請法務部備查；修正時，亦同[5]。

4　民國97年07月11日中華民國律師公會全國聯合會（97）律聯字第97132號函。
5　參閱律師倫理規範第42條至第50條。

第八章
律師懲戒

第一節　律師懲戒相關規定

　　新律師法第73條規定律師有下列情事之一者，應付懲戒：「一、違反第二十四條第三項、第二十五條第一項、第二項、第二十八條、第二十九條、第三十二條、第三十四條、第三十八條、第四十條第一項、第四十一條、第四十二條、第四十四條至第四十七條規定。二、犯罪行為經判刑確定。但因過失犯罪，不在此限。三、違反第二十一條第三項、第二十四條第四項、第三十條、第三十一條、第三十五條第二項、第三十六條、第三十九條、第四十三條或違背律師倫理規範，情節重大。」，其中第24條第3項規定：「律師得於主事務所所在地之地方律師公會區域外設分事務所。」、第25條第1項、第2項：「前條分事務所應有一名以上常駐律師加入分事務所所在地地方律師公會，為其一般會員；分事務所所在地無地方律師公會者，應擇一鄰近地方律師公會入會。前項常駐律師，不得再設其他事務所或為其他分事務所之常駐律師。」第28條：「司法人員自離職之日起三年內，不得在其離職前三年內曾任職務之法院或檢察署執行律師職務。但其因停職、休職或調職等原因離開上開法院或檢察署已滿三年者，不在此限。」、第29條規定律師有迴避之情事、第32條規定律師終止受託事件契約之限制、第34條規定律師不得執行職務之事件、第38條規定律師矇欺行為之禁止、第40條禁止律師挑唆招攬訴訟、第41條限制律師兼任公務員，但擔任中央或地方機關特定之臨時職務者，不在此限。第42條則規定律師擔任中央或地方各級民意代表者，不得執行律師職務、第44條禁止律師與司法人員不當應酬、第45條禁止律師受讓當事人系爭權利、第46條禁止律師代當事人為顯無理由之訴訟、第47條則規

定律師應向委任人明示其收取酬金之計算方法及數額。律師有違反上述規定以及違反新律師法第21條第3項、第24條第4項、第30條、第31條、第35條第2項、第36條、第39條、第43條或違背律師倫理規範，情節重大，都應移付懲戒。

新律師法第76條規定：「律師應付懲戒或有第七條所定情形者，除法律另有規定外，由下列機關、團體移付律師懲戒委員會處理：一、高等檢察署以下各級檢察署及其檢察分署對在其轄區執行職務之律師為之。二、地方律師公會就所屬會員依會員大會、會員代表大會或理事監事聯席會議決議為之。三、全國律師聯合會就所屬個人會員依律師倫理風紀委員會決議為之。律師因辦理第二十一條第二項事務應付懲戒者，中央主管機關就其主管業務範圍，於必要時，得逕行移付律師懲戒委員會處理。」新律師法第78條規定：「律師懲戒委員會，由高等法院法官三人、高等檢察署檢察官三人、律師七人及學者或社會公正人士二人擔任委員；委員長由委員互選之。」新律師法第79條：「被付懲戒律師或原移送懲戒機關、團體，對於律師懲戒委員會之決議不服者，得向律師懲戒覆審委員會請求覆審。」新律師法第80條：「律師懲戒覆審委員會，由最高法院法官三人、最高檢察署檢察官三人、律師七人及學者或社會公正人士二人擔任委員；委員長由委員互選之。」新律師法第101條則規定：「懲戒處分如下：一、命於一定期間內自費接受額外之律師倫理規範六小時至十二小時之研習。二、警告。三、申誡。四、停止執行職務二月以上二年以下。五、除名。前項第二款至第四款之處分，應併為第一款之處分。」新律師法在原有的警告、申誡、停止執行職務2年以下及除名等4種懲戒處分以外，另增訂一項為「於一定期間內自費接受額外律師倫理規範6小時至12小時之研習」，此外停止執行職務的期間也增設2月以上之規定。

第二節　律師懲戒相關經典案例

案例一

一、案例事實：

緣A女與B男為配偶，A女另與甲男生下一子。嗣甲男之配偶乙女對A女提出相姦刑事告訴及民事損害賠償訴訟。B男亦對甲男提出相姦等罪之刑事告訴及民事損害賠償訴訟。被付懲戒人呂○○係社團法人臺北律師公會（下稱臺北律師公會）所屬執業律師，先於104年5月間，接受B男委任，擔任臺灣桃園地方法院104年度簡上字第○○○號（案號詳卷）刑事妨害婚姻及家庭案件之B男告訴代理人。其基於B男之利益，於該訴訟中應主張甲男與A女有通、相姦事實。嗣被付懲戒人又於104年6月4日，在臺北市松山區南京東路4段165號3樓之1宇○經貿法律事務所，接受A女委任，擔任乙女告A女之臺灣新竹地方法院104年度訴字第○○○號（案號詳卷）民事賠償事件之A女訴訟代理人。其於該訴訟中主張甲男係利用權勢對A女為性交。被付懲戒人受委任之前開二事件，雖然不同，惟就是否有通、相姦或利用權勢性交之事實，B男與A女係立於不同事實主張之正、反二面，兩訴訟事件乃具有利害衝突之實質關連。被付懲戒人未依律師倫理規範第30條第2項之規定取得A女、B男之書面同意即接受A女之委任，違反律師倫理規範第30條第1項第2款、第2項之規定。案經臺北律師公會以被付懲戒人違反前開規定，且情節重大為由，移付臺灣律師懲戒委員會（下稱原委員會）懲戒。嗣原委員會決議不予懲戒。臺北律師公會不服，請求覆審，由原委員會函送到會[1]。

二、覆審決議理由

1. 臺北律師公會請求覆審理由略以：⑴按律師倫理規範第30條第1項第2款、第2項之規定，係為建立律師與當事人之信賴關係，確保

---

[1]　律師懲戒覆審委員會107年度臺覆字第10號決議書。

律師之忠誠義務，避免律師接受委任損及該委託人及另一委託人之利益。又中華民國律師公會全國聯合會（下稱全聯會）出版之「律師倫理規範逐條釋義」亦明示：解免利益衝突責任之條件為「當事人經告知後給予書面同意」，律師應合理告知後取得受影響之當事人同意，且同意必須於受任前以書面為之，始得解免利益衝突之責任。⑵原決議認為前開二事件雖有實質關聯，但A女、B男並無利益衝突，故被移付人無迴避之必要。惟被付懲戒人先後接受B男、A女之委任，基於「A女與B男係配偶，A女與甲男生下一子」之基礎事實，卻分別主張「A女與甲男有通、相姦事實」、「A女遭甲男利用權勢性交」之相斥論述。其如何主張，將影響B男及A女之利益，足見前開二事件具有實質關聯，且B男與A女係立於不同事實主張之正、反兩面，亦有利害衝突。⑶A女雖經B男之建議並同意後，始委任被付懲戒人處理前開民事損害賠償事件，然A女、B男不當然理解其委任被付懲戒人所面臨之風險，故原決議僅依A女經B男建議委任被付懲戒人處理前開損害賠償事件，而認已經雙方當事人同意，而非利害衝突之案任，並非妥適。又被付懲戒人為讓A女、B男理解委任同一律師所面臨之風險，及訴訟上之主張可能相斥，自應提供意見，並說明風險及合理替代方案之適當訊息予A女、B男，並取得A女、B男之書面同意，始能解免利益衝突之責任。惟被付懲戒人除未獲得A女、B男書面同意外，觀其於105年9月20日遞交予臺北律師公會之信函謂：「本律師在未經某丙（即B男）之同意下，自不得將某丙（即B男）之案件內容洩漏予申訴人知悉，故斯時當申訴人欲探知某丙案件內容時，本律師均拒絕告知」，足證被付懲戒人主觀認B男及A女所委任之事件，為完全不相干且互不影響之事件，並未踐行告知並得書面同意之程序，即接受A女之委任，顯然未盡忠誠義務，而違反前開規定。

2. 按律師倫理規範第30條第1項第2款規定：「律師不得受任下列事件：與受任之事件利害相衝突之同一或有實質關連之事件。」，而

所謂「利害相衝突」，應著重在委任間是否有利害衝突，而非單就特定「事件」之裁判結果認定，亦不以利害衝突有必然性為要件。且客觀上有利害相衝突之委任，即使一方知悉並同意律師擔任另一方之訴訟代理人，該律師仍然反前開規定。全聯會97年2月1日律聯字第97025號函著有解釋。蓋有無利害衝突，如就各該委任間之關係而為客觀觀察，其標準較為明確。反之，如以各委任人是否知悉、同意之主觀意思為準，則常有爭議，而難以判斷。唯有以客觀之各委任關係，作為有無利害相衝突之基準，始能建立律師與委任人之信賴，確保律師對當事人之忠誠義務。經查原決議認定：前開二事件雖具有實質關連性，惟A女既經B男建議並同意後，始委任被付懲戒人處理前開損害賠償事件，難謂其等有利益衝突等情，固非無見。惟查該二事件，一須主張甲男與A女通、相姦，一須主張甲男利用權勢對A女性交，主張前者對A女不利，主張後者對B男不利，客觀上該二委任間有利害衝突。原決議忽略該二委任事件間之客觀情形，而著重A女、B男之主觀意思，依前開說明，原決議前開認定尚有不當。

3. 又按律師倫理規範第30條第2項規定：「前項除第五款情形外，律師於告知受影響之委任人與前委任人並得其書面同意後，仍得受任之。」，而該項規定之立法理由亦載明：利益衝突事件除有公益考量外，仍應兼顧當事人自由處分之權益，故訂立此一豁免事由。惟所謂「告知後同意」，係指律師應合理告知，即提供並說明重大風險及合理替代方案之適當訊息予各受影響之委任人及前委任人，且應以書面為之，始符「告知後同意」之規定等意旨。本件被付懲戒人並未踐行告知A女、B男，及取得書面同意之程序，顯然違反律師倫理規範第30條第1項第2款之規定。又被付懲戒人違反前開規定，不僅未盡忠誠義務，且破壞A女對其信賴，情節堪稱重大。原決議前開認定既有不當，臺北律師公會請求覆審即有理由。經綜合審酌被付懲戒人違規之情形、與委任人之互動關係及案後態度等相關有利

與不利之情狀，應對被付懲戒人為申誡之處分。

4. 綜上所述，原決議認定：前開二事件雖具有實質關連性，惟難謂有利益衝突等情，而決議被付懲戒人不予懲戒，尚有不當。臺北律師公會請求覆審，核有理由。爰撤銷原決議，依律師法第39條第3款、第44條第2款規定，撤銷原決議，呂○○應予申誡。

案例二

一、案例事實[2]

被付懲戒人歐○○為社團法人臺中律師公會所屬執業律師，曾於主持之遠○法律事務所、景○法律事務所雇用化名為「李正義」、「李志成」之王○成（原名王麥文）擔任助理職務。王○成於涉犯偽造文書罪執行完畢出監後之民國103年4月間，承租臺中市西屯區大容西街67號3樓之2房屋，用以經營其擔任負責人之○域顧問有限公司（下稱○域公司），自稱非訟顧問執行長。被付懲戒人明知王○成素行不佳，竟在同一地點主持喬○法律事務所，與○域公司聯合辦公，並合作承接案件。由○域公司透過網路、廣播等方式宣傳該公司專營更生、清算、卡債、債務協商處理，與多名外聘律師配合等情，且製作○域公司、喬○法律事務所聯合之名片，營造○域公司擁有專業律師團隊之形象。客戶委請○域公司催收債權時，喬○法律事務所負責為客戶撰寫民、刑、非訟事件之書狀，如客戶需委任律師進行訴訟，即由被付懲戒人接受委任。被付懲戒人以前開方法招攬訴訟，所獲取之報酬再依一定比例與對方拆帳。○域公司與喬○法律事務所於104年9月間搬離上開大容西街房屋，一同遷移至臺中市西屯區河南路2段262號4樓之10，仍延續上開經營模式。嗣因被付懲戒人與王○成理念不合，於105年9間終止與○域公司之合作關係，搬遷他處。案經臺灣臺中地方檢察署以被付懲戒人行為違反律師法第35條、律師倫理規範第12條第2款規定，依律師法第

---

2 律師懲戒覆審委員會107年度臺覆字第12號決議書。

39條第1款、第3款之規定，移付懲戒。由臺灣律師懲戒委員會審酌其違法行為逾二年之久，事後承認違失，保證不再犯等情事，依律師法第44條第3款規定，於107年1月12日決議（106年度律懲字第30號）停止執行職務貳年。被付懲戒人不服原決議，請求覆審。

二、覆審決議理由

1. 被付懲戒人請求覆審理由略以：(1)原決議處分過重且有違比例原則：臺灣律師懲戒委員會98年度律懲字第3號決議書中被付懲戒人因使公務員登載不實遭判刑3月，遭處分停止執行職務6月；臺灣律師懲戒委員會98年度律懲字第11號決議書中被付懲戒人因背信遭判1年8月停止執行職務1年6月；臺灣律師懲戒覆審委員會101年度臺覆字第6號決議書中被付懲戒人因侵占遭判刑1年2月，遭停止執行職務10月。可知，本件被付懲戒人雖有不當行為，然與上開案例中之行為相比，屬較為輕微，原決議處分停止執行職務2年，重於上開案例，顯然過重，不符比例原則，有侵害憲法所賦予人民工作權之嫌。(2)被付懲戒人係於104年1月27日設立喬○法律事務所，至105年9月26日註銷登記，期間並未逾2年，惟原決議書謂被付懲戒人之違法行為逾2年之久，顯有誤會。

2. 按律師法第35條明定：「律師不得挑唆訴訟，或以不正當之方法招攬訴訟」；律師倫理規範第12條規定：「律師不得以下列方式推展業務：……。二、支付介紹人報酬。三、利用司法人員或聘僱業務人員為之。」，被付懲戒人坦承與王○成經營之○域公司聯合辦公，並合作承接案件，製作○域公司、喬○法律事務所聯合之名片，且所獲取之報酬再依一定比例與所獲取之報酬再依一定比例與對方拆帳，即確有違反上開律師法及律師倫理規範之事實。

3. 惟被付懲戒人之上開違法事實未逾二年，情節尚難謂重大；且被付懲戒人對上開違法事實無爭執，深具悔意，故原決議處分停止執行職務2年，顯然過重，不符比例原則，爰撤銷原決議，依律師法第44條第3款規定，決議歐○○應予停止執行職務壹年。

第二篇　法官倫理

洪兆承

第九章

法官與國家之關係與法官職位的特性

相較於律師倫理，對於法官的倫理相關法律規範較多，也較爲完整。如憲法80條、81條要求法官必須獨立，甚至也有公務員服務法、法官法、與基於法官法第13條第2項所訂立的法官倫理規範等，來規範法官的基本倫理[1]。故從這些條文中，其實就可以大致上勾勒出法官倫理的內涵。

但這並不代表法官倫理的議題，就毫無討論的必要。由於法官的身分特殊，故對其有較爲嚴格的規範，甚至對於其基本權利的行使，亦有所限制。然而法官畢竟也是公民的一份子，也不應該強迫其遵守過度嚴格的倫理規範，使其基本權受到過度的侵害。本章透過介紹法官倫理的相關規範，一方面闡明法官倫理的基本內容，另一方面也以上述問題意識爲核心，對法官倫理的相關議題進行分析。

第一節　法官與國家之關係

由於法官屬於公務員的一份子，故受公務員相關法令之規範應無庸置疑。然而法官依據憲法第80條及第81條之規定代表國家獨立行使審判職

1　法官法第十三條：「法官應依據憲法及法律，本於良心，超然、獨立、公正審判，不受任何干涉。
　　法官應遵守法官倫理規範，其內容由司法院徵詢全國法官代表意見定之。」

權，並透過法官的身分保障維護國家審判獨立，地位崇高、責任重大，與國家間之關係為法官特別任用關係，與一般公務人員必須服從職務命令，與國家間為階級服從之命令關係，仍然有別[2]。所以法官雖為國家公務員之一，但因其與國家間之關係，相較於一般公務員更為特別，故需遵守更多的倫理規範。我國亦於民國88年，經法院修正發布五點「法官守則」，全文如下：

一、法官應保有高尚品格，謹言慎行、廉潔自持，避免不當或易被認為不當的行為。

二、法官應超然公正，依據憲法及法律，獨立審判，不受及不為任何關說或干涉。

三、法官應避免參加政治活動，並不得從事與法官身分不相容的事務或活動。

四、法官應勤慎篤實地執行職務，尊重人民司法上的權利。

五、法官應隨時汲取新知，掌握時代脈動，精進裁判品質。

雖然隨著法官法與法官倫理規範的制定，這五條規定已經不再沿用。然而上述五條規定清楚地勾勒出法官應有之形象。法官應為公正且品格高尚之人，必須依法律獨立審判，不受外界輿論干擾，且在職務以外，亦必須謹慎處理個人社交私生活，始能稱職地扮演法官一職[3]。除了上述守則之外，與法官職業倫理相關之重要法律條文，略可整理如下：

1. 法官法相關條文：主要是第三章法官之司法倫理與監督與職業倫理有關。

2. 法院組織法、行政法院組織法、公務員懲戒委員會組織法、智慧財產法院組織法、少年及家事法院組織法相關條文。

3. 民事訴訟法、刑事訴訟法、行政訴訟法相關條文。

2　這一點也可由法官法第一條看的出來。法官法第一條：「為維護法官依法獨立審判，保障法官之身分，並建立法官評鑑機制，以確保人民接受公正審判之權利，特制定本法。法官與國家之關係為法官特別任用關係。本法未規定者，適用其他法律之規定。」

3　可參考鄭津津，法律倫理學，頁194，五南，第三版（2017）。

4. 公務員服務法相關條文：由於第24條規定凡受有俸給之文武職公務員及其他公營事業機關服務人員均適用之，故亦適用於屬於公務員的法官。

5. 法官倫理規範：本規範乃依法官法第13條第2項規定訂定之，也是後述的重點之一。

6. 公務員廉政倫理規範：由於依本規範第21點規定，行政院以外其他中央及地方機關（構）得準用之，故法院之法官亦在準用之列。

7. 法官社交及理財自律事項。

第二節　法官職位之特色

　　為何需要特殊的規定來規範法官倫理？本書認為這應該是與法官的職務有關。由於法官依法職司裁判，需要調查事實，並評斷是非紛爭，因此自然需要比一般公務員更高的獨立性與公正性。觀察《憲法》第80條：「法官須超出黨派以外，依據法律獨立審判，不受任何干涉。」，可看出對於法官獨立審判與公正審判的要求，依照本條，法官在依法執行審判職務時，只能依照法律獨立審判[4]，而不應受任何外力干涉。這就是法官職位的特色，亦即法官的獨立性。釋字第530號亦揭示：「法官從事審判僅受法律之拘束，不受其他任何形式之干涉；法官之身分或職位不因審判之結果而受影響；法官唯本良知，依據法律獨立行使審判職權。」的原則，進一步陳述法官獨立性的內涵。這樣的內涵，也被落實在前述法官法第13條第1項，以及法官倫理規範第2條：「法官為捍衛自由民主之基本秩序，維護法治，保障人權及自由，應本於良心，依據《憲法》及法律，超然、獨立從事審判及其他司法職務，不受任何干涉，不因家庭、社會、政治、經濟或其他利害關係，或可能遭公眾批評議論而受影響。」等規定。法官獨立性進一步具體化為下述三種類型。

---

[4] 依法審判亦為法官行為正當性基礎之一。對於法官行為正當性的論述，可參考姜世明，法律倫理學，頁31，元照，修訂四版（2015）。

第一項 事物獨立性

首先是法官事物的獨立性，這是指法官執行職務時的獨立性，其意味著法官不應屈從各種內外之有形、無形之壓迫或誘惑，應本於良心依法進行審判[5]。故法官在行使職權時，若是屬於實質裁判核心之活動，亦即「法官於審理案件時，對於應適用之法律，依其合理之確信，所表示之見解」[6]，亦即指任何直接、間接與裁判形成過程相關之活動，主要屬法之發現本身，以及為法之發現間接所為實體與程序之相關決定[7]，即屬於事物獨立之範圍，必須確保其不受外界任何影響。如其他政府機關若干涉對於法官行使上述核心領域時，即涉及事物獨立性之侵犯[8]。如司法行政機關不得以抽象的行政規則，拘束法官認事用法[9]；監察院在行使其監察權時，就必須注意不能影響到上述法官事物獨立的權限範圍[10]。且法官在作成判決時，除有明顯、重大錯誤，如嚴重遲延者外，不能僅以其和上級審之見解不同，就要受到懲戒等不利益[11]。在法官法第49條第2項，亦明定

---

5 日本法亦有類似判決，可參考昭和23年（1948年）11月11日大法庭判決，收錄於刑集2卷12號，頁1565以下。

6 可參考蔡炯墩，法官倫理規範與實踐，頁44，五南，初版（2014）。

7 可參考職務法庭102年訴字第二號公懲判決：「審判工作範圍內，是否受審判獨立保障，得以『核心領域』、『外部秩序』為區分。審判工作之『核心領域』，指任何直接、間接與裁判形成過程相關之活動，主要為法之發現本身，以及為法之發現間接所為實體與程序之相關決定，職務監督原則上對此領域不得介入干涉。除上述『核心領域』外，即屬審判工作之『外部秩序』部分，得行適當之職務監督」。

8 可參考姜世明，法律倫理學，頁40，元照，修訂四版（2015）。

9 可參考釋字530：「司法自主性與司法行政監督權之行使，均應以維護審判獨立為目標，因是最高司法機關於達成上述司法行政監督之目的範圍內，雖得發布命令，但不得違反首揭審判獨立之原則。最高司法機關依司法自主性發布之上開規則，得就審理程序有關之細節性、技術性事項為規定；本於司法行政監督權而發布之命令，除司法行政事務外，提供相關法令、有權解釋之資料或司法實務上之見解，作為所屬司法機關人員執行職務之依據，亦屬法之所許。惟各該命令之內容不得牴觸法律，非有法律具體明確之授權亦不得對人民自由權利增加法律所無之限制；若有涉及審判上之法律見解者，法官於審判案件時，並不受其拘束」。

10 詳細的討論，可參考蔡炯墩，法官倫理規範與實踐，頁51以下，五南，初版（2014）。

11 可參考公懲會99年鑑字第11684號議決書：「按具體案件之審判，應委諸於審理該案之法官判斷，當事人如有不服，應循上訴或抗告之法定程序，請求救濟。如因與最高法院之判決意旨有異，即構成懲戒之事由，將導致審判法官之心理畏縮，危害審判獨立，有違法律設定上訴、抗告

關於適用法律之見解，不得據為法官受懲戒之事由[12]。於日本亦有在內閣因為外交上的理由，要求法院擴張法律解釋，判殺傷當時俄國皇太子的被告死刑，被當時的帝國最高法院（大審院）院長拒絕，最後最高法院仍就依照其向來的見解適用法律，判被告無期徒刑的事件（大津事件），這也是一個外部行政機關意圖侵害事物獨立性的案例[13]。反之，若不屬於事物獨立性的範圍，如司法行政事務等，此時法官的地位仍受到司法行政的拘束，與一般公務員無異[14]。

即使司法權內部，亦應保持法官之間的事物獨立性。如除非法律明定或已經成為習慣法或法理，否則不得僅以該判決為先例之理由，就直接使其發生法律上之拘束力，拘束法官認事用法[15]。雖然就彼此交流，進而做出更公正的裁判這一點來看，應鼓勵法官之間多對案件進行討論，然而在討論之時，也應注意不應該影響其他法官之心證，導致侵害獨立性[16]。然而如果是評議中討論時，因不採取少數法官的見解，而做出判決的情形，由於評議本來就是審判職務行使的一環，係從未採取少數見解，也不能認

等救濟制度之本旨。故除法官之裁判，有明顯且重大之錯誤外，不能以其認定，經上級法院撤銷或廢棄，遽認應構成懲戒之事由，方能確保憲法保障法官獨立審判之目的。」其他類似的實務意見，可參考公懲會89年鑑字第9243號議決書，100年鑑字第12011號議決書等。

12 法官法第49條第2項：「適用法律之見解，不得據為法官懲戒之事由。」

13 事件的梗概，可參考森際康友，裁判官の專門職責任，收錄於法曹の倫理，頁299以下，名古屋大學出版會，第2.1版（2015）。

14 法官法第19條亦作如是規定：「法官於其獨立審判不受影響之限度內，受職務監督。職務監督包括制止法官違法行使職權、糾正法官不當言行及督促法官依法迅速執行職務。法官認職務監督危及其審判獨立時，得請求職務法庭撤銷之。」

15 可參考姜世明，法律倫理學，頁37，元照，修訂四版（2015）。其他譬如高等法院研討會結論等等，由於其亦不屬於法律，故沒有依此結論審判的必要。

16 河合健司、秋吉仁美，裁判官の獨立性‧廉潔性‧品位保持，收錄於法曹倫理，頁25以下，商事法務，初版（2015）。我國實務亦有類似判決，可參考法官評鑑決議書101年評字第3號：「當庭打電話與另案承辦法官討論兩案之勝負致使當事人以為不同案件法官針對個案可以電話方式互通心證以協商裁判內容，足以使當事人產生對於審判獨立及司法公正性之疑慮。其行為已違反法官守則第1點、第2點即法官倫理規範第5條執行職務應謹言慎行、第3條執行職務應公正客觀之規定，並足以影響審判獨立及司法形象情節重大」。同案例在進入職務法庭後亦維持懲戒的決定。可參考職務法庭101年懲字第2號公懲判決。

為評議的決定，侵害持少數見解的法官之事物獨立性[17]。

　　特別是有司法行政上職責之法官，更要注意不要以職務監督的方式，影響其他法官的獨立性。日本曾經發生札幌地方法院院長以書信和承審案件的法官討論案件時，以建議為名，企圖影響承審法官心證的事件（平賀書簡事件），該院長後來受到嚴重的注意處分，並調離現職[18]。這也是一個在法院內部，有司法行政職位的法官，企圖影響承審法官事物獨立性的案例。我國亦曾發生最高法院法官因其子涉案，多次向一審、二審之承審法官關說，二審審判長亦配合向受命法官關說之事件，這樣的做法侵害法官事物獨立性較上述日本案例更巨，涉及關說的兩位法官亦受到了休職六個月、降兩級改敘之處分[19]。

第二項　身分獨立性

　　其次是法官身分的獨立性，此為事物獨立性之前提，蓋若無身分獨立，則空有事物獨立，仍無法避免司法行政機關以影響身分保障為方法，破壞事物獨立性。故我國憲法第81條亦明定：「法官為終身職，非受刑事或懲戒處分，或禁治產之宣告，不得免職。非依法律，不得停職、轉任或減俸。」由前述規定可知，身分獨立之實質內涵，可包括任期保障（法官為終身職[20]）、待遇保障（法官非依法律不得減俸）與職位安定保障

---

17 參考職務法庭102年訴字第2號公懲判決：「審判獨立在排除狹義司法權以外之行政或立法等外力不當干預。在審判權作用範圍內，如合議庭內部法官意見不同，以評議機制決定裁判意見者，評議結果個別意見不受採納之法官，不得對合議庭其他法官主張其審判獨立受侵害。」

18 事件的梗概，可參考小島武司等編，法曹倫理，頁287以下，有斐閣，第2版（2006）。

19 可參考公務員懲戒委員會議100年度鑑字第11895號議決書：「核被付懲戒人二人所為，均有違公務員服務法第5條所定，公務員應謹慎，不得有足以損失名譽之行為之旨，應依法酌情議處。爰審酌被付懲戒人二人身為資深法官，被付懲戒人甲於其子涉案時，囿於父子之情，多次向承審法官關說；被付懲戒人乙審理案件時，受好友之請託，並向受命法官為具體要求，嚴重損及法官形象及司法公信，並參以檢察官偵查結果，認定臺灣高等法院判決並無枉法裁判之故意等情，酌處如主文所示之懲戒處分。」

20 故法官除非主動辦理退休，否則就算依法（如法官法77條）應停止辦理案件，其仍屬現職司法官。對於法官辦理退休的相關規範，可參考法官法第78條。對法官退休問題之批判，可參考姜世明，法律倫理學，頁45，元照，修訂四版（2015）。

（非受刑事或懲戒處分、或禁治產之宣告，不得免職，非依法律[21]不得停職、轉任等）[22]。

第三項　法官的良心

　　最後則是法官的良心此指法官應主動拒絕外界誘惑，依法獨立審判的心理狀態。雖然這是確保法官獨立中，最關鍵的要素[23]，然而此種良心的存否，最終還是繫諸於法官內在的修養。規範身分獨立性的目的，亦在於給予法官形成內在獨立性的空間[24]。問題在於在此之「良心」究所何指？對此本文認為在此之良心，並非指法官個人主觀的良心；而是指客觀上，法官這個職業所應具備的良心[25]。依此，法官必須依照其職業倫理，客觀依法審判，不能因其個人信仰、偏見等因素，做出帶有偏見，導致違背法律的判決。從法官倫理規範第三條：「法官執行職務時，應保持公正、客觀、中立，不得有損及人民對於司法信賴之行為。」與第四條：「法官執行職務時，不得因性別、種族、地域、宗教、國籍、年齡、身體、性傾向、婚姻狀態、社會經濟地位、政治關係、文化背景或其他因素，而有偏見、歧視、差別待遇或其他不當行為。」也看得出來法官良心的本質。由於這與之後法官職務上倫理規範，特別是公正執行職務亦有關聯性，故等談到相關規範時，再詳細談論這個問題。

---

21 我國主要是在法官法第44條至第46條，規定法官非自願性調動的相關規則。

22 分類可參考蔡炯燉，法官倫理規範與實踐，頁65，五南，初版（2014）。

23 蓋就算有上述兩個獨立性，最終是否要獨立行使審判職權，仍要視法官是否依其良心辦案。可參考日本法律家協會編，法曹倫理，頁22，商事法務，初版（2015）。

24 可參考姜世明，法律倫理學，頁46，元照，修訂四版（2015）。

25 日本的討論亦作同樣解釋。可參考小島武司等編，法曹倫理，頁290，有斐閣，第2版（2006）；森際康友，裁判官の專門職責任，收錄於法曹の倫理，頁305以下，名古屋大學出版會，第2.1版（2015）；河合健司、秋吉仁美，裁判官の獨立性‧廉潔性‧品位保持，收錄於法曹倫理，頁23以下，商事法務，初版（2015）。

第十章

法官的職務倫理

第一節　基本原則

　　若法官職位的獨立性，是透過制度排除對法官執行職務時的干涉，讓法官在行使裁判職務時，能夠保持公正，不受外力影響，則法官的倫理規範，就是正面要求法官的學養、品德、行爲，讓人民信賴法官在執行審判職務時，能夠保持中立，做出公正的判決，兩者實互爲表裡，相輔相成[1]。最典型的規定，即爲前述法官倫理規範第2條至第4條的規定。依照該等規定，法官在執行職務時，除應不受外力影響外，還必須要公正適用法律、不可被偏見影響，以讓人民信賴司法[2]。這就是在職行職務時，法官倫理的基本原則。以下即以此爲中心，分析相關的倫理規範。

第二節　執行審判職務時的倫理規範

　　首先是執行審判職務時的倫理規範。依照法官倫理規範，法官在執行審判職務時應該謹慎、勤勉、妥速執行職務，不得延滯程序導致增加當事人之負擔[3]（法官倫理規範第11條）[4]。故如果不謹慎執行職務，如把以前做過的判決一字不改，放入現在的判決書以圖趕快結案，就有違反法官

1　法官公正性與法官獨立性關係的進一步論述，可參考小島武司等編，法曹倫理，頁298，有斐閣，第2版（2006）；臺灣的論述則可參考蔡炯墩，法官倫理規範與實踐，頁87，五南，初版（2014）。

2　類似的意見，可參考鄭津津，法律倫理學，頁205，五南，第三版（2017）。

3　如對於處理案件不當延滯等。可參考職務法庭107年懲字第1號、第5號公懲判決。

4　法官倫理規範第11條：「法官應謹慎、勤勉、妥速執行職務，不得無故延滯或增加當事人、關係人不合理之負擔。」

倫理之可能[5]。

　　詳細的職務倫理可以再細分如下：首先，法官在開庭前除了應充分準備外，開庭時也必須適當的指揮監督相關的司法人員（法官倫理規範第13條）[6]，並應該客觀、中立、耐心，並注意維護當事人的訴訟權（法官倫理規範第12條第1項）[7]，故如果故意侵害被告的訴訟上權利，如法官刻意讓被告無法接受實質有效辯護（辯護權受侵害）時，或是不讓辯護人交互詰問，以言詞暗示被告無勝訴之望，應撤回上訴（審級利益受侵害）時[8]，或是在行使闡明義務時語帶譏諷，導致侵害當事人聽審的權利時，即有違反相關倫理規範之虞[9]。其他還有不得以言語辱罵等行為，損害當事人尊嚴（法官倫理規範第12條第2項）[10]。蓋法官若為此種行為，則有損其公正之形象，導致人民對於司法公正性的信賴有所下降。

　　另外，由於訴訟外紛爭解決機制（ADR）的興起[11]，導致以訴訟解

5　可參考職務法庭103年度懲字第1號公懲判決：「本件被付懲戒人審理系爭事件時，以複製他案判決書之方式，製作明顯錯誤之判決書而送達予案件當事人，有事實足認因重大過失，致審判案件有明顯重大違誤，嚴重侵害人民權益，損及司法威信，顯已違反前揭公務員服務法、法官守則（作者註：即前述法官守則第四條之規定）及民事訴訟法之程序規定，已達嚴重損及人民對司法之信賴之程度，且於100年1月6日下午5時44分前製作正確判決時已知版本一判決係錯誤之判決，卻未立即製作更正裁定；嗣於101年2月7日高本院審理時，發現二份內容不同之判決正本而通知被付懲戒人，被付懲戒人遲至101年2月10日始另行製作更正裁定，顯有違失，自應依前揭規定予以懲戒。」

6　法官倫理規範第13條：「法官就審判職務上受其指揮或服從其監督之法院人員，應要求其切實依法執行職務。」

7　法官倫理規範第12條1項：「法官開庭前應充分準備；開庭時應客觀、公正、中立、耐心、有禮聽審，維護當事人、關係人訴訟上權利或辯護權。」

8　可參考職務法庭103年懲字第2號公懲判決：「雖一般實務通見認為，接押庭尚無強制辯護之適用。然本件在被告所委任律師因故未能到場情形下，從被告訴訟防禦權行使而言，在勸諭被告撤回上訴時，自應給予被告有合理的考慮時間及與律師商量之機會，以確保被告獲得充分辯護倚賴權及充足資訊取得權。然被付懲戒人卻於開庭時，積極暗示、引逗被告撤回上訴，顯已違反法官執行職務時應保持公正、客觀，不得有損及人民對司法信賴之法官倫理規範。」

9　可參考法官評鑑決議書101年評字第5號；102年評字第6號；108年評字第7號、職務法庭105年懲字第2號公懲判決等。反之如果僅是行使訴訟的闡明權，則未必會侵害被告的權利。

10　法官倫理規範第12條2項：「法官應維持法庭莊嚴及秩序，不得對在庭之人辱罵、無理之責備或有其他損其尊嚴之行為。」。

11　詳細可參考https://www.judicial.gov.tw/adr/adr.html（最後閱覽日：2019.10.25）

決紛爭不再是唯一的途徑，甚至訴訟成為解決紛爭的最後手段。故法官在審理中，亦有在考慮當事人的利益後，鼓勵當事人以訴訟外和解、調解等訴訟外紛爭解決機制，取代以正式法律程序審判的可能。然而法官的本質在於依法審判，此種鼓勵當事人以訴訟外紛爭解決機制，取代訴訟以解決紛爭的方式，可能會造成法官在執行審判職務時，又必須勸說被告不要進入審判，導致是否要遵守職權進行審判這一點陷入兩難；且若過度依賴訴訟外紛爭解決機制，將本來就性質而言，並不適合以訴訟外紛爭解決機制的案件，不當的以訴訟外紛爭解決機制解決的話，反而會成為將案件脫手的終南捷徑，並導致人民對法官執行職務的公正性有所懷疑[12]。

故我國法官倫理規範於第12條第3項規定：「法官得鼓勵、促成當事人進行調解、和解或以其他適當方式解決爭議，但不得以不當之方式為之。」依照本條，法官固然可在執行審判職務時，鼓勵當事人以訴訟外紛爭解決機制解決爭議，但不得影響法官執行職務的公正性，故禁止其以不當之方式為之。

第三節　其他重要的職務倫理規範

上述主要是規範法官在執行審判行為時，必須遵守的相關倫理規範。除此之外，與法官職務直接相關的倫理規範，還可整理出以下幾種規範。首先若從客觀的事實，可以發現法官可能有無法公正審判的事由時，就應該請求法官迴避。不論是民事訴訟法、刑事訴訟法、行政訴訟法均有相關規定，法官倫理規範第14條更進一步的針對當事人之代理人或辯護人，與法官的家庭成員在同一事務所工作的情形，特別規定法官必須將事由告知當事人，並主動陳報[13]，第7條也禁止法官對他人承審案件關說請託等[14]。

---

12 可參考小島武司等編，法曹倫理，頁304以下，有斐閣，第2版（2006）

13 法官倫理規範第14條：「法官知悉於收受案件時，當事人之代理人或辯護人與自己之家庭成員於同一事務所執行律師業務者，應將其事由告知當事人並陳報院長知悉。」

14 法官倫理規範第7條：「法官對於他人承辦之案件，不得關說或請託。」

其次若法官私底下和當事人的一方會面，則必然導致另一方對於法官是否偏袒發生質疑[15]。如在日本發生的血盟團事件中，承審的審判長私下去見被告，希望被告能夠遵從法官的訴訟指揮；在事件曝光後，審判長即提出辭呈，且更換所有承審法官，由另一批法官負責審理；私底下和當事人一方見面的嚴重性，由此可見一斑[16]。故我國法官倫理規範第15條即明訂：「法官就承辦之案件，除有下列情形之一者外，不得僅與一方當事人或其關係人溝通、會面：

一、有急迫情形，無法通知他方當事人到場。

二、經他方當事人同意。

三、就期日之指定、程序之進行或其他無涉實體事項之正當情形。

四、法令另有規定或依其事件之性質確有必要。

有前項各款情形之一者，法官應儘速將單方溝通、會面內容告知他方當事人。但法令另有規定者，不在此限。」

依照本條，原則上不得僅與一方當事人會面，縱符合上述例外，也必須馬上告知他方當事人，以維護法官執行職務的公正性與人民的信賴。

接下來則是保密義務的問題。由於法官亦為公務員，故依照公務員服務法第4條第1項，亦有保守機關祕密的義務[17]，如法院的人事情報若涉及祕密時，法官亦有守密義務。除此之外由於法官職務的特殊性，故對於守

專業倫理：法律倫理

---

15 事實上過去亦曾多次發生法官或其同黨等與當事人私下見面，並意圖謀取不法利益，而受到公懲會懲戒的事件。近例可參考職務法庭103年懲字第4號公懲判決：「被付懲戒人審理所承辦之案件時，竟私下及容由其同居人黃OO與案件之上訴人邱XX討論案情，並介紹律師為訴訟代理人，甚而以邱XX所設之底限強行和解，進而收受賄賂。其於執行職務時，未能保持公正、客觀、中立，與當事人一方或其關係人溝通、會面，已損害人民對於司法之信賴，又利用其職務，為自己謀取不當財物，核屬違反法官倫理規範第3條、第5條、第6條、第8條第1項、第3項及第15條第1項之規定。」

16 事件梗概可參考森際康友，裁判官の專門職責任，收錄於法曹の倫理，頁300以下，名古屋大學出版會，第2.1版（2015）。

17 公務員服務法第4條第1項：「公務員有絕對保守政府機關機密之義務，對於機密事件，無論是否主管事務，均不得洩漏；退職後亦同。」

密義務有更高的要求。故法官也必須嚴守職務上之秘密[18]，這個義務甚至在離職後繼續持續要求[19]。其中依照法院組織法103條與106條，裁判確定前，法院的評議，各法官的意見均不得公開[20]，這也是法官不語概念的展現之一，亦即法官應以判決陳述意見，而不應任意公開心證，導致被懷疑有偏頗之虞[21]。如實務上曾經發生有法官在進行審判時，當眾致電與本案相關聯案件之法官討論案情，並陳述自己意見等，這等於是提前洩漏判決心證，故有違反倫理規範之虞[22]。

　　惟如同前述，法官彼此間就案件發生的法律問題互相討論交流，其實對於彼此的學養知識具有相當程度的助益，且現在大眾媒體發達，我國雖有設計發言人制度，但因發言人並未承審本案，故有時難以完整說明，所以若太過嚴格的執行保密義務，導致法官完全不能把案件進行一定程度的抽象化後，和他人進行討論以解惑；或是無法對記者進行解說導致大眾誤解，進而影響對司法的信賴的話，反而是過度侵害法官的言論自由，並且影響人民對法官執行職務公正性的信賴[23]。

　　故除了上述與案件直接相關的部分，如對於案件的評議意見等，必須完全保密以外，就其他針對繫屬中或將繫屬案件的言論的規範，我國法官倫理規範採取了比較寬鬆的態度[24]，於第17條規定：

---

18 法官倫理規範第16條：「法官不得揭露或利用因職務所知悉之非公開訊息。」
19 法官法第18條：「法官不得為有損其職位尊嚴或職務信任之行為，並應嚴守職務上之秘密。前項守密之義務，於離職後仍應遵守。」
20 法院組織法第103條：「裁判之評議，於裁判確定前均不公開。」；第106條第1項：「評議時各法官之意見應記載於評議簿，並應於該案裁判確定前嚴守秘密。」
21 可參考蔡烱燉，法官倫理規範與實踐，頁124以下，五南，初版（2014）。
22 可參考職務法庭民國101年懲字第2號判決：「法官針對個案中抽象法律問題互相研究討論，僅屬法律訊息之交換，尚無違反法官倫理規範之疑慮。惟就繫屬中個案於開庭時與其他法官討論案情，其間亦涉及具體法律意見之建議，因係公開法庭行之，易造成當事人誤會，且損及法官獨立審判空間或司法獨立、公正形象，則不宜為之」。
23 法官言論自由與守密義務之關係，可參考蔡烱燉，法官倫理規範與實踐，頁122以下，五南，初版（2014）。
24 日本的類似見解可參考河合健司、秋吉仁美，裁判官固有の倫理の課題，收錄於法曹倫理，頁86的注6，商事法務，初版（2015）。

「法官對於繫屬中或即將繫屬之案件，不得公開發表可能影響裁判或程序公正之言論。但依合理之預期，不足以影響裁判或程序公正，或本於職務上所必要之公開解說者，不在此限。法官應要求受其指揮或服從其監督之法院人員遵守前項規定」。

依照但書規定，只要法官對於案件的發言，是屬於基於職務上所必要，或是不足以影響裁判或程序公正者，即得發言，並不受相關倫理規範的限制。在處理之後可能發生的問題，特別是法官與媒體之間的關係時，均應以上述規範為基礎進行處理[25]。

---

[25] 法官與媒體間的關係，可參考蔡炯墩，法官倫理規範與實踐，頁130以下，五南，初版（2014）。

第十一章

保持品格的義務

第一節　基本原則

　　由於對裁判公正性的信賴，不僅繫於法官公正的執行職務，也繫諸於對法官人格的信賴與崇敬，故法官倫理規範也要求法官不僅在執行職務時保持公正，也要求其在執行職務以外，也必須要充實知識[1]，並保持一定的品格，不能做出影響人民對司法信賴的舉動[2]。我國法官倫理規範第5條：「法官應保有高尚品格，謹言慎行，廉潔自持，避免有不當或易被認爲損及司法形象之行爲。」，亦是上述保持品格義務的展現。

　　然而法官畢竟也是國民之一，雖然因其職務之特殊性，故就其各種行爲進行限制，仍有其合理性；然而如果限制過嚴，則反而過度非人性化，甚至過度侵害法官的自由，故仍有討論的必要。以下就以此問題意識，針對重要的保持品格義務，進行介紹和分析。

第二節　兼職、兼業

　　首先是關於兼職、兼業的問題，由於法官若身兼數職，會導致人民對於法官是否在其職位上公正執行職務，而不假公濟私這一點有所質疑，且法官若有兼業，也會導致其不能專心於審判職務。故我國法一方面保障法官的身分獨立性，亦給予其豐厚的報酬，另外一方面針對法官兼業，有非常嚴格的規範。法官倫理規範第18條亦揭示參與職務外團體之活動不得

1　規定在法官倫理規範第9條與第10條。

2　河合健司、秋吉仁美，裁判官の獨立性‧廉潔性‧品位保持，收錄於法曹倫理，頁23，商事法務，初版（2015）。

079

與司法職責產生衝突，或損及人民對司法之信賴等原則[3]。以上原則亦適用在法官為組織招募成員時[4]。另外法官若因參加職務外活動得到一定收入時，就應該申報，以避免懷疑[5]。法官法第16條亦直接規定不得兼任之職務與業務如下：

一、中央或地方各級民意代表。

二、公務員服務法規所規定公務員不得兼任之職務[6]。

三、司法機關以外其他機關之法規、訴願審議委員會委員或公務人員保障暨培訓委員會委員。

四、各級私立學校董事、監察人或其他負責人。

五、其他足以影響法官獨立審判或與其職業倫理、職位尊嚴不相容之職務或業務。

　　這些職務均是與法官本職相衝突，故直接立法禁止之。縱非上述兼職，依照法官法第17條，仍要經任職機關同意，方得兼任。

　　除了上述職務以外，法官身為中立的裁判者，當然不能兼做律師職務。故法官倫理規範第24條第1項本文亦規定：「法官不得執行律師職務，並避免為輔佐人」。由於律師職務的範圍也包括擔任訴訟代理人，提供法律意見與草擬法律文書等[7]，故依照本條，法官不能提供任何人法律

3　法官倫理規範第18條：「法官參與職務外之團體、組織或活動，不得與司法職責產生衝突，或有損於司法或法官之獨立、公正、中立、廉潔、正直形象。」

4　法官倫理規範第19條：「法官不得為任何團體、組織募款或招募成員。但為機關內部成員所組成或無損於司法或法官之獨立、公正、中立、廉潔、正直形象之團體、組織募款或招募成員，不在此限。」

5　法官倫理規範第20條：「法官參與司法職務外之活動，而收受非政府機關支給之報酬或補助逾一定金額者，應申報之。

前項所稱一定金額及申報程序，由司法院定之。」

6　可參考公務員服務法第13條、第14條、第14條之1、第14條之2、第14條之3。

7　可參考蔡炯燉，法官倫理規範與實踐，頁201，五南，初版（2014）。實務判決則可參考職務法庭103年懲字第6號公懲判決：「基於法官凡為他人擔任個案辯護人、代理人等涉及法庭內之活動，均可能令外界產生法官利用職位上之特權謀求自己或家人之利益，而對該法官本身之職位尊嚴及職務信任有所損害，亦可能對擔任個案審判之法官同仁造成壓力，並使他造對法院產生可能會予對造有利判決之疑慮，勢將嚴重危及一般人民對司法獨立、公正、中立形象之信賴，可知法

意見與草擬法律文書等。

　　然而法官亦為人，上述規定若嚴格執行，則若親人有法律問題求教時，法官也只能拒絕其問題，並要求其找其他管道詢問，然如此則未免太過不近情理。在日本曾經發生法官因得知其妻子有犯罪可能，經求證其妻子後，為其妻子和辯護人提供法律意見，並寫成書面，並因而被大法庭認定為意圖影響偵查行動，故受到申誡處分的判決[8]。然而這樣的作法給予法官非常嚴苛的義務，故也有三位法官以不同意見表示反對。其中最主要的不同意見（由金谷利廣法官作成）亦表示，本案被告法官的行為固然不當，然而如果面對至親的請求，如果只要其找律師，而拒絕提供一切的助言，則似乎又太過沒有人性，故其認為應該還是要在一定範圍內，許可法官對其至親提供法律意見[9]。觀察外國法官倫理規範，也可發現其皆有一定程度的放寬[10]。

　　我國的法官倫理規範亦採用類似的方法，於第24條第1項但書規定：「但無償為其家庭成員、親屬提供法律諮詢或草擬法律文書者，不在此限」。並在同條第2項規定「前項但書情形，除家庭成員外，法官應告知該親屬宜尋求其他正式專業諮詢或法律服務。」，針對親疏遠近，做出不同的處理，如此才能兼顧法理與人情。

第三節　接受餽贈、招待

　　如同前述，為了維護人民對法官公正執行職務的信賴，依照法官倫理規範第5條，法官有保持高尚品格的義務。若法官任意接受他人餽贈、招待，不免會讓人疑惑其是否被收買而做出不公正的判決。故法官對於接受

官執行律師職務之範圍，應包含於民事事件擔任其配偶及一定親等親屬之訴訟代理人，是法官不得執行律師職務，自應包含不得擔任其配偶及一定親等親屬之訴訟代理人。」

8　最高裁判所大法庭平成13年（2001年）3月30日判決，判例タイムズ，第1071號，頁99以下。本案另一個爭點是在於法官有沒有利用其職務上得知的消息做成該法律文書，然此與本節較無關連，故在此省略。

9　金谷利廣法官的不同意見，可參考判例タイムズ，第1071號，頁103以下。

10　可參考蔡炯燉，法官倫理規範與實踐，頁203，五南，初版（2014）。

饋贈、招待應該十分小心，以免啓人疑竇。

惟傳統社會重視禮尚往來，故若完全禁止，可能也過於不近人情，因此我國法官倫理規範第8條採用區分對象的規定方式，在面對與其職務上有利害關係之人時，由於在這種狀況下，無論是否有意接受饋贈一定會讓人懷疑，進而損害對司法的信賴，故不應接受任何饋贈；反之，若是無上述利害關係者，就必須進一步判斷收受該饋贈是否有損形象，若無則可容許法官收受饋贈、招待[11]。至於若是主動謀求不當財物、利益，自然亦在禁止之列[12]。

第四節　政黨、政治與社會活動

由於法官職權的行使，屬於三權分立中司法權的一環，故若對法官的政治活動不加限制，則法官有可能在行使司法權限的時候，受到其他勢力的政治影響，此不僅危害到對法官行使職權公正性的信賴，違反憲法第80條「法官應超出黨派之外」的要求，甚至也有危害權力分立原則之虞[13]。從這個角度來看，爲了保障法官的獨立，而不會被任何政治、社會勢力等操控，應該嚴格限制法官的政黨、政治與社會活動才對。然而法官亦爲公民，故有政治自由，若過度嚴格限制，反而過度侵害法官的自由。

如在日本的寺西候補法官事件中，由於身爲候補法官的當事人本來預定參加反對組織犯罪處罰法修法的集會[14]，並擔任與談人，然而在受到告誡可能違反日本裁判所法第52條第1款：「法官不得擔任國會或地方公共

---

11 法官倫理規範第8條：「法官不得收受與其職務上有利害關係者之任何饋贈或其他利益。
　　法官收受與其職務上無利害關係者合乎正常社交禮俗標準之饋贈或其他利益，不得有損司法或法官之獨立、公正、中立、廉潔、正直形象。
　　法官應要求其家庭成員或受其指揮、服從其監督之法院人員遵守前二項規定。」。
12 法官倫理規範第6條：「法官不得利用其職務或名銜，爲自己或他人謀取不當財物、利益或要求特殊待遇。」
13 明確指出此點者，可參考小島武司等編，法曹倫理，頁354，有斐閣，第2版（2006）。
14 在當時朝野政黨針對是否修法，產生激烈的攻防，故此問題也發展成政治問題。事件的說明可參考河合健司、秋吉仁美，裁判官固有の倫理の課題，收錄於法曹倫理，頁80，商事法務，初版（2015）。

團體的議員，或是積極地從事政治活動」之規定後，便取消擔任與談人，只有參加集會，然而最後還是散課以申誡處分。對此，最高裁判所的多數意見仍然認為本案當事人所參加的集會，不只是單次的座談會，而是阻止修法的有計畫、有組織地繼續性政治活動的一環，故其行為該當上述日本裁判所法的「積極從事政治活動」，並認為對被告課以申誡處分的仙臺高等法院的判決合法[15]。

　　如同上述法官指導妻子法律問題的事件一般，本案亦有5位法官的不同意見，其中如河合伸一法官就是認為從國民的意識來看，法官就算參加一些政治活動，也不至於就讓國民喪失法官獨立性、執行職務公正性的信賴，如此嚴苛的限制反而會讓法官失去獨立自主，積極任事的氣概[16]。雖然上述的爭議，主要是源自於日本法官法嚴格規定法官不能積極的從事政治活動，故從文義來看，法官自然受到了嚴格的規制。但從上述的日本實務判決，也可以看到對於法官政治活動規制的兩難。

　　相較於日本嚴格的限制法官不能參加政治活動，我國對此的限制則較為寬鬆，主要是針對政黨活動的部分進行嚴格的禁止。如法官法第15條禁止法官加入政黨，若要成為候選人則應該辭職[17]，法官倫理規範第21條主要也是禁止法官參加政治性團體的集會、活動[18]。其他只是與政治有

---

15 最高裁判所大法庭平成10年12月1日判決，民集，第52卷9號，頁1761以下。

16 河合法官的意見可參考民集，第52卷9號，頁1795以下。

17 法官法第15條：「法官於任職期間不得參加政黨，政治團體及其活動，任職前已參加政黨、政治團體者，應退出之。
　　法官參與各項公職人員選舉，應於各該公職人員任期屆滿一年以前，或參與重行選舉、補選及總統解散立法院後辦理之立法委員選舉，應於辦理登記前，辭去其職務或依法退休、資遣。
　　法官違反前項規定者，不得登記為公職人員選舉之候選人。」

18 法官倫理規範第21條：「法官於任職期間不得從事下列政治活動：
　　一、為政黨、政治團體、組織或其內部候選人、公職候選人公開發言或發表演說。
　　二、公開支持、反對或評論任一政黨、政治團體、組織或其內部候選人、公職候選人。
　　三、為政黨、政治團體、組織或其內部候選人、公職候選人募款或為其他協助。
　　四、參與政黨、政治團體、組織之內部候選人、公職候選人之政治性集會或活動。
　　法官不得指示受其指揮或服從其監督之法院人員或利用他人代為從事前項活動；並應採取合理措施，避免親友利用法官名義從事前項活動。」

關，較爲中立的社會活動，如投票、連署等則適用前述法官倫理規範第18條參加職務外團體活動的規定，故較爲寬鬆。我國另有見解整理法官得參加之政治活動如：投票、在政見發表會聆聽政見、在不影響職務之前提表達政治意見、捐款給政黨等政治組織、參加以促使司法工作完善爲目的之活動[19]；不得參加之政治活動如：主持競選集會、發起遊行、連署、印製散發張貼文書等宣傳品、組織、管理政治性集會、公開支持、反對特定候選人、助選、不得在大眾媒體具銜或具名廣告、在公開場合穿戴標示政黨等特定政治團體之識別物、不得在其廳舍懸掛、標示、張貼特定公職候選人之標示，尤不得將其廳舍作爲政治性演講、集會之場所[20]。

第五節　社交與經濟活動

如同前述，法官的保持品格義務，也包含了清廉自持這一項。這也影響了法官在社交、經濟活動的倫理規範。依照法官倫理規範第22條，法官應避免與其獨立、公正、中立、廉潔形象不相容之飲宴應酬，社交活動與財物往來，故譬如婚外情[21]、性騷擾[22]等，均是屬於嚴格禁止的事項。其中，與律師社交之問題，更是從早期一直到現在爭論的問題[23]。甚至只要是律師，就算是家人也應該避免讓其使用法官寓所接待客戶，蓋如此可能讓國民有法官也在執行律師職務的印象，進而影響對法官執行職務公正性的信賴[24]。

對於法官的社交活動更詳細的規定，也可參考法官社交與理財自律事項的1.、2.、5.、6.項，該等條文雖然規範在法官倫理規範之前，但由於較爲詳細，故仍可參考之。條文詳細如下：

---

[19] 可參考蔡新毅，法官倫理，收錄於法律倫理學，頁430，新學林，1版（2009）。

[20] 可參考蔡新毅，法官倫理，收錄於法律倫理學，頁431以下，新學林，1版（2009）。

[21] 可參考職務法庭104年懲字第2號公懲判決。

[22] 可參考職務法庭108年懲字第1號公懲判決。

[23] 相關討論可參考蔡炯燉，法官倫理規範與實踐，頁146以下，五南，初版（2014）。

[24] 可參考班加羅爾司法行爲原則評註，收錄於蔡炯燉，法官倫理規範與實踐，頁409以下，五南，初版（2014）。

一、法官不得與案件繫屬中之當事人、關係人及其代理人、辯護人酬酢往來。但合於一般禮俗、學術、司法、公益等活動者，不在此限。

二、法官應避免經常與特定律師在社交場所出現。但有前條但書之情形者，不在此限。

五、法官應避免讓律師經常進出其辦公室。但因公務或有其他正當理由者，不在此限。

六、法官應避免其他有損法官形象之應酬或交往。

　　同樣的規範也出現在法官的經濟活動。如同前述兼業部分的陳述，法官若涉及牟利，則不免會讓人民對其有不認真，或是貪圖財產的印象等。故依照法官倫理規範第23條，法官不得經商牟利，也不得做有減損其廉潔、正直形象的經濟活動[25]。在此亦可利用前述法官社交與理財自律事項的第3、第4項，當作判斷減損廉潔、正直形象的標準。條文如下：

三、法官應避免與律師、案件之當事人有財務往來。但該當事人為金融機構且其交易係正當者，不在此限。

四、法官不得以投機、違反公平方式、利用法官身分或職務，獲取不當利益或財物。

---

25 如不能成為公司股東、不得與人合夥經商等，這個部分會與前面的兼職相關規範重疊。類似案例可參考職務法庭102年懲字第2號公懲判決（公司股東）、103年懲字第6號公懲判決（合夥經商）、職務法庭104年懲字第1號公懲判決（合夥開補習班營利）等。

第十二章
違反倫理規範之處置

第一節　違反倫理規範之處置

　　最後則是違反相關法官倫理規範之處置。依照法官法第30條第2項第七款，法官若違反法官倫理規範，情節重大時，應送個案評鑑[1]。另依照同法第49條，若認為法官因違反相關倫理規範，且有懲戒之必要時，應受懲戒[2]。由此可知法官在違反倫理規範時，處置就是內部監督手段的評鑑，以及外部監督手段的懲戒，以下分別說明。

第二節　法官之評鑑

　　首先是關於法官評鑑的部分，由於這是屬於內部的評鑑機制，故根據法官法第30條第1項，由司法院自己設法官評鑑委員會，掌理法官之評鑑。至於委員會的組成部分，根據同法第33條第1項，委員會由法官三人、檢察官一人、律師三人、學者及社會公正人士六人（2020年7月開始

1　法官法第30條：「司法院設法官評鑑委員會，掌理法官之評鑑。
　　法官有下列各款情事之一者，應付個案評鑑：
　　一、裁判確定後或自第一審繫屬日起已逾六年未能裁判確定之案件，有事實足認因故意或重大過失，致審判案件有明顯違誤，而嚴重侵害人民權益。
　　二、有第二十一條第一項第二款情事，情節重大。
　　三、違反第十五條第二項、第三項規定。
　　四、違反第十五條第一項、第十六條或第十八條規定，情節重大。
　　五、違反辦案程序規定或職務規定，情節重大。
　　六、無正當理由遲延案件之進行，致影響當事人權益，情節重大。
　　七、違反法官倫理規範，情節重大。
　　適用法律之見解，不得據為法官個案評鑑之事由。」

2　但適用法律之見解不得被認為是懲戒事由，這一點和前述法官獨立有關，資不贅述。

施行，在之前仍適用舊法為4人）組成之。且根據同法第36條第1項，應於二年內提出法官個案評鑑的請求。

　　在評鑑結束後，若委員會認為法官無第30條第2項各款所列情事者，得依照法官法第38條，做出請求不成立之決議。但必要時得移請職務監督權人依第21條規定為適當之處分，如告誡、注意等。

　　若委員會認為法官有上述第30條第2項所列之情事者，得依照同法第39條第1項為下列決議：

一、有懲戒之必要者，報由司法院移送監察院審查，並得建議懲戒之種類。

二、無懲戒之必要者，報由司法院交付司法院人事審議委員會審議，並得建議處分之種類。

第三節　法官之懲戒

　　如同上述，當內部的評鑑委員會認為法官有違反第30條第2項之事由，且有必要懲戒時，就可以送監察院審查。其詳細規定在法官法第51條，依照該條，在送監察院審查前，應予被付懲戒法官陳述意見之機會，並經司法院人事審議委員會決議。之後在應由監察院決定彈劾後，就會移送職務法庭審理是否需要懲戒的事由。

　　職務法庭由司法院設立，依照法官法第47條，主要審理下列事項，對其裁判不能再提起行政訴訟：

一、法官懲戒之事項。

二、法官不服撤銷任用資格、免職、停止職務、解職、轉任法官以外職務或調動之事項。

三、職務監督影響法官審判獨立之事項。

四、其他依法律應由職務法庭管轄之事項。

　　對職務法庭之裁判，不得提起行政訴訟。

　　其組成依照法官法第48條第1項，以公務員懲戒委員會委員長為審判

長，與法官二人為陪席法官組成合議庭行之。但若審理法官懲戒的案例，應該增加兩名參審員為合議庭成員（2020年7月17日實行，在之前仍依舊法，由法官四人組成合議庭）。在審理後若決定懲戒，即可依同法第50條，對法官做出下列懲戒：

一、免除法官職務，並喪失公務人員任用資格。

二、撤職：除撤其現職外，並於一定期間停止任用，其期間為一年以上五年以下。

三、免除法官職務，轉任法官以外之其他職務。

四、罰款：其數額為現職月俸給總額或任職時最後月俸給總額一個月以上一年以下。

五、申誡：以書面為之

　　若認為依應受懲戒之具體情事足認已不適任法官者，應予撤職以上之處分。且若受到免除法官職務、撤職之處分者，不得充任律師，已充任律師者，應停止其執行職務；其中若受到撤職、轉任其他職務之處分者，不得回任法官職務。

洪兆承

第十三章
檢察官身分之雙重性

第一節　檢察官職位的歷史演變

　　相對於法官地位的定性非常明確，在歷史上，檢察官的地位則歷經過數次變革。在中世紀的時候，檢察官主要是為了維護收取罰金、沒收財產等國王的經濟利益，而以「國王的代理人」的身分，介入刑事訴訟；此時的檢察官只是國王權益的代理人，一直到王權擴張，國王和法院彼此爭權奪利的時代，檢察官方才取得法院中的檢事局法官的地位，以及監督法院的權限，這也是近代檢察官的原型[1]。直到法國大革命發生，刑事訴訟程序也從糾問主義轉移到彈劾主義，起訴與審理程序分離，以及採用不告不理的程序之後，原本身為國王代理人的檢察官，也轉換成了公益代理人，負責代表公益，進行刑事追訴，然而仍維持其行政代理人之特色，強調檢察官是代表行政權，其職責在於監督司法權的行使[2]。

　　上述法國的檢察官制度亦被德國採用，且相較於法國繼承王政時代留下來的傳統，將檢察官定位為行政代理人，德國更強調檢察官的獨立性，

1　關於法國檢察官定位的歷史介紹，可參考水谷規男，檢察官の專門職責任，收錄於森際康友等編，法曹の倫理，頁319以下，名古屋大學出版會，第2.1版（2015）。

2　可參考水谷規男，檢察官の專門職責任，收錄於森際康友等編，法曹の倫理，頁320以下，名古屋大學出版會，第2.1版（2015）；陳運財，檢察獨立與檢察一體之分際，月旦法學雜誌，第124期，頁7以下（2005）。

將其定位為司法官署，亦即「法院裁判的協力者」，依此見解，檢察官與法官各司其職，各自在偵查、審判階段主責發現真實[3]。從前述定義上的差異，就可以發現檢察官身分之特殊性，而這樣的特殊性也影響到檢察官與法官之間，倫理規範的差異。以下即以此問題意識為中心，分析檢察官的相關倫理規範。

同上述，從檢察官制度的發展史，就可以看出檢察官身分的特殊性。這一點也可以從規範檢察官的組織法規看的出來。依照法院組織法第60條，檢察官負責實施刑事偵查、提起公訴、實行公訴、協助自訴、擔當自訴及指揮刑事裁判之執行等法定職務。上述職務的內容，均與刑事司法的運作有直接的關係，甚至在犯罪偵查與判決執行時，檢察官主導了整個程序的進行。從這一點來看，檢察官在刑事司法裁判中，扮演了重要的地位，其地位屬於廣義司法的一環[4]。也因此授與法官相同的身分保障[5]，法院組織法第61條也規定了檢察官對法院可以獨立行使職務。

第二節　檢察官的定位

然而檢察官在行使權限時，還是有相異於法官的部分。其相異點主要是來自於類似於行政官署的的上命下從，亦即所謂的檢察一體。法源依據主要是來自法院組織法第63條和第64條。依照法院組織法第63條，檢察

3　德國檢察官制度的繼受與發展，可參考川崎英明，現代檢察官論，頁39以下，日本評論社，1版（1997）；中文文獻可參考林鈺雄，檢察官在訴訟法上之任務與義務，收錄於檢察官論，頁14以下，新學林，1版（1999）；介紹法國與德國檢察官定位差異的中文文獻，可參考朱朝亮，檢察官之定位與使命，收錄於檢察官倫理規範釋論，頁35以下，元照出版，初版（2013）。

4　可參考大法官釋字第392號解釋：「司法權之一之刑事訴訟、即刑事司法之裁判，係以實現國家刑罰權為目的之司法程序，其審判乃以追訴而開始，追訴必須實施偵查，迨判決確定，尚須執行始能實現裁判之內容。是以此等程序悉與審判、處罰具有不可分離之關係，亦即偵查、訴追、審判、刑之執行均屬刑事司法之過程，其間代表國家從事「偵查」、「訴追」、「執行」之檢察機關，其所行使之職權，目的既亦在達成刑事司法之任務，則在此一範圍內之國家作用，當應屬廣義司法之一。」

5　可參考大法官釋字第13號解釋：「憲法第八十一條所稱之法官，係指同法第八十條之法官而言，不包含檢察官在內。但實任檢察官之保障，依同法第八十二條，及法院組織法第四十條第二項之規定，除轉調外，與實任推事同。」

長與檢察總長可以監督檢察官，檢察官應服從檢察長與檢察總長的命令，也就是所謂指揮監督權的規定；必要時檢察長與檢察總長甚至可以依照法官組織法第64條，將其承辦的案件收回給自己親自辦理，或是移轉給其他檢察官，此為職務收取權的規定。從這個角度來看，檢察官反而類似於一般的行政官，而與法官不同[6]。

　　因為有上述的差異，故對於檢察官的定位在學說、實務上多有爭執[7]，如有重視其職務的內容，將其解為特殊的司法官者[8]；亦有重視其組織上的上命下從特徵，將其解釋為有獨立權限的特殊行政官者[9]。本書並非專門討論檢察官定位的書籍，故不在這個問題上多著墨，然而上述爭議也確實體現了檢察官地位的特殊性。現階段或許應該跳出檢察官身分的爭議，由其職權切入，將檢察官定位為代表人民利益的「公益代表人」，其並不只為國家、被害者，而是代理公眾行使追訴權。因此雖然從其有訴訟代理人性格來看，可能與法官的中立地位相矛盾，應將其配屬在行政機關下，但從其職務性質是代表公益、且與司法權的行使直接相關的部分來看，也有和司法權相同，必須排除不當干涉以維持司法獨立的必要[10]，

6　可參考大法官釋字第392號解釋理由書：「……惟其主要任務既在犯罪之偵查及公訴權之行使，雖其在『訴訟上』仍可單獨遂行職務（法院組織法第六十一條參看）；但關於其職務之執行則有服從上級長官（檢察首長）命令之義務（法院組織法第六十三條），此與行使職權時對外不受任何其他國家機關之干涉，對內其審判案件僅依據法律以為裁判之審判權獨立，迥不相侔。」以及大法官釋字第530號解釋：「檢察官偵查刑事案件之檢察事務，依檢察一體之原則，檢察總長及檢察長有法院組織法第六十三條及第六十四條所定檢察事務指令權，是檢察官依刑事訴訟法執行職務，係受檢察總長或其所屬檢察長之指揮監督，與法官之審判獨立尚屬有間。」至於法務部長依照法院組織法第111條，僅有行政監督的權限。

7　如2017年召開的司改國是會議，就針對這個問題有激烈的論辯。可參考自由時報：司法官？行政官？檢察官定位今開戰。（新聞網址：https://news.ltn.com.tw/news/politics/paper/1093450最後閱覽：2019/11/13）。

8　如林鈺雄，談檢察官之雙重定位─行政官?司法官?，收錄於檢察官論，頁95以下，元照，初版（1997）；吳巡龍，檢察獨立與檢察一體─兼評檢察官未經檢察長核定逕行起訴事件，月旦法學雜誌，第124期，頁32以下（2005）。

9　如黃朝義，刑事訴訟法，頁90，新學林，4版（2014）。

10　類似見解可參考陳運財，檢察獨立與檢察一體之分際，月旦法學雜誌，第124期，頁10以下（2005）；朱朝亮，檢察官之定位與使命，收錄於檢察官倫理規範釋論，頁37以下，元照出版，初版（2013）。

所以應和法官相同，受事物獨立性與身分獨立性的保障[11]。我國法官法第86條第1項前段亦規定：「檢察官代表國家依法追訴處罰犯罪，為維護社會秩序之公益代表人。」，從其文字觀之，法官法或許也採取類似的見解來定義檢察官的地位。這樣的地位也影響到檢察官倫理規範的形成，以下一一說明。

---

[11] 故依照法官法第89條第5項，適用法律的見解亦不能成為檢察官送個案評鑑的事由，這一點與法官相同。

第十四章

檢察官的職務倫理

　　如後所述，由於檢察官的職務關乎司法權的行使，故其倫理規範的法規根據亦來自於法官法[1]，且亦甚爲嚴格；然而由於檢察官的職務與法官畢竟有所差異，其受到檢察一體的限制，所以具體的倫理要求也會有所不同。

第一節　基礎概念：合法、公正、獨立的信賴

　　基本上檢察官的職務倫理與法官相同，均要維持、確保人民對於公正執行職務的信賴。因此檢察官不只要公正誠實的行使職權，也必須要留意從一般國民的角度來看，是否可信賴其公正中立的行使職權，亦即必須具備「公正的外觀」[2]。故對其倫理要求也包含不讓外界懷疑其是否公正執行職務[3]，以及其他的非職務倫理。在此先說明職務行爲倫理。

　　依照法官法第86條第1項後段，檢察官須超出黨派以外，維護憲法及法律保護之公共利益，公正超然、勤愼執行檢察職務。相關的精神亦落實在檢察官倫理規範第2條、第3條、第6條、第11條[4]，這些條文和前一章

1　法源依據爲法官法第89條第1項準用同法第13條第2項。

2　可參考小島秀夫等編，法曹倫理，頁396，有斐閣，2版（2006）。

3　可參考檢察官倫理規範第12條：「檢察官執行職務，除應依刑事訴訟法之規定迴避外，並應注意避免執行職務之公正受懷疑。
　　檢察官知有前項情形，應即陳報其所屬指揮監督長官爲妥適之處理。」

4　檢察官倫理規範第2條：「檢察官爲法治國之守護人及公益代表人，應恪遵憲法、依據法律，本於良知，公正、客觀、超然、獨立、勤愼執行職務。」
　　檢察官倫理規範第3條：「檢察官應以保障人權、維護社會秩序、實現公平正義、增進公共利益、健全司法制度發展爲使命。」
　　檢察官倫理規範第6條：「檢察官執行職務時，應不受任何個人、團體、公眾或媒體壓力之影響。
　　檢察官應本於法律之前人人平等之價值理念，不得因性別、種族、地域、宗教、國籍、年齡、性

法官倫理規範的第2條、第3條、第4條、第6條、第7條類似。而檢察官亦受到刑事訴訟法第18條迴避規定的規範，故檢察官倫理規範第12條更進一步規定：

「檢察官執行職務，除應依刑事訴訟法之規定迴避外，並應注意避免執行職務之公正受懷疑。

檢察官知有前項情形，應即陳報其所屬指揮監督長官為妥適之處理。」所以從條文的構造，及本書一開始所揭示的一般，除了職務執行須符合合法性、公正性、獨立性外，檢察官亦必須注意不可以損及人民對於上述的信賴外觀，而這也影響了之後的保持品格義務。

第二節　執行職務時遵守正當法律程序

然而檢察官的職權與法官畢竟不同，故亦有特別設置檢察官倫理規範，來具體訂定檢察官職務倫理相關事項的必要。依照前述法院組織法第60條，檢察官的職務包括偵查犯罪調查證據、在訴訟中擔任當事人、執行刑事裁判等，所以其職務上的倫理規範亦與此對應，要求檢察官在行使職務時，必須符合正當法律程序，以兼顧實體與程序正義，來保護公益與被告、被害人權益[5]。其詳細內容可簡介如下：

第一項　偵查不公開與保密義務

首先是關於檢察官的保密義務。這個部分依照檢察官倫理規範第18條規定，檢察官不得洩漏或違法使用職務上所知悉之秘密。法官法第89條1項也準用第18條，故這個部分和法官倫理規範相同。

較為特殊的則是偵查不公開的相關倫理規範。偵查不公開規定在刑事

傾向、婚姻狀態、社會經濟地位、政治關係、文化背景、身心狀況或其他事項，而有偏見、歧視或不當之差別待遇。」。

檢察官倫理規範第11條：「檢察官應不為亦不受任何可能損及其職務公正、超然、獨立、廉潔之請託或關說。」。

5　詳細的論述可參考林麗瑩，正當法律程序之遵守，收錄於檢察官倫理規範釋論，頁154以下，元照，初版（2013）。

專業倫理：法律倫理

訴訟法第245條第1項，其目的可分爲保護被告不被媒體公審，減損無罪推定；以及保護如證人等相關人士，使其免於因資訊外流導致身陷危險；還有維持國家機關在進行偵查時，必須的資訊優勢等[6]。依照此條文，在偵查結束前[7]，檢察官等相關人員對偵查程序（如何時羈押被告等）、偵查內容（如被告行爲是否該當犯罪）、所得心證（被告是否有罪）等均須保密[8]，不得對外界公開。

　　然而在法律倫理上，亦有討論當公開反而對偵查程序有所助益，或是反而可平衡對被告不利之輿論時，此時是否還要堅持偵查不公開，恐怕還有商榷餘地[9]。故我國檢察官倫理規範第17條規定：「檢察官偵查犯罪應依法令規定，嚴守偵查不公開原則。但經機關首長授權而對偵查中案件爲必要說明者，不在此限[10]」。從條文上，雖看不出來機關首長何時應該授權，但本書以爲似可以上述方法操作之，亦即當公開反而有利於被告、偵

6　林鈺雄，刑事訴訟法（下），頁85以下，元照，9版（2019）。

7　釋字729解釋理由書：「按檢察機關之偵查卷證與偵查追訴犯罪有重要關係，有其特殊性與重要性。正在進行犯罪偵查中之案件，其偵查內容倘若外洩，將使嫌疑犯串證或逃匿，而妨礙偵查之成效，影響社會治安，基於權力分立與制衡原則及憲法保障檢察機關獨立行使職權，立法院自不得調閱偵查中之相關卷證。至於偵查終結後，經不起訴處分確定或未經起訴而以其他方式結案（例如檢察實務上之簽結）之案件，既已終結偵查程序及運作，如立法院因審查目的與範圍均屬明確、且與其憲法上職權有重大關聯之特定議案所必要，又非屬法律所禁止，並依法定組織及程序調閱者，因尚無實質妨礙偵查權行使之虞，自得經其院會決議調閱上述已偵查終結之卷證。另個案雖已偵查終結經不起訴處分確定或未經起訴而以其他方式結案，惟卷內證據資料如與檢察官續查同一被告或他被告另案犯罪相關者，倘因調閱而洩漏，將有妨害另案偵查追訴之虞，爲實現檢察官獨立行使職權追訴犯罪，以落實國家刑罰權，檢察機關得延至該另案偵查終結提起公訴、或不起訴處分確定或未經起訴而以其他方式結案後，再行提供調閱之卷證資料。」。

8　可參考偵查不公開作業辦法第5條：「偵查不公開，包括偵查程序、內容及所得之心證均不公開。」

9　可參考姜世明，法律倫理學，頁180以下，元照，修訂4版（2015）。

10　在本倫理規範制定之前，亦曾經發生未得長官名義違反偵查不公開，而遭懲戒的事件。可參考公務人員懲戒委員會88年度鑑字第8989號議決書：「然按偵查不公開之，刑事訴訟法第二百四十五條第一項定有明文。被付懲戒人當天召開記者會並散發新聞稿時，公然敘述已進行之偵辦動作，諸如傳訊李員之動機、理由、犯罪嫌疑，率領並指派調查員實施搜索，查扣相關帳冊、單據，並已簽分他案另行偵辦等，在在與偵查有關。所辯並未違反偵查不公開之原則云云，顯係遁詞。核被付懲戒人此部分之行爲除違反偵查不公開之原則外，另違反公務員服務法第四條第二項『公務員未得長官許可，不得以私人名義，任意發表有關職務之談話』之規定。」。

查時，就可經機關首長授權後，進行必要的說明與公開。

第二項　取得證據時的倫理規範

　　其次是關於取證行為的倫理規範，在此又可分為「強制處分」與「訊問」之倫理規範。強制處分是在偵查時，最有效的偵查手段，相對其有效性其侵害人權亦巨，如搜索侵害人的隱私，羈押的效果甚至類似刑罰可奪取人的自由，故必須受到法律保留與比例原則的控制[11]。訊問被告則是取得被告自白等陳述的方法，在不自證己罪的要求下，刑事訴訟法第98條與第156條規定不能以壓迫被告自由意思之不正方法訊問[12]，否則取得之自白無證據能力。

　　所以檢察官倫理規範亦明確要求檢察官在運用強制處分權時，應特別注重比例原則與法定程序，在訊問時，也必須注意不得用強暴、脅迫、利誘、詐欺、疲勞訊問或其他不正方法，亦不得有笑謔、怒罵或歧視之情形[13]。在蒐集證據時，也受到刑事訴訟法第2條客觀義務（後述）的影響，必須以罪刑法定和無罪推定原則為本，詳加蒐集對被告有利及不利之事證，並調查及斟酌之，不能只以被告有罪為唯一目的[14]。另外在不違法的前提下，也可以透過國際交流與司法互助，進行偵查犯罪，如日前我國

---

11 詳細的論述可參考林鈺雄，刑事訴訟法（上），頁321以下，元照，9版（2019）。

12 所謂不正方法，係指以強暴、脅迫、利誘、詐欺、疲勞訊問等可能壓迫被告自由意思的方法。可參考最高法院97年臺上字第706號判決：「但如司法警察對犯罪嫌疑人表示『會助其一臂之力』，或告以如自白就一定不會被羈押、可獲緩刑之宣告，以及故意誤導受詢問者其行為係法律所不處罰，或明知刑法連續犯已廢止，仍告知受詢問者連續犯全部提供於法律上僅論以一罪等，均係對被詢問者承諾法律所未規定之利益，使信以為真，或故意扭曲事實，影響被詢問者之意思決定自由，則屬取證規範上所禁止之不正方法，不可混淆。」

13 檢察官倫理規範第10條：「檢察官行使職權應遵守法定程序及比例原則，妥適運用強制處分權。」、第13條：「檢察官執行職務，應本於合宜之專業態度。」實務上因此受到懲戒的案例，可參考職務法庭103年懲字第5號公懲判決。
　檢察官行訊問時，應出以懇切之態度，不得用強暴、脅迫、利誘、詐欺、疲勞訊問或其他不正方法，亦不得有笑謔、怒罵或歧視之情形。」實務上亦有因此受到懲戒的案例，可參考職務法庭102年懲字第3號公懲判決。

14 檢察官倫理規範第9條。

和以前的友邦多明尼加聯手打擊跨國電信詐欺的案件，就是一個透過國際交流的方式，打擊犯罪的適例。

第三項　調查證據時的倫理規範

最後則是關於調查證據時的相關倫理規範。如同在檢察官地位的章節的部分所述，檢察官身為公益代表人，故其同時為訴訟當事人的一造，另一方面又不能只以讓被告有罪為目的，否則即有違背公益之嫌疑。舉例說明，像是日本在平成22年（2010年）時，曾經發生檢察官為了把被告定罪，而偽造證據的事件，這就是過於執著於其訴訟當事人的身分，而導致侵害發現真實的公益的結果[15]，故日本全國的檢察署也提出了「檢察的理念」，於第四段亦明確表示「檢察官不得採取以得到有罪判決為目的，把讓被告受到更重的刑事處分當作自己的成果的態度。我等追求的乃是實現與真相相符、合乎國民良知的相當程度的處分與科刑」[16]。這其實就表示著檢察官在調查證據時，不應該以把被告定罪為唯一目的，而是要致力於在不過度損害被告人權的前提下，發現實體真實，以回復法和平性。

在我國亦有類似的法律規定與倫理規範，如依照刑事訴訟法第2條，檢察官有客觀義務，必須對被告有利不利的證據一併注意[17]。故與此相對，檢察官倫理規範亦要求檢察官辦案時，應致力於真實發現，兼顧被告、被害人及其他訴訟關係人參與刑事訴訟之權益[18]；也必須要和律師、法官合作，共同致力於人權保障與司法正義的實現[19]，其他在訴訟時也必須監督裁判是否合法、妥當，在閱卷後覺得有問題，就應該上訴[20]。這都

---

15 關於事件的梗概，可參考鶴田六郎，水野美鈴，檢察官固有の倫理の課題，收錄於法曹倫理，頁92，商事法務，初版（2015）。

16 關於檢察倫理的內容，也可參考鶴田六郎，水野美鈴，檢察官固有の倫理の課題，收錄於法曹倫理，頁94，商事法務，初版（2015）。

17 規定的主因，是因為檢察官代表公益，要求有利不利一併積極注意，平衡國家與被告之實力差距。前者可參考林鈺雄，刑事訴訟法（上），頁137，元照，9版（2019）。

18 檢察官倫理規範第8條、另外也可參照前述檢察官倫理規範第9條。

19 檢察官倫理規範第23條。

20 檢察官倫理規範第24條。

是在設定檢察官為公益代表人的前提之下，所要求的調查證據的倫理規範。

第四項　其他與職務相關的倫理

由於檢察官偵查案件時，並不需要親力親為，還必須指揮檢察事務官、警察官等進行偵查，故對此亦需要倫理規範加以規定。如檢察官倫理規範第19條規定：「檢察官應督促受其指揮之檢察事務官、司法警察（官）本於人權保障及正當法律程序之精神，公正、客觀依法執行職務，以實現司法正義。」依照本條，檢察官不僅自己在執行職務時，需要維持公正、客觀、合法，也必須督促在其指揮下的檢察事務官、警察官等，使他們在執行職務時，也能夠合乎公正、客觀、合法的要求。

另外如同前述，相對於法官審判採取較為消極的不告不理的原則，檢察官的職務則較為主動積極，故為求其職務能順利進行，和其他政府機關、民間團體合作偵查犯罪[21]，或是進行法治教育以求人民能主動配合等[22]，都是可以考慮的選項。

第三節　檢察官的組織倫理規範：檢察一體及其界限

上述的倫理規範，主要是規範檢察官執行職務時，必須具備的基本精神。由於該職務直接關係到刑事司法權限的行使，故除了職務內容不同外，所要求的精神基本上與法官相同。然而檢察官制度與法官最大的不同之處，就是其內部的上命下從關係，亦即前述提到的檢察一體。關於檢察一體的目的，學說見解雖然各有不同，但一般均認為適用檢察一體的目的主要是在於檢察官負責代替國家保護公益，所以其職權亦象徵了國家意思的表現，因此從偵察方針、法律見解及裁量基準，自然應該一致，以求國

21 檢察官倫理規範第20條：「檢察官為促其職務之有效執行，得與各政府機關及民間團體互相合作。但應注意不得違反法令規定。」。
22 檢察官倫理規範第22條：「檢察官為維護公共利益及保障合法權益，得進行法令宣導、法治教育。」。

家意思的統一表現，也才能發揮統合的力量對抗犯罪[23]。其中特別是關於裁量基準的部分，可以透過檢察一體的方式，提出一般性的裁量基準，以防止檢察官濫用裁量，有見解認為這就是檢察一體存在的根本理由[24]。

惟若過度強調檢察一體，可能會把檢察獨立解為「檢察署的獨立」，進而侵害個別檢察官行使職權的獨立性[25]。如日本檢察廳法雖然亦承認檢察行使職權的獨立性，但由於過度強調檢察一體，致使一般案件多數在副檢察長、主任檢察官等上級裁示下處理，在重大案件時，甚至會請示檢察長、檢察總長的指揮，故此時檢察官個人的行使職權獨立，等於已經流於形式[26]。

故該如何界定檢察一體的界線，特別是如何有效行使法院組織法第63條的監督權、與第64條的職務收取權，使檢察獨立不會變成檢察署獨立，也成為學說實務上的重要課題，而倫理規範亦由此而生。這也產生檢察官倫理中的特殊限制。

第一項　第一個限制：合法性

依照學說見解，檢察一體的第一個限制就在於合法性。故若上級檢察官，如檢察長和檢察總長要依照檢察一體，行使相關權限如監督權時，第一個限制就是必須合法[27]。法官法第92條1項規定：「檢察官對法院組織法第六十三條第一項、第二項指揮監督長官之命令，除有違法之情事外，

---

23 可參考陳運財，檢察獨立與檢察一體之分際，月旦法學雜誌，第124期，頁17（2005）；蔡碧玉，檢察一體的原則與運用，收錄於檢察官倫理規範釋論，頁134以下，元照，初版（2013）；蕭蕙菁，檢察一體之再考（上），裁判時報，第27期，頁129（2014）。對於檢察一體目的的深入檢討與批評，可參考林鈺雄，談檢察官之監督與制衡—兼論檢察一體之目的，收錄於檢察官論，頁115以下，學林，初版（1999）。

24 可參考林鈺雄，談檢察官之監督與制衡—兼論檢察一體之目的，收錄於檢察官論，頁126以下，學林，初版（1999）。

25 可參考水谷規男，檢察官の專門職責任，收錄於森際康友等編，法曹の倫理，頁327，名古屋大學出版會，第2.1版（2015）。

26 可參考陳運財，檢察獨立與檢察一體之分際，月旦法學雜誌，第124期，頁15以下（2005）。

27 可參考林鈺雄，檢察官在組織法上之上命與下從，收錄於檢察官論，頁49以下，學林，初版（1999）。陳運財，檢察獨立與檢察一體之分際，月旦法學雜誌，第124期，頁17（2005）。

應服從之。」，從反面解釋來看就是對於有違法情事的長官命令，不須聽從。檢察官倫理規範第4條亦從上級檢察官的角度規定：「檢察總長、檢察長應依法指揮監督所屬檢察官，共同維護檢察職權之獨立行使，不受政治力或其他不當外力之介入；檢察官應於指揮監督長官之合法指揮監督下，妥速執行職務。」兩者均表示了上級檢察官在依照檢察一體，行使相關權限時的第一個限制。

第二項　第二個限制：統一事實認定與法律見解之適用

在違法行使監督權的情形，則無庸置疑的必須適用上述限制。然而大部分的問題，則是發生在上級檢察官和承辦檢察官對於法律適用與裁量基準的意見相異的情形，如是否進行偵查、是否使用強制處分、是否起訴、上訴等意見不同，此時該如何處理則成為問題。對此學說有認為若是因法律見解的確信而為處分者，下級檢察官抗命雖然並不違法，但可能會受到行政處分[28]。原則上上級檢察官應該要盡量尊重承辦檢察官的意見，若真的想完全貫徹自己的見解，則必須使用法院組織法第64條的職務收取權將案件收回給自己辦理，或利用同法的職務移轉權，將案件移轉給與自己同樣意見的檢察官辦理，以示負責，不可強逼承辦檢察官照其見解適用法律[29]。我國法官法第92條第2項以及第93條亦體現了上述原則[30]。檢察官

---

[28] 可參考陳運財，檢察獨立與檢察一體之分際，月旦法學雜誌，第124期，頁18以下（2005）。

[29] 可參考林鈺雄，檢察官在組織法上之上命與下從，收錄於檢察官論，頁51以下，學林，初版（1999）。

[30] 法官法第92條第二項：「前項指揮監督命令涉及強制處分權之行使、犯罪事實之認定或法律之適用者，其命令應以書面附理由為之。檢察官不同意該書面命令時，得以書面敘明理由，請求檢察總長或檢察長行使法院組織法第六十四條之權限，檢察總長或檢察長如未變更原命令者，應即依第九十三條規定處理。」

法官法第93條：「檢察總長、檢察長於有下列各款情形之一者，得依法院組織法第六十四條親自處理其所指揮監督之檢察官之事務，並得將該事務移轉於其所指揮監督之其他檢察官處理：

一、為求法律適用之妥適或統一追訴標準，認有必要時。

二、有事實足認檢察官執行職務違背法令、顯有不當或有偏頗之虞時。

三、檢察官不同意前條第二項之書面命令，經以書面陳述意見後，指揮監督長官維持原命令，其仍不遵從。

倫理規範亦在第14條規定：

「檢察官對於承辦案件之意見與指揮監督長官不一致時，應向指揮監督長官說明其對案件事實及法律之確信。

指揮監督長官應聽取檢察官所為前項說明，於完全掌握案件情況前，不宜貿然行使職務移轉或職務承繼權。」從倫理規範的內容基本上可以得出上述思維。

四、特殊複雜或專業之案件，原檢察官無法勝任，認有移轉予其他檢察官處理之必要時。
前項情形，檢察總長、檢察長之命令應以書面附理由為之。
前二項指揮監督長官之命令，檢察官應服從之，但得以書面陳述不同意見。」

第十五章

保持品格的義務

第一節　基礎概念

　　檢察官不僅為國家公務人員，應受國家公務人員相關法令規範[1]；其同時負責國家刑事追訴的工作，所以我國如同上述，一方面將檢察官的身分保障比照法官；另一方面對於檢察官的廉潔性等保持品格的義務的要求，相較於一般公務員更加嚴格，而與法官類似[2]。故如果檢察官犯罪自不待言[3]，其他譬如民眾在夜晚出入有人陪酒的酒店、甚至婚外情，或是申請進修卻不認真向學，休學後未立刻歸建，交出的報告也不符合規定等；社會可能不見得有意見；然而若是檢察官做了相同的事情，恐怕就涉及違反檢察官倫理之行為[4]。

　　在檢察官倫理規範，也有類似的規定。依照檢察官倫理規範第7條，檢察官必須充實專業知識，掌握國際潮流[5]，我國法務部亦發布地方法院檢察署試辦檢察官專組實施要點，以建立檢察官專業分工，各地檢察署亦

---

[1] 如公務員服務法第5條：「公務員應誠實清廉，謹慎勤勉，不得有驕恣貪惰，奢侈放蕩及冶遊、賭博、吸食煙毒等足以損失名譽之行為。」本條亦適用在檢察官身上。

[2] 可參考陳盈錦，保持品位之義務，收錄於檢察官倫理規範釋論，頁63以下，元照，初版（2013）。

[3] 可參考職法庭105年懲字第1號公懲判決（酒駕）、106年懲字第2號公懲判決（與未成年人為性交猥褻）。

[4] 可參考公懲會104年鑑字13014號議決書：「……其係有配偶之人，竟與其他女子發生婚外情，並生一子，其行為放蕩。核其所為，有違反公務員服務法第5條所定，公務員應清廉、謹慎，不得有放蕩，足以損失名譽之行為。爰依其違失情節，並審酌公務員懲戒法第10條所列各款事項等一切情狀，議決如主文所示之懲戒處分。」其他也可參考職務法庭103年懲字第7號公懲判決（出入有人陪酒的KTV）、職務法庭105年懲字第3號公懲判決（違反進修的相關規定）。

[5] 檢察官倫理規範第7條：「檢察官應精研法令，隨時保持其專業知能，積極進修充實職務上所需知識技能，並體察社會、經濟、文化發展與國際潮流，以充分發揮其職能。」

組成了不同之專案小組，以有效打擊犯罪[6]。另外依照同規範第5條，檢察官必須保持廉潔、謹言慎行、以維護其職位榮譽及尊嚴[7]等。這種保持品格義務與法官倫理亦有相同之處，同規範第25條到第28條，亦具體規範檢察官保持品格義務的內涵。由於檢察官的保持品格義務與法官也有其類似之處，只是因為檢察官職務緣故有做出調整，故本文在此以檢察官倫理規範為主，介紹檢察官的保持品格義務，與之前所述法官倫理相同的部分在此就不再重複[8]。

第二節　兼職兼業

首先在兼職兼業的部分，法官法第89條規定，檢察官亦準用法官法第16條第1、2、4、5款和第17條的規定。檢察官不得兼任之職務有：

一、中央或地方各級民意代表。

二、公務員服務法規[9]所規定公務員不得兼任之職務。

三、各級私立學校董事、監察人或其他負責人。

四、其他足以影響法官獨立審判或與其職業倫理、職位尊嚴不相容之職務或業務。

條文排除了第3款：「司法機關以外其他機關之法規、訴願審議委員會委員或公務人員保障暨培訓委員會委員。」規定的準用。這可能是因為與法官隸屬司法機關不同，檢察官仍隸屬於法務部，故仍有機會擔任法務部的訴願審議委員會委員[10]。且如同前述，檢察官職司犯罪偵查，在偵查時可能會與其他機關的職務有重疊可能，故有時仍須和其他行政機關合

6　可參考鄭津津，法律倫理學，頁287以下，五南，3版（2017）。

7　檢察官倫理規範第5條：「檢察官應廉潔自持，謹言慎行，致力於維護其職位榮譽及尊嚴，不得利用其職務或名銜，為自己或第三人謀取不當財物、利益。」對於廉潔、謹言慎行、維護職位榮譽及尊嚴等概念的詳細論述，可參考陳盈錦，保持品位之義務，收錄於檢察官倫理規範釋論，頁67以下，元照，初版（2013）。

8　以下之分類參考鄭津津，法律倫理學，頁301以下，五南，3版（2017）。

9　主要是公務員服務法第13條、第14條之1、第14條之2、第14條之3，這一點和法官倫理相同。

10　惟仍要注意不能違反法官法第16條第1、2、4、5款的限制。可參考周懷廉，檢察官的兼職，收錄於檢察官倫理規範釋論，頁252以下，元照，初版（2013）。

作偵查犯罪；如金管會在辦理重大金融犯罪案件時，仍須詢問檢察官的意見，和檢察官互相合作偵辦犯罪[11]。故在兼任其他公職方面，檢察官的規定是回歸公務員服務法第14條[12]，與法官法其他款項之規定，只要有法令規定，應可准許檢察官兼任其他公職。但要注意依照法官法第89條第1項準用法官法第17條的規定，檢察官前往兼職前應取得同意。

　　另外在商業職務的方面，由於公務員服務法第13條第1、2項採取原則禁止的態度[13]，依照法官法第89條準用法官法第16條第2款的規定，原則亦禁止檢察官兼營營利事業。檢察官倫理規範第27條第1項承其意旨，亦規定：「檢察官不得經營商業或其他營利事業。但法令另有規定者，不在此限。」依照條文之規定，似乎法令另有規定時，檢察官即得經營營利事業。然而一方面我國目前並未出現前述法令，另一方面倫理規範的規定似乎較公務員服務法第13條更為放寬，如此是否妥適不無疑義，故亦有見解主張應刪除但書，回歸公務員服務法的規定[14]。至於非營利事業，或是兼任教學、研究工作等，則回歸公務員服務法第14條之2、第14條之3的規定，得到上級許可即可兼職[15]。而商業投資的部份會在本書之後說

---

11 如上述金管會與檢察官的情形，就有訂定「法務部遴派檢察官赴行政院金融監督管理委員會兼辦事務要點」。詳細的論述可參考周懷廉，檢察官的兼職，收錄於檢察官倫理規範釋論，頁245以下，元照，初版（2013）。

12 公務員服務法第14條：「公務員除法令所規定外，不得兼任他項公職或業務。其依法令兼職者，不得兼薪及兼領公費。」

13 公務員服務法第13條第1項、第2項：「公務員不得經營商業或投機事業。但投資於非屬其服務機關監督之農、工、礦、交通或新聞出版事業，為股份有限公司股東，兩合公司之有限責任股東，或非執行業務之有限公司股東，而其所有股份總額未超過其所投資
公司股本總額百分之十者，不在此限。
公務員非依法不得兼公營事業機關或公司代表官股之董事或監察人。」另外依照同法第14條之1，也有旋轉門條款的適用。

14 如周懷廉，檢察官的兼職，收錄於檢察官倫理規範釋論，頁249以下，元照，初版（2013）。

15 公務員服務法第14條之2：「公務員兼任非以營利為目的之事業或團體之職務，受有報酬者，應經服務機關許可。機關首長應經上級主管機關許可。
前項許可辦法，由考試院定之。」
公務員服務法第14條之3：「公務員兼任教學或研究工作或非以營利為目的之事業或團體之職務，應經服務機關許可。機關首長應經上級主管機關許可。」

明。

第三節　社交活動

　　如同第一節所述，檢察官既然亦承擔刑事司法權行使的重要任務。故為了維護民眾對其公正執行職務的信賴，故在社交活動上相較於他人的限制更多。譬如依照檢察官倫理規範第25條規定：「檢察官應避免從事與檢察公正、廉潔形象不相容或足以影響司法尊嚴之社交活動。

　　檢察官若懷疑其所受邀之應酬活動有影響其職務公正性或涉及利益輸送等不當情形時，不得參與；如於活動中發現有前開情形者，應立即離去或採取必要之適當措施。」，就可以看出嚴格規範社交活動的目的，就是在於維護其形象與司法尊嚴。

　　首先是和有職務上關係的人士往來的部分。這個部分由於與前述公正執行職務的信賴直接相關，所以規定非常嚴格。首先如果收取上述人士之賄賂，則違反規範自不待言[16]；縱無相關情事，由於只是收取上述人士的利益，亦足以讓人民對檢察官是否公正執行職務發生懷疑，故依照檢察官倫理規範第28條規定，檢察官不得收受與其職務上有利害關係者之任何餽贈或其他利益，故不論是否屬於收賄，只要收取上述人士之利益，即違反檢察官倫理規範[17]。該條雖然有但書規定正常公務禮儀不在此限，惟這個條文可能只適用於職務上相關聯的其他機關，或是行政上有隸屬關係之人，事實上難以想像檢察官和職務上有直接利害關係人，如律師等有正常公務禮儀[18]。檢察官參與飲宴應酬及從事商業投資應行注意事項第4項

---

16 可參考職務法庭101年懲字第3號公懲判決：「被付懲戒人身為檢察官，代表國家行使追訴犯罪職務，乃公平正義之表徵，本當端正言行，竟不思潔身自愛，反藉職務上權限收受賄賂，並取得參與國外礦業投資優惠條件之不正利益，因而對於職務上已知之犯罪嫌疑人，不依法追訴，甚至代其撰寫訴狀，以利脫免刑責；復違法查詢與所偵辦案件無關人員之入出境資料，向第三人洩漏；以及多次出入有女陪侍之聲色場所，行為不檢，傷害檢察官形象至鉅，其違失情節嚴重等情狀，予以如主文所示之懲戒處分。」其他還可參考職務法庭102年懲字第4號判決。

17 可參考職務法庭103年懲字第3號公懲判決（長期接受職務上關係人的利益供輸）。

18 可參考周懷廉，檢察官的社交，收錄於檢察官倫理規範釋論，頁217以下，元照，初版（2013）。

亦規定檢察官不得接受與其職務有利害關係者邀請或參加與其身分、職務顯不宜之應酬活動。由於該條並無如同上述檢察官倫理規範第28條的但書，故有見解認為在此之「職務有利害關係者」應做限縮解釋，僅限於如律師等經辦案件當事人或是其他與案件相關之人[19]。

其次檢察官倫理規範第27條第2項[20]，以及檢察官參與飲宴應酬及從事商業投資應行注意事項第9項亦限制檢察官不得與律師等利害關係人有金錢往來關係，這也是考量到該等人身分敏感，若與其有金錢往來，則一定會影響國民，使其對檢察官是否公正執行職務產生懷疑，故限制較為嚴格。

至於在與檢察官職務非有利害關係之人的社交活動上，因為跟這些人的社交活動不見得會讓信賴受損，所以規範也較為寬鬆。原則上依照前述檢察官倫理規範第25條，和同規範第28條第2項的規定[21]，只要確認接受利益或社交活動，不會影響對檢察官的廉潔，公正執行職務的信賴，就可以接受。此外上述規定不只有檢察官，依照同規範第28條第3項與第4項的規定，亦及於配偶、直系親屬或家長、家屬等家庭成員，故檢察官也必須要求這些人遵守上述規範。

第四節　政黨政治等社會活動

最後則是政治、社會活動的情形。在此依照法官法第89條第1項準用第15條的規定，在政黨等政治、社會活動的狀況，檢察官亦與法官受相同的規制；且檢察官倫理規範第26條更進一步做了更嚴格的規定如下：

「檢察官於任職期間不得從事下列政治活動：

---

19 可參考周懷廉，檢察官的社交，收錄於檢察官倫理規範釋論，頁218，元照，初版（2013）。

20 檢察官倫理規範第27條第2項：「檢察官不得與執行職務所接觸之律師、當事人或其他利害關係人有財務往來或商業交易。」；檢察官參與飲宴應酬及從事商業投資應行注意事項第9項：「檢察官不得與律師、所承辦案件之當事人或利害關係人有借貸、合夥或其他金錢往來關係。」

21 檢察官倫理規範第28條第2項：「檢察官收受與其職務上無利害關係者合乎正常社交禮俗標準之餽贈或其他利益，不得有損檢察公正、廉潔形象。」

一、爲政黨、政治團體、組織、其內部候選人或公職候選人公開發言或發表演說[22]。

二、公開支持、反對或評論任一政黨、政治團體、組織、其內部候選人或公職候選人。

三、爲政黨、政治團體、組織、其內部候選人或公職候選人募款或利用行政資源爲其他協助。

　　檢察官不得發起、召集或加入歧視性別、種族、地域、宗教、國籍、年齡、性傾向、婚姻狀態、社會經濟地位、政治關係、文化背景及其他與檢察公正、客觀之形象不相容之團體或組織」。

---

[22] 之前發生的案例可參考公務員懲戒委員會96年度鑑字第10972號議決書：「參與總統府前由政黨發起之政治性活動、赴立院前為首聲援民眾反對檢察總長人事任命案，及參與倒扁靜坐等各項活動，業已損及檢察官中立、公正形象，行為亦屬可議。綜上各情，被付懲戒人所為，實違公務員服務法第5條所定公務員應謹慎之義務，其所提各項申辯及證據，均不足資為免責之論據，應依法酌情議處。」

第十六章

違反倫理之處置

第一節　檢察官違反專業倫理之處置

　　最後則是檢察官違反倫理之處置，依照法官法第89條第4項第7款，檢察官在違反檢察官倫理規範，情節重大時，應付評鑑[1]。且根據同條第7項檢察官有第89條第4項各款所列情事之一，且有懲戒之必要者，應受懲戒。由此可以知道檢察官違反專業倫理時，可能受到的處置就是內部監督措施的評鑑，以及外部監督措施的懲戒。這一點與法官相同，以下分別說明之。

第二節　檢察官處置之內部機制

第一項　評鑑

　　首先是關於檢察官之評鑑，這個部分是屬於檢察官內部的自律監督，故依照法官法第89條第1項準用第五章有關法官規定，法務部內部亦要設檢察官評鑑委員會，掌理檢察官之評鑑。且依照同法第89條第3項，檢察官評鑑委員會由檢察官三人、法官一人、律師三人，學者及社會公正人士

1　法官法第89條第4項之規定如下：「檢察官有下列各款情事之一者，應付個案評鑑：

　　一、裁判確定後或自第一審繫屬日起已逾六年未能裁判確定之案件、不起訴處分或緩起訴處分確定之案件，有事實足認因故意或重大過失，致有明顯違誤，而嚴重侵害人民權益者。

　　二、有第九十五條第二款情事，情節重大。

　　三、違反第十五條第二項、第三項規定。

　　四、違反第十五條第一項、第十六條或第十八條規定，情節重大。

　　五、違反偵查不公開等辦案程序規定或職務規定，情節重大。

　　六、無正當理由遲延案件之進行，致影響當事人權益，情節重大。

　　七、違反檢察官倫理規範，情節重大」。

六人（2020年7月17日實行，實行前仍依舊法社會公正人士為四人）組成之。檢察官個案評鑑之請求的時效為兩年；而評鑑委員會在認定後，也會做出決議，若認為無上述法官法第89條之情形，則可做出請求不成立之決議，若有必要，也應該移請該檢察官的監督人依同法第21條為注意、警告等適當之處分。

萬一認為有理由且有懲戒必要時，也可以由委員會送監察院進行彈劾後，轉換為懲戒程序，進入職務法庭審理，此為內部監督的程序。

第二項　檢察官之懲戒

而在懲戒方面依照法官法第89條第8項，檢察官之懲戒亦由職務法庭辦理，並準用法官懲戒之程序，故在此不再贅述之。

第三編

實用倫理

林春元

除了前述與法律專業工作者相關的倫理之外，法律還與更廣的倫理爭議問題相牽連。有時候，法律的個案爭議反映了社會整體複雜的倫理議題；有時候，法律制定與適用的方向決定了倫理抉擇，也可能進一步引發更複雜的倫理爭論與政治角力。本章節以三個在臺灣的實際案例帶領讀者思考法律與倫理問題，分別是2019年發起的反墮胎公投提案、2013年許厝分校遷校爭議以及從民主轉型以來爭議不休的轉型正義議題。透過個案的事實與當事人的不同立場，我們可以更深入地思考法律與倫理的問題。

案例一：反墮胎公投

胎兒是生命嗎？公投是否為決定墮胎時點的適當機制？

一、事實背景

2017年公民投票法修正，大幅降低公投連署與表決的門檻。2019年08月30日，「Shofar轉化社區聯盟」理事長彭迦智提出「人工流產需於8周內施行」全國性公投提案，經中央選舉委員會（下稱中選會）審議該公投案後，中選會認為全案有舉行聽證會之必要，並於同年10月23日舉行聽證會。

墮胎在臺灣的討論始於1970年代。首先的問題是應該以刑法墮胎罪[1]除罪化或是以優生保健法特別立法，作為開放婦女合法墮胎的方式。當政府於1969年頒布人口政策綱領後[2]，社會出現大量支持與反對墮胎的聲音，各界也陸續舉辦討論墮胎應否合法化的座談會。宗教團體所舉辦的座談會幾乎一致反對墮胎合法化，衛生教育社群所舉辦的座談會則是一面倒的支持墮胎合法化。而醫界則是自1980年代，開始加入

1　刑法第288條：「懷胎婦女服藥或以他法墮胎者，處六月以下有期徒刑、拘役或一百元以下罰金。懷胎婦女聽從他人墮胎者，亦同。因疾病或其他防止生命上危險之必要，而犯前二項之罪者，免除其刑。」

2　臺灣1969年訂頒之人口政策綱領揭櫫「提高人口素質、人口合理成長及均衡人口分佈」為政策目標。

反對墮胎罪的論述[3]。

　　政府最終採取了訂立優生保健法的路線，衛生署（現已改組升格為衛生福利部）於1982年提出優生保健法草案，其中第九條中規定施行人工流產之條件及標準[4]，該草案最後於1984年三讀通過。在衛生署的提案文件中指出，訂定優生保健法可能會引起反對者批駁以及社會衛道人士議論，且會用胎兒人權、母親生育自由、宗教觀點、影響社會風氣、被青少年濫用以及改變道德觀念等理由為論點反對訂立優生保健法，但基於尊重母親生育自主權，應該開放墮胎合法化。

　　在目前優生保健法的規範下，婦女若欲實施人工流產，必須符合現行優生保健法第九條第一項[5]所列之情事。若屬於未婚之未成年人或受監護或輔助宣告之人，則應得法定代理人或輔助人之同意；有配偶且欲

3　陳昭如，〈打造墮胎權──解嚴前墮胎合法化的婦運法律動員與權利構框〉，《中研院法學期刊》，第15期，頁1-76（2014）。

4　民國73年之優生保健法第九條規定：
懷孕婦女經診斷或證明有左列情事之一者，得依其自願，施行人工流產：
一、本人或其配偶患有礙優生之遺傳性、傳染性疾病或精神疾病者。
二、本人或其配偶之四等親以內之血親患有礙優生之遺傳性疾病者。
三、有醫學上理由，足以認定懷孕或分娩有招致生命危險或危害身體或精神健康者。
四、有醫學上理由，足以認定胎兒有畸型發育之虞者。
五、因被強姦、誘姦或與依法不得結婚者相姦而受孕者。
六、因懷孕或生產，將影響其心理健康或家庭生活者。
未婚之未成年人或禁治產人，依前項規定施行人工流產，應得法定代理人之同意。有配偶者，依前項第六款規定施行人工流產，應得配偶之同意。但配偶生死不明或無意識或精神錯亂者，不在此限。
第一項所定人工流產情事之認定，中央主管機關於必要時，得提經優生保健諮詢委員會研審後，訂定標準公告之。

5　優生保健法第九條第一項：懷孕婦女經診斷或證明有下列情事之一，得依其自願，施行人工流產：
一、本人或其配偶患有礙優生之遺傳性、傳染性疾病或精神疾病者。
二、本人或其配偶之四親等以內之血親患有礙優生之遺傳性疾病者。
三、有醫學上理由，足以認定懷孕或分娩有招致生命危險或危害身體或精神健康者。
四、有醫學上理由，足以認定胎兒有畸型發育之虞者。
五、因被強制性交、誘姦或與依法不得結婚者相姦而受孕者。
六、因懷孕或生產，將影響其心理健康或家庭生活者。

依第九條第一項第六款規定施行人工流產者，則應得配偶之同意。又依照現行優生保健法施行細則第十五條規定，除非屬於醫療行為，人工流產應於妊娠二十四週內施行。且妊娠十二週以內者，應於有施行人工流產醫師之醫院診所施行；逾十二週者，則應於有施行人工流產醫師之醫院住院施行。而依據衛生福利公務統計，在107年流產人數總計80,671人次[6]。

2019年提出的公投提案，又使胎兒生命權與母體身體自主權的議題重新浮上檯面，這次的關鍵在於人工流產的時間限制。

二、公投內容

㈠公投主文

「您是否同意優生保健法施行細則第十五條第一項本文，人工流產應於妊娠二十四周內施行修正為人工流產應於妊娠八周內施行？」

㈡與墮胎相關的現行法律

1. 優生保健法第九條第一項：

懷孕婦女經診斷或證明有下列情事之一，得依其自願，施行「人工流產」：

一、本人或其配偶患有礙優生之遺傳性、傳染性疾病或精神疾病者。

二、本人或其配偶之四親等以內之血親患有礙優生之遺傳性疾病者。

三、有醫學上理由，足以認定懷孕或分娩有招致生命危險或危害身體或精神健康者。

四、有醫學上理由，足以認定胎兒有畸型發育之虞者。

五、因被強制性交、誘姦或與依法不得結婚者相姦而受孕者。

6　107年衛生福利公務統計，衛生福利部，108年10月編制，頁5。

六、因懷孕或生產，將影響其心理健康或家庭生活者。

2. 優生保健法施行細則第十五條第一項：

「人工流產」應於妊娠二十四周內施行。但屬於醫療行為者，不在此限。

三、反墮胎公投的程序問題

　　由於本件公投提案於2019年10月23日經過中選會舉行聽證，以下整理各方關於程序議題的不同看法，主要包括林志潔教授、李荃和律師、行政院性別平等處的發言。

㈠本案是否符合公投法規定？

　　公民投票法（下稱公投法）第二條第二項規定：「全國性公民投票，依憲法規定外，其他適用事項如下：一、法律之複決。二、立法原則之創制。三、重大政策之創制或複決。」

　　提案人於公投理由書內表示本提案為立法原則之創制權[7]。惟林志潔教授認為本案屬於對施行細則的修正，並非立法原則的創制。優生保健法施行細並非法律，也不是屬於自治的條例，並不符合公投法第二條第二項所規定可公投的事項。

　　李荃和律師亦認為公投不得改變或修正命令。李律師認為，公投是代議民主的競逐跟補充，如果可以用公投的方式去創制或修改命令，若公投結果明顯牴觸國會通過的法律，將會造成法體系的破壞。故公投法只能針對法律案提公投案是立法者刻意限制。

　　那本案有無可能是立法原則之創制？李律師認為依照公投法的三十條第一項第二款，並不包括對行政部門的命令修正，若提案人認為本案

7　中央選舉委員會，彭迦智領銜提出「你是否同意『優生保健法施行細則第十五條第一項本文：人工流產應於妊娠二十四週內施行。』修正為『人生流產應於妊娠八週內施行。』。」全國性公民投票案，主文及理由書，https://www.cec.gov.tw/referendum/cms/proposal/31024?fbclid=IwAR1fE u0ro2d3dMGCI9CfVAstTxeH8OfK1lVDm_jg0WAm6daEhcjfus_1LeI（最後瀏覽日：2019/11/13）

屬於立法原則的創制，則不符合公投法。

　　本案又有無可能是重大政策的創制或複決？李律師認爲重大政策不能夠針對法規範提起，否則會造成公投問題的混淆，且造成重大政策肥大化。重大政策應爲補遺功能，而非任何事情都納入重大政策。

㈡ 本案是否得以公投解決－人權可以公投嗎？

　　行政院性別平等處認爲本案所設置人工流產議題，是女性健康權、身體及生育自主權的範疇，故本案屬於人權的議題。

　　李荃和律師認爲人權事項並非絕對不能公投，因爲所有的議題都直接或間接跟人權有關。但是人權中的基礎性權利不能公投，基礎性權利的範圍可以多位學者提出的說法做爲參考：

　　一說認爲限制人民權利、增加人民負擔的不能公投，但增加人民福利的可以公投。在於本案，有人認爲限制婦女的生育決定，有些人認爲是爲了保護胎兒的生存或生命權，究竟是增加福利還是增加限制，無法定義。

　　另一說認爲涉及到權利核心的事項、特定基本權核心的事項不能公投；非核心事項可以公投，但核心跟非核心的範圍亦不容易界定。

　　李律師認爲，婦女的生育決定權屬於基礎性事項、基礎性權利，是身體自主最不可或缺的核心。並認爲公投法納入了少數保護的精神，故公投提案應該要站在憲法的觀點審查有無背離對少數、結構性少數的保護。而婦女在體制上，其生育決定權被國家或法律限制，絕對是被壓迫與受邊緣的結構性少數。

四、反墮胎公投的實體問題

　　除了程序問題之外，更重要的是實體的倫理與法律問題的爭論，以下同樣整理中選會舉行之聽證會中各方的不同看法，主要包括林志潔教授及臺灣家庭生命關懷協會理事長馬榮美的說法。此外，醫學對於此提案也有從醫學觀點提出的意見。

(一)胚胎是嬰兒嗎？

　　提案人彭迦智認為胎兒一旦測知心跳，就是不能扼殺的生命，法律應該保障胎兒生命權，法律若允許人工流產則是傷害胎兒生命權。

　　林志潔教授則認為胚胎不是嬰兒，依據民法規定人的權利能力始於出生終於死亡，必須是已經生出母體且可以獨立存活的嬰兒才屬於人。如果將嬰兒跟胎兒畫上等號，胎兒在母體內的時候就被認定是一個完全具有行為能力的人需要保護，則所有對他有害的行為，例如家人抽菸或是出遊導致流產，都有可能構成傷害或過失致死罪。

　　林教授認為在兩相權衡的情況下，不能因為一個還不是權利主體的胎兒，去影響已經是權利主體的母體。所有對人身自由的限制都必須符合比例原則，故當胎兒成長到脫離母體可得存活的時候，法律就會介入保障。

(二)為了增加生育率與禁止墮胎間，其手段目的有相符嗎？

　　提案人彭迦智認為，臺灣之生育率驟降實屬國安危機。自1985年公告實施優生保健法後，生育率下滑，而少子化將衍生出人口結構老化、勞動力不足以及撫養負擔過重等社會問題。且根據新聞報導醫師公會推估臺灣每年墮胎數高達50萬，官方統計資料則是24萬[8]。臺灣在未來將面對人口自然負成長，本世紀末甚至會自然亡國。人口負成長之關鍵在於「墮胎數」大於「新生兒出生數」，加上不婚、不孕、不生，造成臺灣少子化[9]。

　　臺灣家庭生命關懷協會理事長馬榮美則認為大部分婦女選擇墮胎是因為其他人給予壓力，例如父母、男朋友或是朋友的壓力，並非自身意

8　邱俊吉，臺灣年墮胎恐50萬醫促修法《優生保健法》待審將給3天思考期，蘋果日報，2011/07/17，https://tw.appledaily.com/headline/daily/20110717/33534032/　（最後瀏覽日：2019/11/13）。
　　該報導標題所稱50萬墮胎數，為臺灣大學兒科名譽教授呂鴻基私下向各大醫療院所婦產科醫師了解、推估得出。

9　前揭註7。

願選擇墮胎。而醫生在進行墮胎時，並未讓婦女有足夠的考慮時間，也沒有提供孕婦除了墮胎以外的選擇，例如提供出養資訊或詢問為何要墮胎的原因。

林志潔教授認為，關於討論墮胎議題，應該是支持母親而不是製造母親跟胚胎之間的衝突。應該去處理當母親不想墮胎，但是被迫墮胎的問題。例如未成年人毫無生育自主權的問題，按照目前法規，二十歲以下的未成年人，懷孕跟中止懷孕的決定均需法定代理人同意，沒有任何除外的規定。

而優生保健法裡關於產檢完後的告知事項內容，可對現行法規告知義務做修正，除了專業上的告知外也能提供社福或政府資源的資訊，但不應以限制墮胎周數來達成上述目的。

(三) 醫界對反墮胎公投有什麼看法？

醫界多認為該提案主文8周限制過短、不合理，因至少有5%～35%的婦女是不規則月經，診斷懷孕的時候通常已超過8周的限制[10]。

且就醫療實務，需要到20周左右才能做基本結構上的篩檢。8周以下胎兒僅能檢查心跳、確認胚胎長度是否合理，至於胎兒有無結構等重大異常、染色體異常，都無法在8周內得知[11]。

10 東村誠醫師的診療室—Dr.吳承羲臉書貼文，https://www.facebook.com/drmakoto2002/posts/2873429166018322?__xts__[0]=68.ARB3oj4hiKq8e-zYcFB54DdMEz9fQmSoSEnW2q6UHApsSISXE4KyhBOkhSfs422YD2conbIdUAjAHHN_SdzDHPzcGrULFfxqdHjtzPiQtMDIR4IKax_T03s5dFmcSHOzBMvlG-Pz3mIyGvDJrq8j6UenfIj_GP0k2qG62-v2URYs-JB3ut2jeqs2VccREWb0MVgYifT9LdOeVoJMyk9OsGY1Wn2O_iCS2uWvYAzkIP5VdmTZQQV6VJrtoAMnZ_JtYAydkWL54AROQV7JOuxQEjYScA2-DKKJd7Xk0lIZQBMhHQQYJheCmMayJRc9soD7pt3FZ7F1StFkFGxyXxs0qHWo8MwZ&__tn__=-R（最後瀏覽日：2019/11/13）。

11 臺大醫院婦產部主治醫師施景中聽證會發言；姜冠宇醫師Pro'spect臉書貼文，https://www.facebook.com/ChiangKuanYu/posts/681749048996633?__xts__[0]=68.ARDzKyu9roCLglBLlwzqatKrxoCklyM8eyYCHuY3CVmw7owCnsJrWf6HVtTn8HeBB62cHtlE7yYwCdxlwF8gPnXlM1cDv6y1IpqFRmbgv5pZKGz28ixykryl5t4xczHvdUS8v2dCy-86lD3SzfyBcRxmIySBk721cRXbFM84ApzcNy1jpnUd6nBhn4FTtUd5mbSSi4nDg612z21QXg0ESE9h3nP0P83PIurHjRh_fR-FO6DDV9nGeQcZewhY-gNNSFQ_fOBr3881mqdCZrHLQrD1MSB5XnwtHPEoyfxGIzjLtUUbMg99FC2DMGwwpzvHiGAcBelo-obl3csAPxk&__tn__=-R（最後瀏覽日：2019/11/13）。

加上懷孕並非絕對安全，應讓婦女自己決定是否終止懷孕。墮胎危險是非法墮胎所生的危險，依照臺灣現今醫療技術，沒有因為墮胎而死亡，合法墮胎是非常安全的。但是孕產婦因為懷孕所造成的併發症、生產時的身體傷害、後續的子宮切除等，每年大概都造成22～25個人死亡。懷孕對孕婦都是有一定的風險，若限縮墮胎在8周內進行，是使婦女在沒有思考的狀況下必須繼續懷孕，將會確實的影響婦女健康權益[12]。

若參考世界婦產科聯盟、美國婦產科醫學會、英國婦產科醫學會或是WHO，都是朝向婦女為中心的生殖權、生育權為主要考量，而非限縮合法墮胎的權利。

五、國外墮胎除罪化判決—美國的ROE v. WADE案

1973年，美國最高法院判決宣佈禁止墮胎的州刑法為違憲。最高法院認為，規定「只有為了挽救母親生命而進行的墮胎才能免除刑事責任」的法律違反了憲法第14條修正案的正當程序條款，並且是對婦女的憲法性權利—隱私權（包括婦女終止懷孕的決定權）的無端侵犯。

最高法院首先認為，該法未因婦女懷孕期間的不同，而訂定不同的審查標準，違反憲法增修條文第14條「正當法律程序」的規定。最高法院對婦女墮胎權的保護，採取嚴格審查標準。州可以主張，基於保障懷孕婦女的身體健康、維持醫療標準、以及對於未出生胎兒的生命權等具有重要利益，當此種利益已達迫切的程度時，州可以立法的方式，對於婦女的墮胎權作一定的限制。

法院了提出「三階段標準」，認為婦女的懷孕期間可以分為三個階段，而各個階段的墮胎權應受不同程度的限制：

1. 在懷孕前三個月（第1到第12周），由於胎兒不具有「母體外存活性」，所以孕婦可在與醫生討論之後自行決定是否墮胎。

12 婦產科醫學會黃閔照秘書長，聽證會發言。

2. 懷孕三個月（第12周到24周）後，政府得限制墮胎，可以規定與懷孕婦女的健康相關的墮胎程序，例如實施墮胎手術醫師的資格及相關設備等，但是只限以保護孕婦健康爲必要。

3. 在胎兒具有母體外存活性（第24到28周）之後，政府保護潛在生命的利益，達到了迫切的程度，除非母親的生命或健康遭遇危險，否則政府禁止墮胎。

六、各國的墮胎議題進展爲何？

雖然美國在某些州通過限縮墮胎權的法案，但依照全世界趨勢，婦女合法墮胎權已經在各地逐漸鬆綁。

在美國的阿拉巴馬州所通過的《人類生命保護法》（Human Life Protection Act）規定，除非胎兒嚴重危害母親健康，經主治醫師認定必要的情況下，才得以進行人工流產，否則替孕婦引產的醫療人員將面臨10年以上、最高99年有期徒刑重懲。而喬治亞州、密西西比州、肯塔基州、俄亥俄州與密蘇里州新通過的墮胎法案也都明文規定，一旦胎兒心跳可以被偵測到，就不得墮胎[13]。

愛爾蘭於2018年舉行墮胎合法化公投，並於同年底通過立法。新法律允許懷孕12周以內婦女進行人工流產，或在危急孕婦生命、對孕婦健康構成嚴重傷害等條件下墮胎。也允許對可能導致生產前死亡，或出生28天內夭折的異常胎兒進行人工流產[14]。

紐西蘭在2019年鬆綁墮胎禁令，讓婦女在懷孕20周以前能施行墮胎，但超過20周後，需一名醫療從業人員證明墮胎對該名女性的身心健康和福祉是適當的始得爲之[15]。

---

13 美國大打子宮法律戰墮胎合法性岌岌可危，中央通訊社，2019/09/16， https://www.cna.com.tw/topic/newsworld/130/201908290002.aspx（最後瀏覽日：2019/11/13）。

14 愛爾蘭國會通過立法墮胎首度合法化，中央通訊社，2018/12/14，https://www.cna.com.tw/news/aopl/201812140216.aspx（最後瀏覽日：2019/11/13）。

15 紐西蘭墮胎合法有但書行動人士認爲不符預期，中央通訊社，2019/08/05， https://www.cna.com.tw/news/aopl/201908050133.aspx（最後瀏覽日：2019/11/13）。

南韓的墮胎禁令也在2019年被宣告違憲，被宣告違憲的法條包括：第一，自願墮胎罪，孕婦若墮胎將被處以一年以下有期徒刑或200萬韓元。法院認為該條文限制孕婦的自我決定權，沒有適用最小侵害原則，片面地將保護胎兒生命放在絕對優先位置，侵害了孕婦的自我決定權。第二，同意墮胎罪，即醫生在孕婦同意下為其實施墮胎將被處以兩年以下有期徒刑，該條文也因相同的原因違反憲法[16]。

墨西哥瓦哈卡州（Oaxaca）也將墮胎除罪化，允許懷孕12周以下女性合法墮胎[17]。

七、聯合國消除對婦女一切歧視公約（CEDAW）有無關於 人工流產的規範？

我國行政院於2010年函送「消除對婦女一切形式歧視公約施行法」草案，經立法院2011年三讀通過，自2012年1月1日起施行。消除對婦女一切形式歧視公約施行法，要求各級政府機關必需採取立法或行政措施，消除性別歧視，並積極促進性別平等各級政府行使職權，應符合公約有關性別人權保障之規定，並應籌劃、推動及執行公約規定事項[18]。

而按消除對婦女一切形式歧視公約（下稱CEDAW公約）第12條[19]，締約各國應採取一切適當措施，以消除在保健方面對婦女的歧

---

16 姜遠珍，侵害孕婦自我決定權南韓66年墮胎禁令被判違憲，中央通訊社，2019/09/29，https://www.cna.com.tw/news/aopl/201904110336.aspx（最後瀏覽日：2019/11/13）。

17 墨西哥第二地瓦哈卡州通過墮胎除罪化，中央通訊社，2019/09/29，https://www.cna.com.tw/news/aopl/201909260176.aspx（最後瀏覽日：2019/11/13）。

18 行政院性別平等會，https://gec.ey.gov.tw/Page/FA82C6392A3914ED（最後瀏覽日：2019/11/13）。

19 Convention on the Elimination of All Forms of Discrimination against Women
Article 12
1. States Parties shall take all appropriate measures to eliminate discrimination against women in the field of health care in order to ensure, on a basis of equality of men and women, access to health care services, including those related to family planning.

視，保證她們在男女平等的基礎上，取得各種包括有關計劃生育的保健服務。且依據CEDAW公約，女性擁有決定自由生育的選擇權；國家有義務積極地透過計劃生育和性教育優先預防非預期懷孕，盡可能修訂視墮胎爲犯罪的法律，以撤銷對墮胎婦女的懲罰性措施。

八、問題與討論

㈠ 你覺得未出生的胚胎應該被視爲生命嗎？既有民刑法的學說與實務看法如何？提案人將人工流產此解釋爲對胎兒生命權的侵犯是否適當？

㈡ 你覺得人工流產的限制是否不平等地限制女性的身體自主權？繁衍下一代是限制女性身體自主權的正當理由嗎？

㈢ 你覺得限制墮胎可以用公民投票決定嗎？還是應該以醫學專業看法爲依循？

㈣ 你同意人工流產合法化嗎？如果要限制人工流產，有沒有應該排除的例外情形（例如受強制性交而懷孕）？

案例二：許厝分校遷校案

可以以環境污染傷害學童健康爲由，強迫國小學童遷校嗎？

一、事實背景

因位於舊址的橋頭國小許厝分校校舍狹小老舊，可使用空間不足，雲林縣政府教育局提出遷址。2007年，雲林縣政府同意將原是六輕隔離帶的保安林，撥用其中的3.4公頃之土地，作爲許厝分校新建基地，並且由臺塑企業捐助7000萬興建校舍。新的校舍在2010年12月開始動

---

2. Notwithstanding the provisions of paragraph I of this article, States Parties shall ensure to women appropriate services in connection with pregnancy, confinement and the post-natal period, granting free services where necessary, as well as adequate nutrition during pregnancy and lactation.

工，並於2011年年底完工，2013年新校舍正式啓用[20]。然而在選址的過程中未將六輕的污染納入考量，許厝分校新校舍與六輕廠區僅距離900公尺，因而衍伸出後續多次遷校爭議，從2013年至2016年，短短幾年間許厝分校共經歷了4次遷校[21]。

關於許厝分校遷校的爭議開始於2011年六輕火災。2011年5月12日六輕廠區發生火災，為了更近一步了解廠内污染物洩漏之情形，臺大公共衛生學院詹長權教授與他的研究團隊，至現場採樣化驗空氣。詹教授發現在距離六輕十公里外的一所學校，於火災發生後兩至三個小時，氯乙烯（VCM）[22]最高濃度達到118ppb左右，並認為十幾公里内的濃度可能更高。這個發現，讓詹教授擔心六輕廠區附近的居民，可能暴露在致癌物中。2013年，許厝分校又遷校至距離六輕僅900公尺的新校區，詹教授和國衛院團隊開始進行為期三年的「六輕石化工業區附近學童之流行並學研究」，想探究六輕製程所排放的物質是否對鄰近校區的孩童健康產生負面影響。該研究團隊陸續對六輕周邊的五所國小三百多位孩童進行尿液與血液的採集化驗，發現距離六輕不到一公里的許厝分校的孩童，TdGA濃度是193，而距離六輕8.6公里的崙豐國小孩童，其濃度僅有61。研究團隊因而得出結論，認為距離六輕越近的學校，孩童所測出的TdGA濃度越高，表示受到VCM暴露程度也越嚴重[23]。

2014年8月（該研究尚未完成，至此時僅進行一年）國衛院提出建議，先將許厝分校的師生安置到距離較遠的橋頭國小（即第二次遷校），從2014年直至2016年研究完成前，許厝分校的遷校風波不斷上

---

20 洪郁婷，煙囪下的教室，環境資訊中心，2016年10月3日，https://e-info.org.tw/node/200228（2019/10/14，造訪）。

21 盧敬文，三進三出？許厝分校遷校爭議始末，公醫時代，2016年8月31日，http://pubmedtw.blogspot.com/2016/08/blog-post.html（2019/10/14，造訪）。

22 氯乙烯（VCM）是無色的氣體，就是PVC塑膠的原料（可製成保鮮膜、電線等產品），也是世界衛生組織認定的一級致癌物。氯乙烯進入人體後，經過肝作用分解，會形成一種叫做硫代二乙酸（TdGA）的代謝物，殘留在尿液中。

23 前揭註21。

演。2016年（研究即將完成）國衛院研究團隊發布最新的數據資料顯示，許厝分校的孩童體內的TdGA濃度是臺灣其他地區孩童平均值的八倍，此外，在許厝分校孩童被安置在橋頭國小這一年，體內的TdGA濃度有下降的趨勢，因此在開學前夕再次宣布遷校政策。然而，相較於研究第一年國衛院的遷校建議，此次研究公布數據卻引起家長、居民們的質疑，他們認為若污染真的如此嚴重，那麼僅遷校是否不夠？是否連學校周圍亦不適合居住？另有居民認為，遷校不能解決問題，政府該處理的應該是六輕排放的問題？更有居民指出，在孩童體內驗出TdGA已經兩年了，政府做了哪些因應污染的措施？在各種質疑的聲浪中，學生與家長更堅持表達對遷校的決策的抗議。

二、六輕對雲林麥寮的影響

其實許厝分校的爭議源頭可以追溯到1973年臺塑集團計畫蓋建六輕開始。從臺塑集團籌劃六輕的蓋建，直至選擇在雲林麥寮設廠，到許厝分校遷校，反映出一連串的社會不正義。原初臺塑集團是計畫將六輕在宜蘭設廠，但該計畫在宜蘭居民與時任政府的反對下碰壁。當時雲林縣政府主動接觸臺塑集團，希望透過六輕在雲林設廠，能夠使雲林「脫貧」。

根據媒體報導，六輕真的為雲林麥寮帶來巨大的財政貢獻，六輕繳納的稅金從1999年佔麥寮總稅收約8%，到2008年時已經成長至佔71%。除了稅收外，臺塑集團每年亦撥出上億的敦親睦鄰專款預算[24]，以105年為例，稅收加上專款，六輕繳納的金額已佔麥寮鄉公所年度總預算7.7億元的8成以上。此外，六輕也提供麥寮鄉弱勢家庭早餐、校園營養午餐；教育方面提供孩童課業輔導、交通車接送；急難救助金（生活補助金10萬元以下、喪葬補助費5.5萬元以下）、低收入戶年節

---

24 六輕的敦親睦鄰專款包括每月每一戶的600元電費補助，還有每一個設籍在麥寮的人每年可領7200元的回饋金。資料參考：林雨佑，【雲林麥寮】煙囪下「富可敵縣」之路，報導者，https://www.twreporter.org/a/fpc-sixth-naphtha-cracker-yunlin-mailiao（最後造訪日期2019/11/16）。

禮品、獨居老人關懷計劃，以及農漁民的農業技術輔導等等[25]。另一方面，六輕到來也提供許多的工作機會，依據2015年一份報導指出，有近一萬一千多名的在地人在六輕裡工作[26]。

　　然而，六輕的到來除了財政貢獻外，也同時帶來了環境的破壞[27]。六輕設廠營運後，對雲林當地首當其衝的是空氣污染問題。在六輕的廠區內有數十家廠房及數百根煙囪，每年排放大量的空氣污染物（硫氧化物、氮氧化物、懸浮微粒、揮發性有機化合物、PM2.5等等），影響當地居民的健康，住在麥寮附近的人，罹患氣喘與癌症的機率高於其他縣市[28]。隨著降雨與落塵，空氣污染導致土染污染，影響當地農作物的生產。此外，六輕生產需要大量用水，使得農民抽取地下水灌溉農業，導致地層下陷更為嚴重[29]。對環境品質有自覺且較有經濟能力者的家庭，大多選擇搬離麥寮，而年輕學子則選擇到外地工作或讀書，留在當地的居民剛好是生活環境、教育程度、經濟能力較為弱勢的一群人。六輕一面帶來環境破壞，但一面亦扮演著地方發展的重要角色，六輕不僅是地方稅收大戶，地方的宮廟、非營利組織等贊助來源，對於相較其他縣市而言較為貧窮的雲林縣來說，面對六輕帶來的污染與六輕帶來的利益，兩者著實難以取捨。

　　因此，當國衛院的報告建議行政院將許厝國小遷校時，引發各方強烈的不同意見。

---

25 林雨佑，【雲林麥寮】煙囪下「富可敵縣」之路，報導者，https://www.twreporter.org/a/fpc-sixth-naphtha-cracker-yunlin-mailiao（最後造訪日期2019/11/16）。

26 Mattel，【島嶼邊緣】雲林人的六輕這場夢，想想，https://www.thinkingtaiwan.com/content/4449（最後造訪日期2019/11/16）。值得一提的是，當年臺塑集團承諾將會提供12萬5千個工作機會，但直至今日僅雇用了1萬1千多名員工。

27 林春元，環境整體不正義？一從許厝國小遷校案談環境公害的法律侷限，治未指錄健康政策與法律論叢，第5期，頁70（2017）。

28 頁70-71。同前註。

29 洪郁婷，六輕公害下的「農業首都」？，環境資訊中心，2014年7月9號，https://e-info.org.tw/node/100557（最後造訪日期2019/10/28）。

三、相關法令

㈠空氣污染防制法第20條

公私場所固定污染源排放空氣污染物,應符合排放標準。

前項排放標準,由中央主管機關依特定業別、設施、污染物項目或區域會商有關機關訂定之。直轄市、縣(市)主管機關得因特殊需要,擬訂個別較嚴之排放標準,報請中央主管機關會商有關機關核定之。

第一項排放標準應含有害空氣污染物,其排放標準值應依健康風險評估結果及防制技術可行性訂定之。

前項有害空氣污染物之種類及健康風險評估作業方式,由中央主管機關公告之。

㈡空氣污染防制法第62條

公私場所有下列情形之一者,處新臺幣二萬元以上一百萬元以下罰鍰;其違反者為工商廠、場,處新臺幣十萬元以上二千萬元以下罰鍰,並通知限期補正或改善,屆期仍未補正或完成改善者,按次處罰;情節重大者,得令其停工或停業,必要時,並得廢止其操作許可或勒令歇業:第一款違反第二十條第一項規定。(下略)

㈢民法第184條

因故意或過失,不法侵害他人之權利者,負損害賠償責任。故意以背於善良風俗之方法,加損害於他人者亦同。

違反保護他人之法律,致生損害於他人者,負賠償責任。但能證明其行為無過失者,不在此限。

㈣民法第191-3條

經營一定事業或從事其他工作或活動之人,其工作或活動之性質或其使用之工具或方法有生損害於他人之危險者,對他人之損害應負賠償責任。但損害非由於其工作或活動或其使用之工具或方法所致,或於防止損害之發生已盡相當之注意者,不在此限。

(五) 民法第195條

不法侵害他人之身體、健康、名譽、自由、信用、隱私、貞操，或不法侵害其他人格法益而情節重大者，被害人雖非財產上之損害，亦得請求賠償相當之金額。其名譽被侵害者，並得請求回復名譽之適當處分。（下略）

四、許厝分校的爭議—各界的立場

因六輕與雲林麥寮盤根錯節的關係，也使得許厝分校學童遷校爭議更顯複雜。

支持遷校者主要有行政院、國衛院以及詹長權教授等。根據詹教授與國衛院進行的「六輕石化工業區對附近學童健康影響報告」，對比全國22個縣市同齡學童平均TdGA濃度為16.2，六輕附近的學童平均濃度都是破百，而其中又以距離六輕最近的許厝分校學童平均濃度最高。且許厝分校的學童被遷至橋頭本校安置那一年，孩童體內的TdGA濃度下降20%，隨著遷回分校就讀，其數值又回升，這些現象皆顯示出與六輕的距離與兒童健康間有明顯的關聯性[30]。為此，行政院、國衛院與詹教授一致主張鄰近六輕的許厝分校應盡速遷校。

而反對遷校者主要包括臺塑集團以及部分居民。臺塑集團認為詹教授與國衛院共同進行的研究，其尿液樣本的採集並沒有在同一天進行，也沒有完全的排除日常生活各種TdGA可能產生的原因，例如殺蟲劑、二手菸、汽機車排放和維他命B群的代謝等等因素，該份報告並不能證明孩童體內TdGA數值較高與六輕之間的關係。而對學童們來說，許厝分校相對於其他國小來說，設備器材新穎，教學空間充足，留在許厝分校可以享有較好的教學資源和品質。對家長來說，他們被迫要在學童們的健康與教育間做出選擇，但實際來看，換不換地點上課其實都一樣，

---

30 江河清、吳蕙娟，與六輕為鄰：為何許厝分校家長拒絕遷校？，想想，2016年8月25日，https://www.thinkingtaiwan.com/content/5687（最後造訪日期2019/11/10）。

因為改換上課地點，但下課後孩子們還是要回到許厝生活，依舊在污染下生活。有家長無奈的說：「學校可以搬？但我們的家呢[31]？」面對無法改變的生活現實，家長們認為，遷到其他校區讀書，校舍相對老舊且空間教學資源皆受限，倒不如使用許厝分校較好的資源設備，好好學習，以後一口氣考個好學校，徹底離開這個地方才是長遠之計[32]。

　　從分校選址、2013至2016年間四次的遷校決策，許厝分校遷校的爭議突顯了學童、家長以及當地居民的無可奈何。也許從政府的角度出發，認為將孩童安置在離六輕較遠的校區讀書，就暫時緩解了學童健康受到危害的議題，卻不願意面對更真實的問題──六輕造成的污染。對學童、家長與居民而言，遷校並沒有解決問題。

五、法律與倫理的爭議

　　在許厝分校遷校爭議中可以看見，政府沒有面對真正問題的根源：既沒有積極要求六輕減少污染排放，也沒有要求停工或遷廠。學童遷校或不遷校，都必須面臨污染的威脅，當地居民也面臨同樣的困境，造成不正義的局面。面對整體環境的不正義，法律有何種翻轉不正義的可能？而法律又有什麼侷限？

㈠受害的居民與學童能否向六輕提告求償？

　　討論六輕污染環境對居民身體健康產生負面影響之求償問題，首先，法律在追求環境正義上第一個遇到的侷限是侵權訴訟的舉證要求。依我國民法第184條第1項前段的規定，故意或過失不法侵害他人者，應負損害賠償責任，原告若要主張侵權，需要負舉證責任，證明損害確實存在且與被告的行為具有因果關係。然而在環境公害的案件中，負

---

31 張益勤，雲林許厝分校：我們還能健康的長大嗎？，親子天下，2016年8月30日，https://flipedu.parenting.com.tw/article/2689（最後造訪日期2019/10/28）。

32 風傳媒，明知六輕污染，為何不願接受遷校？家長淚訴：既然逃不掉，只能鼓勵孩子更用功「徹底離開這裡」，財訊，https://www.wealth.com.tw/home/articles/18659（最後造訪日期2019/10/28）。

擔舉證責任相對困難，一面該類型的損害通常不會立即有顯著的傷害結果，是緩慢的、累積性的、經過相當時間才會顯現出來，另一面，要證明損害與污染行為具因果關係又是另一重的困難。

在許厝國小遷校的爭議中，詹長權教授認為六輕排放污染導致學童健康威脅，該主張建立於兩個基礎上。首先，六輕生產過程中產生致癌物VCM，經人體代謝後形成TdGA，當學童體內的TdGA指數過高，代表六輕的污染已經對學童的健康造成威脅，即為損害。此外，六輕附近學校的學童，尿液中TdGA的指數高於臺灣其他地區的一般學童，顯示污染源之距離與TdGA的指數呈現正相關。2014年，許厝分校的學生遷離分校一年，其體內TdGA指數下降20%，隔年遷回分校上課，TdGA的數值又隨之上升，依照此研究推論，六輕排放的VCM與學童體內的TdGA具有因果關係，而該污染排放會造成致癌風險，孩童的健康損害確實存在，臺塑集團應該負責。對此臺塑集團回應，TdGA數值高僅是健康風險的指標，並沒有實際的損害發生，且TdGA的來源很多，詹教授的研究並沒有完全排除其他可能導致TdGA數值升高的因素，故不能證明孩童體內的TdGA是來自六輕排放的VCM所導致[33]。

顯而易見，居民在該爭議案中立於較不利的地位。環境污染對人體的危害在證明上是相當專業並具困難度，一面環境污染對人體危害是經過長時間的累積，因此在污染行為與所造成的損害上，難以排除其他可能的影響因素，舉出直接的證據，在法律既有的框架下難以論責。另一面，受害居民們受限於財力、資源和科學技術來證明本身所受的損害與企業行為之間的關聯。依法律規定及我國法院既往的經驗，必須原告特定的權力已經受到損害，於該案中，如果無法證明許厝分校學童體內的TdGA使肝功能受到危害，法院在判斷上，則可能認為並不構成損害。另一面，法院在欠缺專業知識時，會仰賴行政機關所制定的規定，傾向

---

33 前揭註27，頁74。

不認定未違反標準的排放行為是「污染行為」，當臺塑集團的排放數值未超過法規標準的要求，實際上難以主張臺塑的行為違法侵害當地居民，透過法律途徑，居民們卻未必能得到勝訴結果[34]。

面對此困境，我國有關於「舉證責任倒置」明文規定。民法第191條之3規定：「經營一定事業或從事其他工作或活動之人，其工作或活動之性質或其使用之工具或方法有生損害於他人之危險者，對他人之損害應負賠償責任。但損害非由於其工作或活動或其使用之工具或方法所致，或於防止損害之發生已盡相當之注意者不在此限。」該條所謂的「經營一定事業或從事其他工作或活動之人，其工作或活動之性質或其使用之工具或方法有生損害於他人之危險者」，在立法理由中有例示，如：工廠排放廢水或廢氣、桶裝瓦斯廠裝填瓦斯等。因立法者認為近代企業發達、科技進步，人類工作或活動方式日新月異，其產生危險性之機會大增，若損害發生須由被害人證明一定事業或從事其他工作或活動之人有過失，其獲得賠償的困難度將大大提升。因此立法者有意將舉證的責任倒置於企業等危險製造人身上，被害人於請求賠償時僅需證明加害人的工作或活動的性質或其使用之工具、方法等有生損害他人的危險性，且在其工作或活動中受有損害，意即原告必須主張因果關係有「蓋然性」，不須證明其間有因果關係[35]。另一面，法院要求企業等危險製造人要負責證明損害非由於其工作或活動或其使用之工具或方法所致，或於防止損害之發生已盡相當之注意，才免負賠償責任。

於六輕案件中，臺塑六輕石化係該條所規範的對象並無疑義，因此在該條規定之下，麥寮的居民、學童們僅需提出六輕所排放的污染物質對於他們身體之危害具有蓋然性，六輕須證明損害非由於其工作或活動或其使用之工具或方法所致，或於防止損害之發生已盡相當之注意，才免負賠償責任。

34 前揭註27。頁75-78。
35 徐美貞，民法概要，五南圖書出版股份有限公司，第三版，頁179（2007）。

此外，我國法院也曾在RCA案判決中使用民事訴訟法第277條但書[36]之「舉證責任倒置」，要求RCA公司必需舉證其排放的污染與員工罹癌機率提高無關，將舉證責任轉至被告RCA公司。從該判決可知，法院認為有四項事實應由RCA公司來負舉證責任：第一、RCA公司持有並保管系爭工廠於製程中所使用之清潔劑相關資料以及提供員工使用水體等檢驗資料；第二、RCA公司有原告與其家屬有機溶劑暴露情形；第三、RCA公司有原告及其家屬於任職期間之健康情形資料；第四、RCA公司應說明前開兩項之因果關係[37]。同樣的，在六輕爭議案件中，其關鍵在於法院能否依民事訴訟法第277條但書調整相關舉證責任，以突破法律框架，回應環境正義。

㈡賠償之外，可否要求六輕搬遷或停工？

　　假若法律上能夠確定臺塑集團需要對學童的健康損害負責，除了賠償損害之外，法院也可能會要求六輕停止侵害，那即會產生以下的疑問：法院是要求六輕停工？還是要求六輕搬離？還是損害賠償？損害賠償對於罹患癌症之風險可以填補嗎？

　　如同前述，六輕對較為貧窮的雲林縣帶來了可觀的稅收與地方發展的金錢援助，也提供相當可觀的工作機會。無論是對法院或當地居民來說，面對同時為環境巨大的污染者以及鄉鎮發展最好的建設者，要求六輕該如何負責的問題攸關他們生活各個面向。若為了環境與健康要求六輕撤場或停止營運，則當地許多居民可能面臨失業的困境；若為了保住工作而支持六輕，卻又必須讓自己與家人在六輕所帶來的環境污染下生活；若要求六輕賠償，在勝訴拿到賠償金後，仍然必須居住在相同的地區，持續地受到污染威脅……面對六輕五花八門的好處以及大環境的

---

36 民事訴訟法第277條：「當事人主張有利於己之事實者，就其事實有舉證之責任。但法律別有規定，或依其情形顯失公平者，不在此限。」

37 王毓正，淺析舉證責任倒置制度於RCA判決中之適用，月旦法學雜誌，第253期，第34頁（2016）。

不正義，當地的居民其實無力反抗與選擇，也突顯了法律能夠回應的問題其實相當有限。

(三)為什麼政府沒有取締六輕所造成的空氣污染？

　　臺塑集團多次強調，關於六輕排放與對居民健康影響的關係已做過健康風險評估，且縣環保局也多次稽查並採樣檢驗，其結果均符合標準[38]。但就媒體報導，2016年1月21日至11月21日間六輕有25211筆超標的排放紀錄，累積了262件違法事件。但在環保署所列管污染源網站中，卻查無任何關於這兩百多筆違法事件的開罰紀錄，更令人驚訝的是，當地環保局送交環保署備查的監測數據資料，原始的超標數值已被刪除，被註記成「固定污染源暫停運轉時監測設施之量測值」、「監測設施維修，保養量測值」、「其他無效量測值」視為無效[39]。

　　其實從前述六輕與雲林麥寮政府和地方的關係來看，官商相護的情形並不難想像。此外，亦有論者透過實證研究來探討六輕環境污染與政府管制執行困境，並整理出幾點原因。第一是管制人力監督不足的問題。依據雲林縣政府環保局的編制，真正可以用於監督管理六輕的編制人員非常的少，且該項業務需要專業的知識技術、時間和體力，在人員流動性頻繁的情形下，要對六輕進行完整、定期、確實的檢查，是相當艱困的任務。另一面，因政府人員編制不足、人力流動頻繁，故地方政府會利用外包委辦顧問公司的方式進行稽查，然而臺塑集團會對承辦相關業務之顧問公司人才進行挖角，而這些擁有專業技術的員工對環境稽查有充分的經驗，知道如何因應環保機關的查核，幫助六輕規避管制[40]。

135

---

38 自由時報，學者研究：5鄉鎮罹癌率六輕「顯著相關」，https://news.ltn.com.tw/news/focus/paper/309542（最後造訪日期2019/11/19）。
39 透明足跡，兩萬五千筆臺塑六輕的超標數據，為何一眨眼間都「消失」了？，https://www.detail.whereisthedata-thaubing-gcaa.com/（最後造訪日期2019/11/21）。
40 杜文苓、施佳良、蔡宛儒，傳統農業縣的石化課題：檢視六輕環境爭議與治理困境，臺灣土地研究，第十七卷第一期，頁72-74（2014）。

第二個問題是經費短絀與分配使用的困難，環境保護的預算僅占雲林縣政府總預算0.52%，且非全額用於六輕的監督。除人力與財力的限制外，第三個問題是現有管制設備技術能力與科學資料詮釋能力不足的問題。雖然目前雲林縣空氣品質監測站所監測的項目眾多，但並未針對石化產業特性，設定更多相關之排放物質監測。另一面，相較於資訊豐富的企業單位，政府單位受限於污染與環境危害間的詮釋能力，大多只能聽任企業的詮釋與解釋。以上這些原因導致政府單位對於六輕造成的污染難以取締。

六、問題與討論

㈠ 看過國衛院與成大的研究報告，以及對於許厝國小遷校的各方立場後，你覺得許厝國小學童應該遷校嗎？或者有沒有更好的解決方法？

㈡ 本案後來暫時落幕，但另一個向六輕求償的司法訴訟正在進行當中。基於前述的說明，你認為對六輕求償的訴訟勝訴可能性大嗎？哪一些法律的程序或要求可能阻擋受害居民實現正義？

㈢ 在民法第191之3通過後，理論上環境污染案件有可能當該條的「一定事業」，而使法院在訴訟中要求污染者負擔舉證責任。然而，法院在本案與類似案件中並不經常反轉舉證責任，你認為原因何在？在另一個環境公害的案件RCA污染案中，臺灣高等法院104年重上字第505號民事判決沒有援引民法第191之3的規定，而是參考日本的「疫學理論」，指出「本院亦認應以疫學即流行病學之研究認定一般因果關係，即以『合理之蓋然性』為基礎，即使不能證明被告之行為確實造成原告目前損害，但在統計上，被告之行為所增加之危險已達『醫學上合理確定性』，即推定有一般因果關係之存在……；倘被告認為無一般或個別因果關係存在，應提出確切之反證證明。」以你的看法，如果要強化環境訴訟的功能，應該透過法院在個案中詮釋援引學說，或是直接立法調整相關案件的舉證責任？

案例三：轉型正義的法律倫理爭議

過去忘了就好？可以用違反法治的方式追求正義？

一、事實與背景－以2019年電影《返校》為例

㈠ 事實說明

《返校》故事背景是1962年，正逢白色恐怖時期，當時國民黨政府為了反共，力行戒嚴。但仍有許多追求自由的人，在全臺的各個角落，暗中挑戰這樣的威權體制。電影中，翠華中學的老師張明暉、殷翠涵與學生魏仲廷等人就是暗中挑戰威權體制的人，他們組織讀書會閱讀禁書。而高三女學生方芮欣，則是因為家庭及學校的問題，在老師張明暉輔導之下意外與其產生了師生戀。而後，因家庭因素與對張明暉的誤會，方芮欣向翠華中學教官白國鋒舉報了讀書會的事。警備總部到學校逮捕包括張明暉在內的所有讀書會成員，送入獄中拷打取供。讀書會的成員或被就地正法，或在刑求中被打死，就連借儲藏室鑰匙給讀書會的工友也被警備總部虐殺。故事的最後，方芮欣因愧疚感而在學校禮堂上吊自殺。

電影中，國民黨政府為了反共力行戒嚴，限制了許多人民的權利。許多像是翠華中學師生那樣暗中挑戰威權體制的人，在當時他們的人權受到國家體制性嚴重的迫害。然而在民主的現代社會，我們該如何去面對過往所生的一切不正義，這正是轉型正義要處理的問題。

㈡ 背景說明

戰後臺灣的白色恐怖，則係指國民黨政府當局對共產黨、左傾分子與臺獨人士等政治異己的鎮壓。其中，少數案件真正符合當局法律上規範的「叛亂」或「匪諜」之構成作為，許多則是冤、錯、假案[41]。透過現在已經公開的歷史檔案，我們可以逐漸了解國民黨政府在戒嚴時期如何運用軍法及特務機關行使國家暴力，禁錮人民的思想自由和政治權

---

[41] 葉虹靈，臺灣白色恐怖創傷記憶的體制化過程：歷史制度論觀點，臺灣社會學，頁3（2015）。

利。軍事司法系統透過《戒嚴法》延伸到一般人民身上，並且在《懲治叛亂條例》和刑法第100條的結合下，只要被認定「曾經參加叛亂組織」，即便僅僅批評政府或閱讀左派書籍，就可能被處以極刑。另一方面，職司釋憲的大法官卻在白色恐怖時期扮演了推手的角色，釋字第68號表示只要未曾自首或證明脫離組織者，都可認為繼續參加叛亂組織，因而大幅擴張了《懲治叛亂條例》的適用範圍[42]。

在我國第一次政黨輪替之後，時任總統陳水扁也曾想推動轉型正義，但因過去在野的國民黨佔有國會多數席次，因而無法順利展開。直到蔡英文總統2016年上任之後，執政的民進黨佔有國會多數席次，我國才開始系統性處理轉型正義問題。

我國目前設有促進轉型正義委員會，其主要工作為檔案研究、清除威權象徵、平復司法不公、重新調查政治審判案件、回復與賠償名譽及權利損害。此外，對於政黨、附隨組織及其受託管理人不當取得之財產，我國亦設有不當黨產處理委員會，負責掌理臺灣戒嚴時期之中華民國政黨財產的調查、返還、追徵、權利回復。

二、轉型正義是什麼？

關於轉型正義，學者各有其不同之定義。主要的看法認為，轉型正義代表著社會在經歷劇烈的變遷之後，因為過去的價值與現在新的價值間之差異，而產生是否要用當代的價值去處理過去不正義的問題。換句話說，轉型社會存在著一種斷裂，而這種斷裂同時具有一個在切開過去的同時，也要考慮未來的繼續性之特性。轉型正義即是去幫助曾經遭受大規模體制性對基本人權迫害的社會尋求擺脫過往暴力，同時讓受害者朝正義方邁進的方法[43]。2004年聯合國對於轉型正義的定義為「一個社

---

[42] 黃丞儀，戒嚴時期法律體制的未解難題與責任追究，收錄於記憶與遺忘的鬥爭（卷三）：臺灣轉型正義階段報告面對未竟之業，衛城出版，頁38（2015）。

[43] Juan E. Méndez, *Constitutionalism and Transitional Justice*, in: Michel Rosenfeld and András Sajó ed., The Oxford Handbook of Comparative Constitutional Law 1270-1272 (2012).

會處理大規模濫權的遺緒，所進行和建立的程序和機制，其目標在確立責任、服膺正義並成就和解。」換言之，進行轉型正義的目的在彌補受到國家暴力侵害的受害者、追究加害者以實踐正義之外，更重要的是撫平傷痛、促成和解，確保社會繼續往民主、法治、人權方向成長。

三、我國目前法律實踐

我國目前關於轉型正義之法律實踐如下：

㈠二二八事件處理及補償條例

行政院成立財團法人二二八事件紀念基金會，秉持物質補償與精神撫慰並濟之原則，受理二二八補償申請、核發補償金。此外，更積極透過舉辦各種紀念活動、回復受難者名譽、真相調查與實地訪察等事宜，以撫慰受難者及家屬之心靈創痛，促進臺灣社會查明與了解真相，以落實平反，歸還臺灣社會公平與正義，帶來真正寬恕與永久和諧。

㈡《促進轉型正義條例》（以下簡稱促轉條例）

為促進轉型正義及落實自由民主憲政秩序，制定《促轉條例》。《促轉條例》規定設有促進轉型正義委員會，隸屬於行政院，為二級獨立機關，委員依法律獨立行使職權，除政黨及其附隨組織不當取得財產處理條例另有規定外，依《促轉條例》第4條至第7條規定，規劃、推動開放政治檔案；清除威權象徵、保存不義遺址；平復司法不法、還原歷史真相，並促進社會和解；不當黨產之處理及運用及其他轉型正義事項。

㈢政黨及其附隨組織不當取得財產處理條例（以下簡稱黨產條例）

為調查及處理政黨、附隨組織及其受託管理人不當取得之財產，建立政黨公平競爭環境，健全民主政治，以落實轉型正義，依我國黨產條例之規定，行政院設不當黨產處理委員會，並依法進行政黨、附隨組織及其受託管理人不當取得財產之調查、返還、追徵、權利回復及本條例

所定之其他事項。主要參考條文如：

第6條：經本會認定屬不當取得之財產，應命該政黨、附隨組織、受託管理人，或無正當理由以無償或顯不相當對價，自政黨、附隨組織或其受託管理人取得或轉得之人於一定期間內移轉為國有、地方自治團體或原所有權人所有。

第11條：本會之調查，應恪遵正當法律程序，以符合比例原則之方式為之。（下略）

第14條：本會依第六條規定所為之處分，或第八條第五項就政黨之附隨組織及其受託管理人認定之處分，應經公開之聽證程序。

㈣臺灣民間真相與和解促進會

促成相關歷史的發掘整理，促成和解。

四、轉型正義的爭議問題

㈠我國應該推動轉型正義嗎？為什麼不選擇忘記過去？

轉型正義的核心是如何處理過去大規模體制性的威權所遺留的傷害。其目的有以下幾點：一、追求正義，有些學者從追求正義的觀點，認為應該採取刑事追訴的方式處理高壓統治的過去。二、切割過去，透過已知與穩定的法律秩序，清楚地劃分過去與現在，重現新的秩序讓社會繼續向前。三、確認責任，透過罪刑的個人化進行族群的去原罪化，將原兇繩之以法並釐清加害者的責任，避免受害者將責任歸咎給整個族群。四、治癒受害者，真相委員會是公正且公開的論壇，相對於起訴的方式強迫受害者與其他目擊者承受審判與交互詰問的折磨，真相委員會較能讓受害者在公開且被傾聽的環境下陳述其受害經驗以達到治癒，進而有寬恕與和解的可能。五、防止社會分裂，在分裂的社會中，審判的進行與結束無法提供一個最終的對錯論斷，分裂狀態的化解與結束必須透過創傷的治癒與和解。六、教育公眾及嚇阻再犯，讓社會公眾理解到

加害者侵害人權的罪刑外，也能防止其行為的再犯[44]。

　　有學者主張不處理轉型正義，其理由則有以下幾點：一、避免報復，一味追求過去的是非是將改革的動力耗損在報復正義上，未必有利於憲政主義的建立。二、審判缺乏效率與責任難以真正確認，對新政權來說，找出加害者是很困難的。三、無法真正與過去切割，處罰式的正義僅能處理一般危害人權的事件，而無法面對體制性的問題。四、新政府負荷案件的能力，在威權體制崩解之後，新政權百廢待舉，應該將精神放在其他更重要的事情上而非耗費資源在司法程序上。五、造成更大的社會分裂，追究舊政權很難不淪為報復性的政治行為，不僅無法療傷止痛，且易對新民主政權造成傷害[45]。

㈡轉型正義的機制是什麼？

　　一般而言，轉型正義的機制有以下幾種：

1. 刑事追訴

　　可分為國內與國際刑事追訴機制。國內刑事追訴機制，指的是利用國內刑事法律制度來審判過去的獨裁或軍事政權。在審判的過程中，該國的刑事制度面對了誰該負起這些人權迫害的責任、是否可事後處罰以及該為何種行為負責等法律難題。除了國內的刑事訴追機制外，有些國家亦會利用國際刑事訴追機制來處理國內轉型正義所衍生的人權與法律的難題。

　　國際刑事追訴是指藉由國際力量所成立的臨時或永久的刑事法院或法庭來審判國內前獨裁或軍事政權。例如二戰後，國際社會為了處理二戰期間德國戰犯問題，設立了位於德國紐倫堡的國際軍事法庭。紐倫堡大審奠定了日後國際刑事追訴機制的基礎，確立了個人必須負起以國家之名所生暴力侵權行為的刑事責任。在1990年代之後，國際刑事追訴

---

44 李怡俐，轉型正義的機制及脈絡因素─以臺灣為例，臺灣人權學刊，第1卷第2期，頁150-153（2012）。

45 前揭註，頁153-155。

機制有了更細緻的發展，就其成員組成與機制存續的模式，可區分成三種類型。第一種是臨時性的特別刑事法庭，由國際專業法學者擔任主審官。第二種是混合型刑事法院（法庭）此類法庭的主審官除了有國際專業法學者外，亦加入國內專業法官共同審理相關案件。第三種則是常設國際刑事法院，例如設於荷蘭海牙的國際刑事法院[46]。

2. 真相調查和解委員會

除了刑事追訴制度外，真相調查和解委員會也是許多國家在處理轉型正義上常選擇的機制。新政權除了透過審判來尋求正義、真相與並穩定政權之正當性之外，有些國家的新政權在面對分裂的社會與斷裂的歷史時，會藉由新舊政權間協商與妥協，另外發展有別於審判的真相調查和解委員會。對於這些國家而言，由在司法機制下可能無法負荷這些過去國家大規模的暴力行為案件，真相調查和解委員就變成了處理國家過往之惡的主要機制[47]。

3. 權力淨化

有些國家則採取權力淨化機制，如《淨化法》來處理與前政權有所牽連的人員，以追求行政上的正義。《淨化法》旨在「篩選」和「告發」，禁止與前政權有所牽連的人員在新的政府或相關機構中出任公職。也由於《淨化法》實行之結果會剝奪這些在前政權曾任職人員的政治資格，因而常引發侵害人權的討論，國際社會通常也反對運用此一手段來處理轉型正義的議題[48]。

4. 賠償

有些國家選擇以賠償的方式來面對轉型正義的難題。在前政權國家暴力的侵害下，存在著大批的受害者。因此，新政權便會面對是否有義務賠償受害者的問題。而賠償機制也有許多不同的選擇方式，例如金錢

---

[46] 前揭註，頁157-161。

[47] 前揭註，頁161-162。

[48] 前揭註，頁162。

賠償、財產歸還、名譽回復或是撤銷過去判決等[49]。

5. 大赦

從歷史與當代的經驗中，可以發現大赦與政治的轉型有緊密的關聯性。為了結束過去政權的統治並開啟新政權的，往往可能是透過談判且承諾大赦過去政權大規模侵害人權之罪行。放棄處罰是大赦機制最重要的特徵。然而，大赦是否侵害了受害者或其家屬可藉由法律機制追求正義的權利？這便是新政權採取大赦機制處理轉型正義時所要面對的問題[50]。

6. 遺忘

除了以上幾種機制，有些國家在轉型的過程中，刻意地選擇遺忘過去歷史，並放棄對過去政權的追究[51]。

五、外國的轉型正義機制—以南非為例

1990年代，南非在和平的狀態下進行了憲政改革。南非憲法分為二階段進行談判。第一階段是在1990年關於承諾和平憲法改革的民主南非公約（CODESA），其主要目標是起草憲法和通過臨時憲法。第二階段是在1993年6月，達成憲法轉型的協議後，在轉型期間要納入憲法原則制定臨時性憲法，然後再制定永久性憲法。透過二階段的憲法制定過程縮小了少數派統治與新憲法民主合法性之間的距離，避免國家法律、政治和行政框架的全面動盪[52]。

執行臨時性憲法程序的重要原則由制憲會議及大會決定，此程序有三個重要原則：一、內容之相對人，包含提出制憲建議的政黨代表和其他代表在制憲會議上以及民間組織與公民。二、要求徵求公民意見且資

---

49 前揭註，頁162-163。

50 前揭註，頁163。

51 前揭註，頁163-164。

52 Aeyal M. Gross, *The Constitution, Reconciliation, and Transitional Justice: Lessons from South Africa and Israel*, 40 Stan. J. Int'l L. 47, 58-59 (2004).

訊公開。三、公開的制憲會議，且所有資訊都可以透過網路得知[53]。

依據南非轉型的性質與其司法系統無法成功處理過去侵害人權的行為，因此南非選擇透過真相和解委員會處理過去侵害人權的問題，並企圖使正義制度化。真相和解委員會是在起訴和大赦兩種不同路線間的一種選擇。南非的刑事司法正義無法發揮功能，因為其政治脈絡與制度條件不允許起訴及大赦，因此要一個持久且可行的南非衝突解決辦法就必須按照新的秩序加以解決[54]。

六、我國現階段處理轉型正義之政策

㈠ 撤銷有罪判決

促轉會從107年10月4日至108年7月7日止，共公布四波名單，共5837人獲得刑事有罪判決撤銷公告[55]。

㈡ 調查與移轉黨產

依黨產條例，適用條例者共計10個政黨，且依規定須向不當黨產處理委員會申報現有及已變動財產。至108年9月止，共四個政黨向委員會申報財產：中國青年黨、中國民主社會黨、民主進步黨及中國國民黨。其中中國青年黨未持有不動產，後三者名下皆有土地。至於其餘6個政黨雖未依規定申報，但查名下未有不動產之紀錄。爰此，不當黨產處理委員會就上述持有土地之政黨取得及處分土地進行調查[56]。目前已經進行調查或要求移轉的財產包括中華民國婦女聯合會（以下簡稱「婦聯會」）、財團法人民族基金會及國家發展基金會、中影股份有限公司、財團法人中國青年救國團、中央投資及欣裕股份有限公司等等。

---

53 *See* Gross, *supra* note, at 59-61.

54 Paul van Zyl, *Dilemmas of Transitional Justice: The Case of South Africa's Truth and Reconciliation Commission*, 52 J. Int'l Affairs 647, 647-648 (1999).

55 促進轉型正義委員會，本會刑事有罪判決撤銷公告儀式新聞稿，https://www.tjc.gov.tw/news/130（2019/07/07，最後瀏覽日）。

56 不當黨產處理委員會，公布《黨產調查——政黨土地取得及處分統計》調查報告，https://www.cipas.gov.tw/news/275（2019/09/19，最後瀏覽日）。

七、轉型正義在臺灣引發的法律挑戰

轉型正義的推動在臺灣持續遭遇各種障礙。過去以泛藍為多數的立法院持續阻擋轉型正義的相關立法。在促轉條例與黨產條例通過立法後，促轉會被指摘為專為政治鬥爭的機構，而不當黨產委員會做出認定不當黨產之處分與移轉財產處分後，受認定組織立即提起訴訟，行政法院也以黨產條例有違憲之虞，裁定停止審判而聲請司法院大法官解釋。主要的質疑是認為相關轉型正義違反法治原則的，有可能違憲。以下以黨產條例的爭議為例，質疑包括：

㈠ 不當黨產取得之認定是否違反明確性原則？

法律明確性係指立法者制定法律時，關於規範對象、規範行為及法律效果應該明顯，亦即構成要件應使受規範能預見。關於不當黨產認定之範圍涉及以何種標準加以認定，其中涵蓋時間因素與政黨財務來源取得之判斷，依《政黨及其附隨組織不當取得財產處理條例》第4條第4款規定，不當黨產係指政黨違反政黨本質或其他悖於民主法治原則之方式所取得之財產。此外，亦依同法第5條[57]之規定，採取推定之方式。

㈡ 追討不當黨產是否違反法律不溯及既往原則？

法律不溯及既往係指法規僅能適用在其生效後發生之事件，不能回頭適用在其生效之前發生的事件上，而溯及既往依該事件是否已終結，又可分為真正的溯及既往和不真正的溯及既往。法律一旦發生變動，除法律有溯及適用之特別規定者外，原則上係自法律公布生效日起，向將

---

57 《政黨及其附隨組織不當取得財產處理條例》第5條：「政黨、附隨組織自中華民國三十四年八月十五日起取得，或其自中華民國三十四年八月十五日起交付、移轉或登記於受託管理人，並於本條例公布日時尚存在之現有財產，除黨費、政治獻金、競選經費之捐贈、競選費用補助金及其孳息外，推定為不當取得之財產。（第1項）政黨、附隨組織自中華民國三十四年八月十五日起以無償或交易時顯不相當之對價取得之財產，除黨費、政治獻金、競選經費之捐贈、競選費用補助金及其孳息外，雖於本條例公布日已非政黨、附隨組織或其受託管理人所有之財產，亦推定為不當取得之財產。（第2項）」。

來發生效力。有學者認為因不當黨產取得之法律關係並非已結束之法律關係，而是現在持續持有之狀態，因此並無法律不溯及既往原則之問題[58]。

㈢ 是否有信賴保護原則之問題？

基於法安定性原則，國家行為乃至於整個法秩序，必須處於一種穩定的狀態，方使人民可得預見，從而得以遵循及安排其生活。在國家行為必須有所變動之際，人民因信賴之前的國家行為而採取具體措施時，此一信賴仍應受到一定程度之保障，此即信賴保護原則。有學者認為政黨或其附隨組織違反政黨本質或其他悖於民主法治原則之方式所取得之財產不屬於受保護的範圍，不當黨產自然不生信賴保護原則之問題[59]。

㈣ 婦聯會一案說明之

2019年3月4日臺北高等行政法院裁定關於中華民國婦女聯合會不服不當黨產處理委員會處分所提起之行政訴訟，於司法院大法官釋憲公布前，停止訴訟程序。根據臺北高等行政法院裁定書關於停止訴訟程序的理由，臺北高等行政法院合議庭認為黨產條例應屬違憲，分述如下：

1. 黨產條例關於附隨組織之規定違反平等原則及比例原則

根據《政黨及其附隨組織不當取得財產處理條例》第4條第2款[60]之規定，所謂附隨組織，除「現在式的附隨組織」，亦包含「過去式的附隨組織」，規範設計上就現在式的附隨組織，其立場是「不完全溯及：原則上應允許，僅於例外情形始有禁止必要」，而關於過去式的附隨組織，其立場則是「完全溯及：原則上不應允許，如有例外非得許可者，自當限於非常特別的情形」，面對二者，應給予明顯而不同的緩衝措

---

58 王韻茹，處理政黨不當取得財產的憲法思維，黨產研究，第1期，頁15-16（2017）。

59 前揭註，頁16。

60 《政黨及其附隨組織不當取得財產處理條例》第4條第2款：「附隨組織：指獨立存在而由政黨實質控制其人事、財務或業務經營之法人、團體或機構；曾由政黨實質控制其人事、財務或業務經營，且非以相當對價轉讓而脫離政黨實質控制之法人、團體或機構」。

施。然二者所產生之法律效果完全一致，此明顯有違平等原則。且若要制定關於過去式的附隨組織這樣不得不的規範，就要為這項特殊的公益之實踐，在立法上給予特殊之待遇，或相對而為有利之措施；但在立法理由上，相較於同一黨產條例其他對象之公益，看不到這份公益的特殊性，且在其他規制效力或程序規範中也看不到差別待遇；反而因為規範的一致性，在舉證責任轉換[61]及權利行使期間[62]兩項事務上，蒙受更大之不利益，此亦明顯有違平等原則及比例原則。

2. 黨產條例損害財產權之制度性保障功能

《政黨及其附隨組織不當取得財產處理條例》之立法理由，係以過去威權體制下，以黨領政黨國不分時代之現象，而有特別立法處理政黨黨產之必要性為出發點。而就現行的法秩序而言，財產權的存續性保障及財產權支配自由之維護，是自由競爭市場之基礎。是不同性質或種類的公益，而公益之權衡，自應有比例原則之適用。且憲法上制度性保障，是國家機關應有義務制定制度形成基本權的內涵，並保障該基本權實現，若背離此義務者，即屬違憲性的法律。《政黨及其附隨組織不當取得財產處理條例》所架構出的規制效果，任意將一個擁有權利能力之法人組織的權利主體所擁有的財產權恣意剝奪，破壞了關於財產權歸屬的正當法律程序。透過立法推定該組織之財產為不當黨產，發生禁止處分之法律效果，並以違反禁止處分者，行為不生效力且加以處罰為手段，以貫徹針對特定權利主體所擁有財產權行使之限制，並破壞財產之支配自由度，嚴重到幾乎已是特定財產權之剝奪，損害財產權形成之制度性保障功能。

3. 黨產條例違反憲法保留、權力分立及正當法律程序

政黨政治係憲法第1條、第2條所揭示民主憲政國家之重要內涵，故對於政黨存續之保障，應屬憲法保留。關於政黨財產之移轉、禁止等

---

61 請參閱《政黨及其附隨組織不當取得財產處理條例》第5條第1項之規定。
62 請參閱《政黨及其附隨組織不當取得財產處理條例》第3條之規定。

事項，乃重大影響政黨之存續，由僅具法律位階之黨產條例予以規範，顯然違反憲法保留。不當黨產處理委員會經由聽證程序，作成處分禁止、移轉政黨及附隨組織之財產，侵犯司法權，違反權力分立及正當法律程序。

八、問題與討論

㈠臺灣社會不少人覺得轉型正義不重要，過去的事情忘了就好。亦有人認為，臺灣已經完成民主轉型與過渡，可見沒有必要與正當性進行轉型正義。你認為轉型正義有必要嗎？

㈡臺灣目前的轉型正義法律與政策中，比較沒有爭議的是對受害者的補償。你認為轉型正義不應該追究加害者責任嗎？如果參考南非的經驗，主張真相揭露是和解的關鍵，而可以妥協加害者的責任追究，你是否同意？在前述所說明的各種轉型正義手段中，你認為臺灣追求轉型正義的適當機制應該為何？

㈢轉型正義是否破壞法治原則？

許多人質疑黨產條例違反法治原則，認為以非法治的手段追求轉型正義，會淪為政治鬥爭，破壞民主並違反轉型正義的意義[63]。然而，亦有學者認為，臺灣有一些特殊的特殊歷史遺緒與政治現實，例如黨國合一的體制、威權政黨主導的民主轉型歷程以及目前國民黨可能利用過去取得的不當黨產取得政黨競爭的優勢等等[64]。這些

---

63 李念祖教授指出：「轉型正義立法在事隔數十年後，忽然針對特定的政黨，就業已發生完畢的過去事實狀態，加設新而負面的法律評價，例如將立法前已發生完畢甚至已經解消的關係，重新評價為應予追究責任的控制關係；將立法前已取得的財產推定為不當取得，概可收歸國有；當事人則必須舉出反證始得推翻不利的假定……，能夠符合法安定性、法應普遍適用、不溯及既往等法治原則嗎？請見李念祖，法治是一種品性，轉型正義立法呢，中國時報（2018/10/04）。「轉型正義之目的是為了實現正義，若因此造成新的不正義，顯然不符合轉型正義的理念和價值……否則轉型正義極有可能淪為政治鬥爭、整肅異己的工具，反而失去原有的正當性以及社會大眾的支持。劉昌坪，黨產條例與法治國原則孰輕孰重？風傳媒（2018/08/15）。

64 請見如王韻茹，處理不當取得黨產的憲法思維，黨產研究，1期，頁5以下（2017）。

特殊的歷史遺緒，應該調整法治原則的內涵與違憲審查的標準。你的看法如何？

(四) 正當程序與聽證得否治癒法律不明確？論者指出黨產條例規定違反法律明確性原則，例如《黨產條例》第2條第4款「不當取得財產：指政黨以違反政黨本質或其他悖於民主法治原則之方式，使自己或其附隨組織取得之財產」對於不當黨產的定義模糊廣泛。有認為，基於過去黨產取得的不透明與多樣性，黨產條例必須以此種方式定義不當黨產。此外，同條例中要求作出相關處分前應該經過正當程序與聽證（第11條與14條參照）。你認為臺灣特殊的黨國經驗加上程序的要求能夠犧牲法律明確性的要求嗎？

律師法

中華民國108年12月13日立法院第9屆第8會期第14次會議通過（公報初稿資料，正確內容以總統公布之為準）

修正律師法

第一章　　律師之使命

第一條　律師以保障人權、實現社會正義及促進民主法治為使命。

律師應基於前項使命，本於自律自治之精神，誠正信實執行職務，維護社會公義及改善法律制度。

第二條　律師應砥礪品德、維護信譽、遵守律師倫理規範、精研法令及法律事務。

第二章　　律師之資格及養成

第三條　經律師考試及格並完成律師職前訓練者，得請領律師證書。但有第五條第一項各款情形之一者，不得請領。

前項職前訓練，得以下列經歷代之：

一、曾任實任、試署、候補達二年之法官或檢察官。

二、曾任公設辯護人、軍事審判官或軍事檢察官合計達六年。

非領有律師證書，不得使用律師名銜。

第四條　前條第一項律師職前訓練，由全國律師聯合會辦理。

前項訓練之實施期間、時間、方式及其他相關事項，由全國律師聯合會訂定，並報法務部備查。但退訓、停訓、重訓及收費事項，由全國律師聯合會擬訂，報請法務部核定。

第五條　申請人有下列情形之一者，不得發給律師證書：

一、受一年有期徒刑以上刑之裁判確定，依其罪名及情節足認有害於律師之信譽。但受緩刑之宣告，緩刑期滿而未經撤銷，或因過失犯罪者，不在此限。

二、曾受本法所定除名處分。

三、曾任法官、檢察官而依法官法受免除法官、檢察官職務，並不得再任用為公務員。

四、曾任法官、檢察官而依法官法受撤職處分。

五、曾任公務人員而受撤職處分，其停止任用期間尚未屆滿，或現任公務人員而受休職、停職處分，其休職、停職期間尚未屆滿。

六、受破產之宣告，尚未復權。

七、受監護或輔助宣告，尚未撤銷。

八、違法執行律師業務、有損司法廉潔性或律師職務獨立性之行為，且情節重大。

前項第一款及第八款之情形，法務部應徵詢全國律師聯合會之意見。

第六條　請領律師證書者，應檢具申請書及相關證明文件，報請法務部審查通過後核准發給。

第七條　請領律師證書者，因涉嫌犯最重本刑五年以上之貪污、行賄、侵占、詐欺、背信或最輕本刑一年以上有期徒刑之罪，經檢察官提起公訴，法務部得停止審查其申請。但所涉案件經宣判、改判無罪或非屬本條所列罪者，不在此限。

第八條　法務部受理律師證書之請領，除有前條情形外，應自受理申請之日起三個月內為准駁之決定；必要時，得延長一次，延長期間不得逾三個月。

前項延長，應通知申請人。

第九條　法務部核准發給律師證書後，發現申請人於核准前有第五條第一項各款情形之一者，撤銷其律師證書。但該條項第五款至第七款

之原因，於撤銷前已消滅者，不在此限。

法務部核准發給律師證書後，律師有第五條第一項第二款至第四款情形之一者，法務部應廢止其律師證書。

法務部核准發給律師證書後，律師有下列要件之一者，法務部應命其停止執行職務：

一、第五條第一項第五款至第七款情形之一。

二、客觀事實足認其身心狀況不能執行業務，並經法務部邀請相關專科醫師組成小組認定。

前項受停止執行職務處分之律師於原因消滅後，得向法務部申請准其回復執行職務。

律師於本法中華民國一百零八年十二月十三日修正之條文施行前有第五條第一項第一款情形者，法務部應於修正施行後二年內廢止其證書。但修正施行前經律師懲戒委員會審議為除名以外之其他處分，或刑之執行完畢已逾七年者，不予廢止。

第十條　法務部應設律師資格審查會，審議律師證書之核發、撤銷、廢止及律師執行職務之停止、回復等事項。

律師資格審查會由法務部次長、檢察司司長及高等行政法院法官、高等法院法官、高等檢察署檢察官各一人、律師四人、學者專家二人組成之；召集人由法務部次長任之。

前項委員之任期、產生方式、審查程序及其他相關事項之規則，由法務部定之。

第三章　律師入退公會

第十一條　擬執行律師職務者，應依本法規定，僅得擇一地方律師公會為其所屬地方律師公會，申請同時加入該地方律師公會及全國律師聯合會，為該地方律師公會之一般會員及全國律師聯合會之個人會員。

擇定前項所屬地方律師公會外，律師亦得申請加入其他地方律

師公會爲其特別會員。特別會員之權利義務除本法或地方律師公會章程另有規定者外，同於該地方律師公會之一般會員。

地方律師公會受理前項申請後，應逕予同意並自申請時生效，另應通知申請人、其所屬地方律師公會及全國律師聯合會，不適用第十二條至第十六條規定。

特別會員行使表決權、選舉權、罷免權或算入出席人數之累計總數，超過按一般會員及特別會員人數計算各該權利數或出席人數之四分之一者，該累計總數仍以四分之一權重計算。但地方律師公會章程就該累計總數比例另有規定者，從其規定。

前項情形，章程應就特別會員個人行使各該權利數或算入出席人數之權重計算方式併予規定。

第四項但書及前項所定章程就累計總數比例、行使各該權利數或算入出席人數之權重計算方式之調整，應由一般會員決議爲之。

第十二條　地方律師公會對入會之申請，除申請人有下列情形之一者外，應予同意：

一、第五條第一項各情形之一。

二、因涉嫌犯最重本刑五年以上之貪污、行賄、侵占、詐欺、背信或最輕本刑一年以上有期徒刑之罪，經檢察官提起公訴。

三、除前二款情形外，違反律師倫理規範，情節重大，自事實終了時起未逾五年。

四、除第一款及第二款情形外，於擔任公務員期間違反公務員服務法或倫理規範，情節重大，自事實終了時起未逾五年。

五、擔任中央或地方機關特定臨時職務以外之公務員。但其他法律有特別規定者，不在此限。

六、已爲其他地方律師公會之一般會員。

地方律師公會受理入會申請後，應於三十日內審核是否同意，並通知申請人。逾期未爲決定者，視爲作成同意入會之決定。

申請人之申請文件有欠缺而可以補正者，地方律師公會應定期間命其補正，補正期間不計入前項審核期間。

地方律師公會因天災或其他不可避之事故不能進行審核者，第二項審核期間，於地方律師公會重新進行審核前當然停止。

第十三條　律師經地方律師公會審核同意入會者，即成爲該地方律師公會及全國律師聯合會之會員。

地方律師公會審核入會申請後，應將結果及其他相關資料轉送全國律師聯合會。如審核不同意者，並應檢附其理由，送請全國律師聯合會複審。

第十四條　全國律師聯合會認地方律師公會不同意入會無理由者，應逕爲同意申請人入會之決定，申請人即成爲該地方律師公會及全國律師聯合會之會員。

全國律師聯合會認地方律師公會不同意入會有理由者，應爲維持之決定。

全國律師聯合會對於地方律師公會不同意入會之複審，應於收件後三十日內作成決定，並通知送件之地方律師公會及申請人。逾期未決定者，視爲作成同意入會之決定。

申請人之申請文件有欠缺而可以補正者，全國律師聯合會應定期間命其補正，補正期間不計入前項審核期間。

全國律師聯合會因天災或其他不可避之事故不能進行審核者，第三項審核期間，於全國律師聯合會重新進行審核前當然停止。

第十五條　全國律師聯合會或地方律師公會認原同意入會之決定違法者，得廢止之。

前項情形，由地方律師公會廢止者，準用第十三條第二項及前條之規定。

第十六條　申請人對全國律師聯合會不同意入會或廢止入會之決定不服者，得提起請求入會之民事訴訟。

第十七條　律師為變更所屬地方律師公會，得向其他地方律師公會申請入會。

前項申請，應提出入會申請書及相關文件，並附具已向原所屬地方律師公會申請退會之證明。

地方律師公會受理第一項申請後，應逕予同意，並通知申請人、原所屬地方律師公會及全國律師聯合會，不適用第十二條規定。

前項同意，自申請時生效。但退出原所屬地方律師公會之效力發生在後者，自退出時生效。

第十八條　律師有下列情形之一者，應於事實發生之日起一個月內，向律師公會申請退會。未主動申請退會者，律師公會應除去其會員資格：

一、經法務部撤銷、廢止律師證書、停止執行職務或除名。

二、受停止執行職務之懲戒處分，其停止執行職務期間尚未屆滿。

三、擔任中央或地方機關特定臨時職務以外之公務員。但其他法律有特別規定者，不在此限。

律師死亡者，應由律師公會主動除去其會員資格。

第四章　律師職務之執行

第十九條　領有律師證書並加入地方律師公會及全國律師聯合會者，得依本法規定於全國執行律師職務。

第二十條　律師於所加入地方律師公會區域外，受委任處理繫屬於法院、檢察署及司法警察機關之法律事務者，應依本法或章程規定，繳納全國或跨區執業費用。

律師於全國或跨區執業之相關程序、應收費用項目、數額、收

取方式、公益案件優遇條件及其他相關事項，由全國律師聯合會以章程定之。

律師未依第一項規定繳納全國或跨區執業費用，全國律師聯合會或地方律師公會得依下列方式處理：

一、經催告後，仍未於催告期限內繳納者，律師公會得視違反情節，課予該律師未繳納費用十倍以下之滯納金。

二、其他依全國律師聯合會章程或律師倫理規範所定之處置方式。

各級法院及檢察署就律師公會稽核第一項應繳納全國或跨區執業費用而未繳納者，應予以協助，其方式由法務部會商司法院、律師公會及相關機關後定之。

第二十一條　律師得受當事人之委任，辦理法律事務。

律師得辦理商標、專利、工商登記、土地登記、移民、就業服務及其他依法得代理之事務。

律師辦理前項事務，應遵守有關法令規定。

第二十二條　律師執行職務期間，應依規定參加在職進修。

前項進修，由全國律師聯合會或地方律師公會辦理；其實施方式、最低進修時數、科目、收費、補修、違反規定之效果、處理程序及其他相關事項，由全國律師聯合會訂定，並報法務部備查。

律師違反前項關於最低時數或科目之規定，且情節重大者，全國律師聯合會得報請法務部命其停止執行職務；受命停止執行職務者，於完成補修後，得洽請全國律師聯合會報請法務部准其回復執行職務。

律師進修專業領域課程者，得向全國律師聯合會申請核發專業領域進修證明。

前項專業領域之科目、請領之要件、程序、效期、收費及其他相關事項，由全國律師聯合會訂定，並報法務部備查。

第二十三條　律師因僱傭關係或委任關係專任於社團法人或財團法人，執行律師業務者，為機構律師。

機構律師應加入任職所在地之地方律師公會；任職所在地無地方律師公會者，應擇一鄰近地方律師公會入會。

第二十四條　除機構律師外，律師應設一主事務所，並加入主事務所所在地之地方律師公會，為其一般會員；主事務所所在地無地方律師公會者，應擇一鄰近地方律師公會入會。

前項情形，本法中華民國一百零八年十二月十三日修正之條文施行後，依第五十一條第一項規定始納入特定地方律師公會之區域者，於本法一百零八年十二月十三日修正之條文施行前，已於該區域內設有主事務所之律師，得就該特定地方律師公會或其主事務所所在地鄰近之地方律師公會擇一入會，為其一般會員。

律師得於主事務所所在地之地方律師公會區域外設分事務所。

律師於每一地方律師公會區域以設一事務所為限，並不得以其他名目另設事務所。

律師於設立律師事務所及分事務所十日內，應經各該地方律師公會向全國律師聯合會辦理登記；變更時，亦同。

前項律師事務所及分事務所應登記及變更登記事項，由全國律師聯合會訂定，並報法務部備查。

第五項之資料，全國律師聯合會應陳報法務部。

第二十五條　前條分事務所應有一名以上常駐律師加入分事務所所在地地方律師公會，為其一般會員；分事務所所在地無地方律師公會者，應擇一鄰近地方律師公會入會。

前項常駐律師，不得再設其他事務所或為其他分事務所之常駐律師。

受僱律師除第一項情形外，應以僱用律師之事務所為其事務

所。

第二十六條　對律師應為之送達，除律師另陳明收受送達之處所外，應向主事務所行之。

第二十七條　全國律師聯合會及各地方律師公會，應置個人會員名簿，載明下列事項：

一、姓名、性別、出生年月日、身分證明文件編號及戶籍地址。

二、律師證書字號。

三、學歷及經歷。

四、主事務所或機構律師任職法人之名稱、地址、電子郵件信箱及電話。

五、加入律師公會年月日。

六、曾否受過懲戒。

前項會員名簿，除律師之出生月日、身分證明文件編號、戶籍地址外，全國律師聯合會及各地方律師公會應利用電信網路或其他方式提供公眾閱覽。

全國律師聯合會應置團體會員名簿，載明下列事項：

一、名稱及會址。

二、代表人。

第二十八條　司法人員自離職之日起三年內，不得在其離職前三年內曾任職務之法院或檢察署執行律師職務。但其因停職、休職或調職等原因離開上開法院或檢察署已滿三年者，不在此限。

第二十九條　律師與法院院長有配偶、五親等內血親或三親等內姻親之關係者，不得在該法院辦理訴訟事件。

律師與檢察署檢察長有前項之親屬關係者，不得在該檢察署及對應配置之法院辦理刑事訴訟案件及以檢察署或檢察官為當事人或參加人之民事事件。

律師與辦理案件之法官、檢察官、司法事務官、檢察事務

官、司法警察官或司法警察有第一項之親屬關係且受委任在後者，應行迴避。

第五章　律師之權利及義務

第 三十 條　律師非經釋明有正當理由，不得辭任法院或檢察官依法指定之職務。

第三十一條　律師為他人辦理法律事務，應探究案情，蒐集證據。

第三十二條　律師接受委任後，非有正當理由，不得片面終止契約；終止契約時，應於相當期間前通知委任人，並採取必要措施防止當事人權益受損，及應返還不相當部分之報酬。

第三十三條　律師如因懈怠或疏忽，致其委任人或當事人受損害者，應負賠償之責。

第三十四條　律師對於下列事件，不得執行其職務：
一、本人或同一律師事務所之律師曾受委任人之相對人之委任，或曾與商議而予以贊助者。
二、任法官、檢察官、其他公務員或受託行使公權力時曾經處理之事件。
三、依仲裁程序以仲裁人身分曾經處理之事件。
四、依法以調解人身分曾經處理之事件。
五、依法以家事事件程序監理人身分曾經處理之事件。
前項第一款事件，律師經利益受影響之當事人全體書面同意，仍得受任之。
當事人之請求如係違法或其他職務上所不應為之行為，律師應拒絕之。

第三十五條　律師在法庭或偵查中依法執行職務，應受尊重。
律師在法庭或偵查中執行職務時，應遵守法庭或偵查庭之秩序。

第三十六條　律師有保守其職務上所知悉秘密之權利及義務。但法律另有

規定者，不在此限。

第三十七條　律師應參與法律扶助、平民法律服務或其他社會公益活動。
　　　　　　前項律師參與社會公益活動之種類、最低時數、方式、違反
　　　　　　規定之處理程序及其他相關事項，由全國律師聯合會徵詢法
　　　　　　務部及各地方律師公會意見後訂定之，並報法務部備查。

第三十八條　律師對於委任人、法院、檢察機關或司法警察機關，不得有
　　　　　　矇蔽或欺誘之行為。

第三十九條　律師不得有足以損害律師名譽或信用之行為。

第 四 十 條　律師不得挑唆訴訟，或以誇大不實、不正當之方法推展業
　　　　　　務。
　　　　　　　前項推展業務之限制，於律師倫理規範中定之。

第四十一條　律師不得兼任公務員。但擔任中央或地方機關特定之臨時職
　　　　　　務或其他法律有特別規定者，不在此限。

第四十二條　律師擔任中央或地方各級民意代表者，不得執行律師職務。

第四十三條　律師不得從事有辱律師尊嚴或名譽之行業。
　　　　　　律師對於受委任、指定或囑託之事件，不得有不正當之行為
　　　　　　或違反其職務上應盡之義務。

第四十四條　律師不得與司法人員及司法警察官、司法警察為不正當之往
　　　　　　還酬應。

第四十五條　律師不得利用職務上之機會，直接或間接受讓當事人間系爭
　　　　　　之權利或標的。

第四十六條　律師不得代當事人為顯無理由之起訴、上訴、抗告或其他濫
　　　　　　行訴訟之行為。

第四十七條　律師應向委任人明示其收取酬金之計算方法及數額。

第六章　律師事務所

第四十八條　律師事務所之型態分下列四種：
　　　　　　一、獨資律師或法律事務所。

二、合署律師或法律事務所。

三、合夥律師或法律事務所。

四、法人律師或法律事務所。

前項第一款稱獨資律師或法律事務所，指單一律師設立之律師事務所。

第一項第二款稱合署律師或法律事務所，指二人以上律師合用辦公處所及事務所名稱，個別承接業務，且個別承擔責任之事務所。

第一項第三款稱合夥律師或法律事務所，指二人以上律師，依民法合夥之規定，就業務之執行負連帶責任之事務所。

第一項第四款之法人律師或法律事務所，另以法律定之。

第四十九條　獨資及合署之律師或法律事務所使用之名稱或標示，足以使他人誤認為合夥律師或法律事務所者，事務所全體律師應依民法合夥之規定，就業務之執行負連帶責任。

第 五十 條　合夥律師或法律事務所應向全國律師聯合會申報合夥人姓名；合夥人有變更時，亦同。

全國律師聯合會應就前項申報事項為適當之揭露。

第七章　公會

第一節　地方律師公會

第五十一條　每一地方法院轄區設有事務所執業之律師三十人以上者，得成立一地方律師公會，並以成立時該法院轄區為其區域。但於本法中華民國一百零八年十二月十三日修正之條文施行前，地方律師公會原組織區域內，已因法院轄區異動而成立其他地方律師公會者，以異動後之法院轄區為其區域。

無地方律師公會之數地方法院轄區內，得共同成立一地方律師公會。

數地方律師公會得合併之。

第五十二條　地方律師公會爲社團法人。其主管機關爲所在地社會行政主管機關；目的事業主管機關爲所在地地方檢察署。

地方律師公會應以提升律師之品格、能力、改善律師執業環境、督促律師參與公益活動爲目的。

第五十三條　地方律師公會應置理事三人至二十一人、監事三人至七人，由會員或會員代表中選舉之。

第五十四條　地方律師公會之會員大會或會員代表大會掌理下列事項：

一、預算之決議及決算之承認。

二、章程之訂定及修正。

三、會員大會或會員代表大會議事規則之訂定及修正。

四、重大財產處分之議決。

五、公會解散之議決。

六、章程所定其他事項。

第五十五條　地方律師公會以理事長爲代表人。

理事長因故無法執行職務時，由副理事長代理；無副理事長或副理事長無法執行職務時，置有常務理事者，應由理事長指定常務理事一人代理，無常務理事者，應由理事長指定理事一人代理；理事長未指定或不能指定時，由常務理事或理事互推一人代理。

第五十六條　地方律師公會應每年召開會員大會或會員代表大會一次，由理事長召集之；經會員或會員代表五分之一以上或監事會請求時，理事長應召開臨時會。

會員大會或會員代表大會，應有會員或會員代表二分之一以上出席，始得開會。但章程另有規定者，從其規定。

前項會員代表應親自出席。

第二項會員不能出席時，得以書面委任其他會員代理。但委任出席人數，不得超過該次會議親自出席人數之三分之一，且每一會員以受一人委任爲限。

章程所定開會之應出席人數低於會員二分之一者，會員應親自出席。

會員大會或會員代表大會之決議，應以較多數之同意行之。但下列事項應有出席人數三分之二以上同意行之：

一、章程之訂定及修正。

二、會員或會員代表資格之除名。

三、理事長、副理事長、常務理事、理事、常務監事、監事及監事會召集人之罷免。

四、重大財產之處分。

五、公會之解散。

六、其他與會員權利義務有關之重大事項。

第五十七條　地方律師公會應訂定章程，報請所在地地方檢察署、所在地社會行政主管機關及全國律師聯合會備查；章程有變更時，亦同。

第五十八條　地方律師公會章程應記載下列事項：

一、名稱、所在地及其組織區域。

二、宗旨、任務及組織。

三、理事長、理事、監事、候補理事、候補監事之名額、任期、職務、權限及選任、解任方式。

四、置有副理事長、常務理事、監事會召集人、常務監事者，其名額、任期、職務、權限及選任、解任方式。

五、理事會及監事會之職掌。

六、理事長為專職者，其報酬事項。

七、會員大會或會員代表大會及理事、監事會議規則。

八、一般會員及特別會員之入會、退會。

九、一般會員及特別會員應繳之會費。

十、一般會員及特別會員之權利與義務。

十一、關於會員共同利益之維護、增進及會員個人資料編製

發送事項。

十二、置有會員代表者，其名額及產生標準。

十三、律師倫理之遵行事項及方法。

十四、開會及會議事項之通知方法。

十五、法律扶助、平民法律服務及其他社會公益活動之實施事項。

十六、律師在職進修之事項。

十七、律師之保險及福利有關事項。

十八、經費及會計。

十九、收支決算、現金出納、資產負債及財產目錄之公開方式。

二十、重大財產處分之程序。

二十一、章程修改之程序。

前項章程內容牴觸依法應由全國律師聯合會章程訂定且需全國一致適用者，無效。

第五十九條　地方律師公會舉行會員大會、會員代表大會及理事、監事會議時，應陳報所在地社會行政主管機關及地方檢察署。

第 六 十 條　地方律師公會有違反法令、章程或妨害公益情事者，所在地社會行政主管機關得予警告、撤銷其決議、命其停止業務之一部或全部，並限期改善；屆期未改善或情節重大者，得爲下列之處分：

一、撤免其職員。

二、限期整理。

三、解散。

前項警告及撤銷決議之處分，所在地地方檢察署報經法務部核准後，亦得爲之。

第六十一條　地方律師公會應將下列資料，陳報所在地之社會行政主管機關及所在地之地方檢察署：

一、會員名簿或會員代表名冊及會員入會、退會資料。

二、會員大會或會員代表大會及理事、監事會議紀錄。

三、章程、選任職員簡歷冊。

前項第一款資料應陳報全國律師聯合會。

第二節　全國律師聯合會

第六十二條　全國律師聯合會為社團法人。其主管機關為中央社會行政主管機關；目的事業主管機關為法務部。

全國律師聯合會應以促進法治社會發展、改善律師執業環境、落實律師自律自治、培育律師人才、提升律師服務品質及保障人權為目的。

第六十三條　全國律師聯合會之會員分為下列二種：

一、個人會員：各地方律師公會之一般會員。

二、團體會員：各地方律師公會。

各地方律師公會為全國律師聯合會之當然會員。

第六十四條　全國律師聯合會應設理事會、監事會，除依第一百四十二條規定選出之當屆外，其名額及組成如下：

一、理事會：理事三十七人至四十五人，其中一人為理事長、二人為副理事長。除由各地方律師公會理事長兼任當然理事外，理事長、副理事長及其餘理事由個人會員以通訊或電子投票方式直接選舉之。

二、監事會：監事十一人至十五人。由個人會員以通訊或電子投票方式直接選舉之。

前項理事、監事任期最長不得逾三年，連選得連任一次。

地方律師公會理事長如為該地方律師公會之特別會員，該地方律師公會理事、監事聯席會議應另推派具一般會員身分之理事兼任第一項第一款之當然理事。

全國律師聯合會得置常務理事。常務理事之名額不超過理事

名額三分之一，除理事長、副理事長為當然常務理事外，其餘名額由第一項理事互選之。

全國律師聯合會得置常務監事。常務監事之名額不超過監事名額三分之一，由第一項監事互選之；常務監事三人以上時，應互選一人為監事會召集人。

理事長、副理事長、常務理事、理事、監事會召集人、常務監事、監事之名額、選任及解任方式，除依第一百四十二條規定選出之當屆外，由全國律師聯合會以章程定之。

第六十五條　全國律師聯合會會員代表大會掌理下列事項：

一、預算之決議及決算之承認。

二、章程之訂定及修正。

三、律師倫理規範之訂定及修正。

四、會員代表大會議事規則之訂定及修正。

五、重大財產處分之議決。

六、公會解散之議決。

七、章程所定其他事項。

第六十六條　全國律師聯合會以理事長為代表人。

理事長因故無法執行職務時，由副理事長代理；副理事長無法執行職務時，置有常務理事者，應由理事長指定常務理事一人代理，無常務理事者，應由理事長指定理事一人代理；理事長未指定或不能指定時，由常務理事或理事互推一人代理。

第六十七條　全國律師聯合會應每年召開會員代表大會一次，由理事長召集之；經會員代表五分之一以上或監事會請求時，理事長應召開臨時會。

會員代表大會應出席者如下：

一、當然會員代表：由全體理事、監事兼任。

二、個人會員代表：由全體個人會員以通訊或電子投票方

式直接選舉之，其任期最長爲三年，連選得連任；其名
額、任期、選任及解任方式，除依第一百四十二條規定
選出之當屆外，由全國律師聯合會以章程定之。

三、團體會員代表：由各地方律師公會理事、監事聯席會議
推派其一般會員擔任，並得隨時改派之；其名額由全國
律師聯合會以章程定之。

會員代表大會應出席之人數及決議事項，準用第五十六條第
二項、第三項及第六項規定。

第六十八條　全國律師聯合會應將其章程，報請法務部及中央社會行政主
管機關備查；章程變更時，亦同。

全國律師聯合會應訂定律師倫理規範，經會員代表大會通過
後，報法務部備查。

第六十九條　全國律師聯合會章程應記載下列事項：

一、名稱及所在地。

二、宗旨、任務及組織。

三、理事長、副理事長、理事、監事、候補理事、候補監事
之名額、任期、職務、權限及選任、解任方式。

四、置有常務理事、監事會召集人、常務監事者，其名額、
任期、職務、權限及選任、解任方式。

五、團體會員代表之名額。

六、理事會及監事會之職掌。

七、理事長爲專職者，其報酬事項。

八、會員代表大會及理事、監事會議規則。

九、個人會員之入會、退會。

十、會員應繳之會費。

十一、會員之權利與義務。

十二、關於會員共同利益之維護、增進及會員個人資料編製
發送事項。

十三、律師於全國或跨區執業之相關程序、應收費用項目、數額、收取方式、公益案件優遇條件等相關事項。

十四、對於各地方律師公會之會務協助及經費挹助之方式。

十五、律師倫理之遵行事項及方法。

十六、開會及會議事項之通知方法。

十七、法律扶助、平民法律服務及其他社會公益活動之實施事項。

十八、律師在職進修之事項。

十九、律師之保險及福利有關事項。

二十、經費及會計。

二十一、收支決算、現金出納、資產負債及財產目錄之公開方式。

二十二、重大財產處分之程序。

二十三、章程修改之程序。

前項第十四款所記載經費挹助方式，應考量各地方律師公會之財務狀況，及其一般會員、特別會員及跨區執業律師之人數，使其得以維持有效運作。

第 七十 條　全國律師聯合會舉行會員代表大會及理事、監事會議時，應陳報中央社會行政主管機關及法務部。

第七十一條　全國律師聯合會有違反法令、章程或妨害公益情事者，中央社會行政主管機關得予警告、撤銷其決議、命其停止業務之一部或全部，並限期令其改善；屆期未改善或情節重大者，得為下列之處分：

一、撤免其職員。

二、限期整理。

三、解散。

前項警告及撤銷決議之處分，法務部亦得為之。

第七十二條　全國律師聯合會應將下列資料，陳報中央社會行政主管機關

及法務部：

一、會員名簿及會員之入會、退會資料。

二、會員代表大會及理事、監事會議紀錄。

三、章程、選任職員簡歷冊。

第八章 律師之懲戒

第一節 總則

第七十三條 律師有下列情事之一者，應付懲戒：

一、違反第二十四條第三項、第二十五條第一項、第二項、第二十八條、第二十九條、第三十二條、第三十四條、第三十八條、第四十條第一項、第四十一條、第四十二條、第四十四條至第四十七條規定。

二、犯罪行為經判刑確定。但因過失犯罪，不在此限。

三、違反第二十一條第三項、第二十四條第四項、第三十條、第三十一條、第三十五條第二項、第三十六條、第三十九條、第四十三條或違背律師倫理規範，情節重大。

第七十四條 律師有第七條所定情形者，律師懲戒委員會得命其停止執行職務，並應將停止執行職務決定書送司法院、法務部、受懲戒律師所屬地方律師公會及全國律師聯合會。

律師有前項停止執行職務情形，所涉案件經宣判、改判無罪或非屬第七條所定之罪者，得向律師懲戒委員會聲請准其回復執行職務。

律師未依前項規定回復執行職務者，自所涉案件判決確定時起，停止執行職務之決定失其效力；其屬有罪判決確定者，應依前條第二款規定處理。

第七十五條 律師涉及違反律師倫理規範案件，經所屬地方律師公會審議後，為移付懲戒以外處置，或不予處置者，受處置之律師或

請求處置人得於處理結果送達二十日內，向全國律師聯合會申覆之。

全國律師聯合會為處理前項申覆案件，應設律師倫理風紀委員會，置主任委員一人，其中三分之一以上委員應由現非屬執業律師之社會公正人士擔任。

前項律師倫理風紀委員會就申覆案件，依其調查結果得為移付懲戒、維持原處置、另為處置或不予處置之決議。

第二項委員會之委員人數、資格、遴選方式、任期、主任委員之產生、組織運作、申覆程序、決議及其他相關事項，由全國律師聯合會訂定，並報法務部備查。

第七十六條　律師應付懲戒或有第七條所定情形者，除法律另有規定外，由下列機關、團體移付律師懲戒委員會處理：

一、高等檢察署以下各級檢察署及其檢察分署對在其轄區執行職務之律師為之。

二、地方律師公會就所屬會員依會員大會、會員代表大會或理事監事聯席會議決議為之。

三、全國律師聯合會就所屬個人會員依律師倫理風紀委員會決議為之。

律師因辦理第二十一條第二項事務應付懲戒者，中央主管機關就其主管業務範圍，於必要時，得逕行移付律師懲戒委員會處理。

第七十七條　移送懲戒之機關、團體應提出移送理由書及其繕本。

前項移送理由書，應記載被付懲戒律師之姓名、性別、出生年月日、身分證明文件編號、住居所、應付懲戒之事實及理由。

移送懲戒之機關、團體為提出第一項移送理由書，得依職權調查證據，並得函詢法院、檢察署或其他機關。有詢問被申訴律師之必要時，得通知其到場，並作成筆錄。

第七十八條　律師懲戒委員會，由高等法院法官三人、高等檢察署檢察官三人、律師七人及學者或社會公正人士二人擔任委員；委員長由委員互選之。

第七十九條　被付懲戒律師或原移送懲戒機關、團體，對於律師懲戒委員會之決議不服者，得向律師懲戒覆審委員會請求覆審。

第　八十　條　律師懲戒覆審委員會，由最高法院法官三人、最高檢察署檢察官三人、律師七人及學者或社會公正人士二人擔任委員；委員長由委員互選之。

第八十一條　律師懲戒委員會及律師懲戒覆審委員會之委員，有下列情形之一者，應自行迴避，不得執行職務：

一、為被付懲戒律師應付懲戒行為之被害人。

二、現為或曾為被付懲戒律師或其被害人之配偶、八親等內之血親、五親等內之姻親或家長、家屬。

三、與被付懲戒律師或其被害人訂有婚約。

四、現為或曾為被付懲戒律師或其被害人之法定代理人。

五、曾於訴願、訴願先行程序或訴訟程序中，為被付懲戒律師之代理人、辯護人或輔佐人。

六、曾參與該懲戒事件相牽涉之裁判、移送懲戒相關程序。

七、其他有事實足認其執行職務有偏頗之虞。

第八十二條　律師懲戒委員會及律師懲戒覆審委員會之委員有前條情形而不自行迴避者，被付懲戒律師或原移送懲戒機關、團體得聲請迴避。

律師懲戒委員會及律師懲戒覆審委員會，如認委員有應自行迴避之原因者，應依職權為迴避之決定。

第八十三條　委員迴避之聲請，由律師懲戒委員會或律師懲戒覆審委員會決定之。被聲請迴避之委員，不得參與決定。

被聲請迴避之委員，認該聲請有理由者，不待決定，應即迴避。

第八十四條　律師懲戒委員會及律師懲戒覆審委員會之組織及審議細則，
　　　　　　由法務部徵詢全國律師聯合會意見後擬訂，報請行政院會同
　　　　　　司法院核定之。

第二節　審議程序

第八十五條　律師懲戒委員會受理懲戒事件，應將移送理由書繕本送達
　　　　　　被付懲戒律師。被付懲戒律師應於收受後二十日內提出申辯
　　　　　　書，其不遵限提出者，於懲戒程序之進行不生影響。
　　　　　　移送機關、團體、被付懲戒律師及其代理人，得聲請閱覽及
　　　　　　抄錄卷證。但有依法保密之必要或涉及第三人隱私、業務秘
　　　　　　密者，律師懲戒委員會得拒絕或限制之。

第八十六條　同一事件，在刑事偵查或審判中，不停止懲戒程序。但懲戒
　　　　　　處分應以犯罪是否成立為斷，律師懲戒委員會認有必要時，
　　　　　　得於刑事判決確定前，停止懲戒程序。

第八十七條　律師懲戒委員會應依職權調查證據，並得囑託地方法院或其
　　　　　　他機關調查之。有詢問被付懲戒律師之必要時，得通知其到
　　　　　　會，並作成筆錄。
　　　　　　前項職權調查證據，委員長得指派委員一人至三人為之。
　　　　　　第一項規定之受託法院或機關應將調查情形以書面答復，並
　　　　　　應附具調查筆錄及相關資料。

第八十八條　律師懲戒委員會所為詢問及調查，均不公開。但被付懲戒律
　　　　　　師聲請公開並經許可者，不在此限。
　　　　　　前項規定，於前條囑託地方法院或其他機關調查證據時，適
　　　　　　用之。

第八十九條　律師懲戒委員會應於受理懲戒事件後三個月內完成審議，必
　　　　　　要時得延長至六個月。
　　　　　　律師懲戒委員會開會審議時，應通知被付懲戒律師到場陳述
　　　　　　意見。被付懲戒律師無正當理由不到場者，得不待其陳述逕

行審議。

前項到場陳述意見，被付懲戒律師得委任律師爲之。

第 九十 條　被付懲戒律師有第七十三條情事之一者，應爲懲戒處分之
　　　　　　決議；其證據不足或無第七十三條情事者，應爲不受懲戒之
　　　　　　決議。

第九十一條　懲戒案件有下列情形之一者，應爲免議之決議：

　　　　　　一、同一行爲，已受律師懲戒委員會之懲戒處分確定。

　　　　　　二、已逾第一百零二條規定之懲戒權行使期間。

第九十二條　懲戒案件有下列情形之一者，應爲不受理之決議：

　　　　　　一、移付懲戒之程序違背規定不能補正或經通知補正逾期不
　　　　　　　　補正。

　　　　　　二、被付懲戒律師死亡。

第九十三條　律師懲戒委員會之審議會議，應有委員三分之二以上之出
　　　　　　席，始得開會。但委員有第八十一條應迴避之事由者，不計
　　　　　　入應出席人數。

　　　　　　審議應以過半數之意見決之。

　　　　　　審議之意見，分三說以上，均未達過半數時，以最不利於被
　　　　　　付懲戒人之意見順次算入次不利於被付懲戒人之意見，至達
　　　　　　過半數之意見爲決議。

　　　　　　審議不公開，其意見應記入審議簿，並應嚴守秘密。

第九十四條　律師懲戒委員會之審議，應作成決議書，記載下列事項：

　　　　　　一、被付懲戒律師之姓名、性別、年齡及所屬地方律師公
　　　　　　　　會。

　　　　　　二、懲戒之事由。

　　　　　　三、決議主文。

　　　　　　四、事實證據及決議之理由。

　　　　　　五、決議之年、月、日。

　　　　　　六、自決議書送達之日起二十日內，得提起覆審之教示。

出席審議之委員長、委員應於決議書簽名。

第九十五條　律師懲戒委員會應將決議書正本，送達移送懲戒之機關、團體及被付懲戒律師。

第九十六條　律師懲戒審議程序，除本章另有規定外，關於送達、期日、期間、通譯及筆錄製作，準用行政訴訟法之規定。

第三節　覆審程序

第九十七條　被付懲戒律師或移送懲戒機關、團體，不服律師懲戒委員會之決議請求覆審者，應於決議書送達之日起二十日內為之。
　　　　　　請求覆審應提出理由書及繕本於律師懲戒委員會。

第九十八條　律師懲戒委員會應將請求覆審理由書繕本送達原移送懲戒機關、團體或被付懲戒律師。
　　　　　　前項受送達人得於十日內提出意見書或申辯書。
　　　　　　律師懲戒委員會應於前項期限屆滿後，速將全卷連同前項意見書、申辯書送交律師懲戒覆審委員會。

第九十九條　律師懲戒覆審委員會認請求覆審不合法或無理由者，應為駁回之決議。
　　　　　　原決議依其理由雖屬不當，而依其他理由認為正當者，應以請求覆審為無理由。
　　　　　　律師懲戒覆審委員會認請求覆審有理由者，應撤銷原決議更為決議。

第 一百 條　律師懲戒覆審委員會之覆審程序，除本節另有規定外，準用第二節之規定。

第四節　懲戒處分

第一百零一條　懲戒處分如下：
　　　　　　一、命於一定期間內自費接受額外之律師倫理規範六小時至十二小時之研習。
　　　　　　二、警告。

三、申誡。

四、停止執行職務二月以上二年以下。

五、除名。

前項第二款至第四款之處分，應併為第一款之處分。

第一百零二條　律師有第七十三條應付懲戒情事者，自行為終了之日起至案件繫屬律師懲戒委員會之日止，逾十年者，不得予懲戒處分；逾五年者，不得再予除名以外之懲戒處分。

依第七十三條第二款規定移付懲戒者，前項期間自裁判確定之日起算。

第一百零三條　律師懲戒委員會及律師懲戒覆審委員會決議之主文，應由司法院公告之。

律師懲戒委員會之決議，無人請求覆審或撤回請求者，於請求覆審期間屆滿時確定。

律師懲戒覆審委員會之決議，於公告主文時確定。

第一百零四條　律師懲戒委員會或律師懲戒覆審委員會應將決議書送司法院、法務部、受懲戒律師所屬地方律師公會及全國律師聯合會，並應於懲戒處分決議確定後十日內將全卷函送法務部。

法務部應將前項決議書，對外公開並將其置於第一百三十六條之律師及律師懲戒決議書查詢系統。

前項公開內容，除受懲戒處分人之姓名、性別、年籍、事務所名稱及其地址外，得不含自然人之身分證明文件編號及其他足資識別該個人之資料。

第一百零五條　懲戒處分之決議於確定後生效，其執行方式如下：

一、命於一定期間內自費接受額外之律師倫理規範之研習、警告或申誡之處分者，法務部於收受懲戒處分之決議書後，應即通知全國律師聯合會，督促其所屬地方律師公會執行。

二、受除名處分或一定期間停止執行職務處分者，法務部應將停止執行職務處分之起訖日期或除名處分生效日通知司法院、經濟部、全國律師聯合會及移送懲戒機關、團體。

第五節　再審議程序

第一百零六條　律師懲戒委員會或律師懲戒覆審委員會之決議確定後，有下列各款情形之一者，原移送懲戒機關、團體或受懲戒處分人，得聲請再審議：

一、適用法規顯有錯誤。

二、律師懲戒委員會或律師懲戒覆審委員會之組織不合法。

三、依法律應迴避之委員參與決議。

四、參與決議之委員關於該決議違背職務，犯刑事上之罪已經證明，或關於該決議違背職務受懲戒處分，足以影響原決議。

五、原決議所憑之證言、鑑定、通譯或證物經確定判決，證明其爲虛僞或僞造、變造。

六、同一行爲其後經不起訴處分確定，或爲決議基礎之刑事判決，依其後之確定裁判已變更。

七、發現確實之新證據，足認應變更原決議。

八、就足以影響原決議之重要證據，漏未斟酌。

九、確定決議所適用之法律或命令，經司法院大法官解釋爲牴觸憲法。

第一百零七條　聲請再審議，應於下列期間內爲之：

一、依前條第一款至第三款、第八款爲理由者，自原決議書送達之日起三十日內。

二、依前條第四款至第六款爲理由者，自相關之刑事確定

裁判送達受判決人之日起三十日內。但再審議之理由知悉在後者，自知悉時起算。

三、依前條第七款爲理由者，自發現新證據之日起三十日內。

四、依前條第九款爲理由者，自解釋公布之翌日起三十日內。

再審議自決議確定時起，已逾五年者，不得聲請。但以前條第四款至第九款情形爲聲請再議之理由者，不在此限。

第一百零八條　再審議事件之原確定決議，爲律師懲戒委員會作成者，由律師懲戒再審議委員會審議；爲律師懲戒覆審委員會作成者，由律師懲戒覆審再審議委員會審議。

聲請再審議，應以書面敘述理由，附具繕本，連同原決議書影本及證據，向律師懲戒再審議委員會或律師懲戒覆審再審議委員會提出。

第一百零九條　律師懲戒再審議委員會或律師懲戒覆審再審議委員會受理再審議之聲請，應將聲請書繕本及附件，函送作成原決議之律師懲戒委員會或律師懲戒覆審委員會、原移送懲戒機關、團體或受懲戒處分相對人，並告知得於指定期間內提出意見書或申辯書。但認其聲請不合法者，不在此限。

作成原決議之律師懲戒委員會或律師懲戒覆審委員會、原移送懲戒機關、團體或受懲戒處分人無正當理由，屆期未提出意見書或申辯書者，律師懲戒再審議委員會或律師懲戒覆審再審議委員會得逕爲決議。

第　一百十　條　聲請再審議，無停止懲戒處分執行之效力。

第一百十一條　律師懲戒再審議委員會或律師懲戒覆審再審議委員會認爲再審議之聲請不合法或無理由者，應爲駁回之決議。

律師懲戒再審議委員會或律師懲戒覆審再審議委員會認爲再審議之聲請有理由者，應撤銷原決議更爲決議。

前項情形，原懲戒處分應停止執行，依新決議執行，並回復未受執行前之狀況。但不能回復者，不在此限。

第一百十二條　再審議之聲請，於律師懲戒再審議委員會或律師懲戒覆審再審議委員會決議前得撤回之。

再審議之聲請，經撤回或決議者，不得更以同一事由聲請再審議。

第一百十三條　律師懲戒再審議委員會及律師懲戒覆審再審議委員會之組織、迴避及審議相關事項，準用第一節之規定；再審議程序，除本節另有規定外，準用第二節、第三節之規定。

律師懲戒再審議委員會及律師懲戒覆審再審議委員會之組織及審議細則，由法務部徵詢全國律師聯合會意見後擬訂，報請行政院會同司法院核定之。

第九章　外國律師及外國法事務律師

第一百十四條　本法稱外國律師，指在中華民國以外之國家或地區，取得律師資格之律師。

本法稱外國法事務律師，指經法務部許可執行職務及經律師公會同意入會之外國律師。

本法稱原資格國，指外國律師取得外國律師資格之國家或地區。

第一百十五條　外國律師非經法務部許可，並於許可後六個月內加入律師公會，不得執行職務。但有下列情形之一者，不在此限：

一、受任處理繫屬於外國法院、檢察機關、行政機關、仲裁庭及調解機構等外國機關（機構）之法律事務。

二、我國與該外國另有條約、協定或協議。

依前項但書第一款規定進入中華民國境內之外國律師，其執業期間每次不得逾三十日，一年累計不得逾九十日。

第一百十六條　外國律師向法務部申請許可執行職務，應符合下列資格之

一：

一、在原資格國執業五年以上。但受中華民國律師聘僱於
　　中華民國從事其原資格國法律事務助理或顧問性質之
　　工作，或於其他國家、地區執行其原資格國法律業務
　　之經歷，以二年爲限，得計入該執業期間。

二、於中華民國九十一年一月一日前依律師聘僱外國人許
　　可及管理辦法受僱擔任助理或顧問，申請時，受僱滿
　　二年者。

第一百十七條　外國律師有下列情形之一者，不得許可其執業：

一、有第五條第一項各款情事之一。

二、曾受大陸地區、香港、澳門或外國法院有期徒刑一年
　　以上刑之裁判確定。

三、受原資格國撤銷或廢止律師資格、除名處分或停止執
　　業期間尚未屆滿。

第一百十八條　外國律師申請許可，應提出下列文件：

一、申請書：載明外國律師姓名、出生年月日、國籍、
　　住所、取得外國律師資格年月日、原資格國名、事務
　　所。

二、符合第一百十六條規定之證明文件。

法務部受理前項申請得收取費用，其金額另定之。

第一百十九條　外國律師申請加入律師公會及退會之程序準用第十一條至
第十八條規定。

第一百二十條　外國法事務律師僅得執行原資格國之法律或國際法事務。

外國法事務律師依前項規定，辦理當事人一造爲中華民國
國民或相關不動產在中華民國境內之婚姻、親子或繼承事
件，應與中華民國律師合作或取得其書面意見。

第一百二十一條　外國法事務律師應遵守中華民國法令、律師倫理規範及
律師公會章程。

第一百二十二條　外國法事務律師執行職務時，應表明其為外國法事務律師並告知其原資格國之國名。

外國法事務律師執行職務，除受僱用外，應設事務所。

第一百二十三條　外國法事務律師不得僱用中華民國律師，或與中華民國律師合夥經營法律事務所。但為履行國際條約、協定或協議義務，經法務部許可者，不在此限。

前項但書之許可條件、程序及其他應遵行事項之辦法，由法務部徵詢全國律師聯合會意見後定之。

第一百二十四條　外國法事務律師有下列情形之一者，其執業之許可應予撤銷或廢止：

一、喪失外國律師資格。

二、申請許可所附文件虛偽不實。

三、受許可者死亡、有第一百十七條各款情事之一或自行申請廢止。

四、業務或財產狀況顯著惡化，有致委任人損害之虞。

五、未於受許可後六個月內向事務所所在地之律師公會申請入會。

六、違反前條第一項規定。

第一百二十五條　外國法事務律師有下列情事之一者，應付懲戒：

一、違反第一百二十條第二項、第一百二十一條或第一百二十二條規定。

二、犯罪行為經判刑確定。但因過失犯罪，不在此限。

第一百二十六條　外國法事務律師應付懲戒者，其移付懲戒、懲戒處分、審議程序、覆審程序及再審議程序準用第八章之規定。

第十章　罰則

第一百二十七條　無律師證書，意圖營利而辦理訴訟事件者，除依法令執行業務者外，處一年以下有期徒刑，得併科新臺幣三萬

元以上十五萬元以下罰金。

外國律師違反第一百十五條，外國法事務律師違反第一百二十條第一項規定者，亦同。

第一百二十八條　律師非親自執行職務，而將事務所、章證或標識提供與無律師證書之人使用者，處一年以下有期徒刑，得併科新臺幣三萬元以上十五萬元以下罰金。

外國法事務律師非親自執行職務，而將事務所、章證或標識提供他人使用者，亦同。

第一百二十九條　無律師證書，意圖營利，設立事務所而僱用律師或與律師合夥經營事務所執行業務者，處一年以下有期徒刑，得併科新臺幣三萬元以上十五萬元以下罰金。

外國人或未經許可之外國律師，意圖營利，僱用中華民國律師或與中華民國律師合夥經營律師事務所執行中華民國法律事務者，亦同。

第一百三十條　外國法事務律師無故洩漏因業務知悉或持有之他人秘密者，處一年以下有期徒刑、拘役或科新臺幣二十萬元以下罰金。

第一百三十一條　領有律師證書，未加入律師公會，意圖營利而自行或與律師合作辦理下列各款法律事務者，由法務部處新臺幣十萬元以上五十萬元以下罰鍰，並限期命其停止其行為；屆期不停止者，處新臺幣二十萬元以上一百萬元以下罰鍰，並廢止其律師證書：

一、訴訟事件、非訟事件、訴願事件、訴願先行程序等對行政機關聲明不服事件。

二、以經營法律諮詢或撰寫法律文件為業。

第十一章　附則

第一百三十二條　律師或外國法事務律師得聘僱外國人從事助理或顧問性

質之工作；其許可之條件、期限、廢止許可及管理等事項之辦法，由法務部會同勞動部定之。

第一百三十三條 外國人得依中華民國法律應律師考試。

第一百三十四條 外國人在中華民國執行律師職務者，應遵守中華民國關於律師之一切法令、律師倫理規範及律師公會章程。

第一百三十五條 外國人在中華民國執行律師職務者，於我國政府機關執行職務時，應使用我國語言及文字。

第一百三十六條 法務部應於網站上建置律師及律師懲戒決議書查詢系統，供民眾查詢。

前項查詢系統公開之律師懲戒決議書，應註明該懲戒決定是否已確定。

第一項查詢系統得對外公開之個人資料如下：

一、姓名。

二、性別。

三、出生年。

四、律師證書之字號及相片。

五、事務所名稱、電子郵件、地址及電話。

六、所屬地方律師公會。

七、除名、停止執行職務及五年內之其他懲戒處分。

第一百三十七條 本法中華民國八十一年十一月十六日修正施行前，已取得律師資格者，不適用第三條規定。

本法中華民國八十一年十一月十六日修正施行之日起，經律師考試及格領得律師證書，尚未完成律師職前訓練者，除依八十六年四月二十三日修正施行之第七條第二項但書規定免予職前訓練者外，應依一百零八年十二月十三日修正之第三條第一項規定完成律師職前訓練，始得申請加入律師公會。

第一百三十八條 律師於本法中華民國一百零八年十二月十三日修正之條

文施行前，已加入二以上地方律師公會者，應於修正施行後二個月內，依第二十四條第一項或第二項規定擇定一地方律師公會為其所屬地方律師公會；該地方律師公會並應將擇定情形陳報中華民國律師公會全國聯合會，由其轉知有關地方律師公會。

律師未依前項規定擇定所屬地方律師公會者，中華民國律師公會全國聯合會應代為擇定，並於擇定後二個月內通知該律師及有關地方律師公會。

依前二項規定擇定所屬地方律師公會後，律師與其他地方律師公會之關係，除該律師自行申請退出該公會者外，轉為特別會員，其會員年資應接續計算。

各地方律師公會於本法中華民國一百零八年十二月十三日修正之條文施行後一個月內，應通知其會員依本法規定擇定所屬地方律師公會、擇定之效果及未擇定時依前二項規定辦理之處理程序。

各地方律師公會未依前四項規定確認其所屬會員為一般會員或特別會員前，應暫停修正章程；其理事、監事或會員代表任期屆滿者，應暫停改選，原有理事、監事或會員代表之任期延長至改選完成後為止。

本法中華民國一百零八年十二月十三日修正之條文施行前，各地方律師公會已當選會員代表之律師，已轉為該公會之特別會員者，其行使表決權、選舉權、罷免權或算入出席人數，不受第十一條第四項之限制。

第一百三十九條　律師於全國律師聯合會之章程就律師於全國或跨區執業之相關事項規定生效以前，於所加入之地方律師公會及無地方律師公會之區域外，受委任處理繫屬於法院、檢察署及司法警察機關之法律事務者，應向該區域之地方律師公會申請跨區執業。但專任於公益法人之機構律

師，無償受委任處理公益案件者，不在此限。

律師於全國律師聯合會之章程就律師於全國或跨區執業之相關事項規定生效以前，依前項規定申請跨區執業者，應依下列規定之服務費數額，按月繳納予該地方律師公會。但該地方律師公會之章程關於服務費數額有較低之規定者，從其規定。

一、地方律師公會所屬一般會員達一百五十人者，新臺幣三百元。

二、地方律師公會所屬一般會員未達一百五十人者，新臺幣四百元。

律師於全國律師聯合會之章程就律師於全國或跨區執業之相關事項規定生效以前，未依前項規定繳納跨區執業服務費者，其執業區域之地方律師公會對該律師經催告後，仍未於催告期限內繳納應繳納服務費，該公會得視違反情節，課予該律師未繳納服務費十倍以下之滯納金。

第一百四十條 本法中華民國一百零八年十二月十三日修正之條文施行前，已加入地方律師公會者，於修正施行後，當然為中華民國律師公會全國聯合會之個人會員。

中華民國律師公會全國聯合會之個人會員，應按月繳納會費新臺幣三百元，至全國律師聯合會之章程就其會員應繳之會費規定生效為止。

第一百四十一條 各地方律師公會應於本法中華民國一百零八年十二月十三日修正之條文施行後四個月內，將該地方律師公會一般會員之會員名冊提報中華民國律師公會全國聯合會；律師未擇定其為所屬地方律師公會或屬其特別會員者，並應註記及提報之。

中華民國律師公會全國聯合會應於本法中華民國一百零

八年十二月十三日修正之條文施行後六個月內，確定並造具個人會員名冊，陳報中央社會行政主管機關及法務部，並公告之。

前項個人會員，有全國律師聯合會理事、監事及個人會員代表之選舉權、被選舉權及罷免權。

第一百四十二條　中華民國律師公會全國聯合會應於依前條第二項規定公告個人會員名冊後一個月內，辦理全國律師聯合會理事長、副理事長、理事、監事及個人會員代表之選舉，由前條第二項確定之全體個人會員以通訊或電子投票方式直接選出之。

參選前項理事長、副理事長、理事、監事及個人會員代表之個人會員，為二種以上候選人之登記時，其登記均無效。

第一項選舉之應選名額及選舉辦法如下：

一、理事四十五人，其中一人為理事長、二人為副理事長，採聯名登記候選方式，由個人會員以無記名單記投票法行之。其餘理事除由各地方律師公會理事長兼任為當然理事外，採登記候選方式，由個人會員以無記名限制連記法行之，其連記人數為九人。

二、監事十一人，採登記候選方式，由個人會員以無記名限制連記法行之，其連記人數為四人。

三、個人會員代表七十八人，採登記候選方式，由個人會員以無記名限制連記法行之，其連記人數為二十六人。

前項理事長、副理事長、理事、監事及個人會員代表之任期自中華民國一百十年一月一日起，為期二年。

地方律師公會理事長如為該地方律師公會之特別會員，該地方律師公會理事、監事聯席會議應另推派具一般會

員身分之理事兼任第三項第一款之當然理事。

中華民國律師公會全國聯合會為辦理第一項之選舉，應經由理事、監事聯席會議之決議，訂定選舉辦法，並報請中央社會行政主管機關備查。

第一百四十三條　依前條第一項規定當選之理事長、副理事長、理事、監事及前條第三項第一款之當然理事應於當選後組成組織改造委員會，依本法規定完成中華民國律師公會全國聯合會之組織改制事宜。

依前條第一項規定當選之理事長應於其就任後三個月內，將組織改造委員會決議通過之章程修正案，送請會員代表大會決議通過，並辦理相關登記。

前項會員代表大會應出席者如下：

一、當然會員代表：由全體理事、監事兼任。

二、個人會員代表。

三、團體會員代表：由各地方律師公會理事、監事聯席會推派一般會員一人擔任。

第二項會員代表大會之決議，應有過半數會員代表之出席，出席人數三分之二以上之同意行之。

中華民國律師公會全國聯合會於第一項之組織改造委員會成立後，關於內部規章之訂定、修正與廢止，應先徵詢其意見。

第一百四十四條　本法稱全國律師聯合會者，於中華民國一百零九年十二月三十一日以前，指中華民國律師公會全國聯合會。

中華民國律師公會全國聯合會已公布施行之章程與本法牴觸者，自本法中華民國一百零八年十二月十三日修正之條文施行之日起，失其效力。

中華民國律師公會全國聯合會第十一屆理事、監事及會員代表之任期，至中華民國一百零九年十二月三十一日

為止。

中華民國律師公會全國聯合會自中華民國一百十年一月一日起，更名為全國律師聯合會。

第一百四十五條　本法施行細則，由法務部於徵詢全國律師聯合會意見後，會商內政部定之。

第一百四十六條　本法自公布日施行。但第四條、第十條第一項、第七十八條、第八十條、第一百零六條至第一百十三條第一項及第一百三十六條之施行日期，由行政院以命令定之；第二十條、第二十二條、第三十七條、第六十三條第二項、第六十四條、第六十七條、第六十八條第二項、第七十五條、第七十六條第一項第三款及第一百二十三條第二項，自中華民國一百十年一月一日施行。

法官法

修正日期：民國108年07月17日

生效狀態：※本法規部分或全部條文尚未生效

本法108.07.17修正之第4、7、30、33～37、39～41、47、48、49、50、51、52、55、56、58、59、61～63、69、89、103條條文及增訂之第41-1、41-2、48-1～48-3、50-1、59-1～59-6、63-1、68-1、101-1、101-2條條文自公布後一年施行。

第一章　總則

第1條

為維護法官依法獨立審判，保障法官之身分，並建立法官評鑑機制，以確保人民接受公正審判之權利，特制定本法。

法官與國家之關係為法官特別任用關係。

本法未規定者，適用其他法律之規定。

第2條

本法所稱法官，指下列各款之人員：

一、司法院大法官。

二、公務員懲戒委員會委員。

三、各法院法官。

前項第三款所稱之法官，除有特別規定外，包括試署法官、候補法官。

本法所稱之法院及院長，除有特別規定外，包括公務員懲戒委員會及其委員長。

本法所稱司法行政人員，指於司法院及法官學院辦理行政事項之人員。

第3條

本法之規定，與司法院大法官依據憲法及法律所定不相容者，不適用於司法院大法官。

第4條

司法院設人事審議委員會，依法審議法官之任免、轉任、解職、遷調、考核、獎懲、專業法官資格之認定或授與、第十一條所規定之延任事項及其他法律規定應由司法院人事審議委員會審議之事項。

前項委員會，以司法院院長為當然委員並任主席，除第一款委員外，其他委員任期一年，得連任一次，名額及產生之方式如下：

一、司法院院長指定十一人。

二、法官代表十二人：最高法院法官代表一人、最高行政法院法官及公務員懲戒委員會委員代表一人、高等法院法官代表二人、高等行政法院及智慧財產法院法官代表一人、地方法院及少年及家事法院法官代表七人，由各級法院法官互選之。

三、學者專家三人：由法務部、律師公會全國聯合會各推舉檢察官、律師以外之人三人，送司法院院長遴聘。

學者專家對法官之初任、再任、轉任、解職、免職、獎懲、候補、試署法官予以試署、實授之審查及第十一條所規定之延任事項，有表決權；對其餘事項僅得列席表示意見，無表決權。

曾受懲戒者，不得擔任第二項之法官代表。

司法院為向司法院人事審議委員會提出人事議案所設置之各種委員會，其委員會成員應有法官、學者專家、律師或檢察官代表之參與。

司法院人事審議委員會委員之資格條件、產生方式等有關事項之辦法，及其審議規則，由司法院定之。但審議規則涉及法官任免、考績、級俸、遷調及褒獎之事項者，由司法院會同考試院定之。

第二章　法官之任用

第5條

高等法院以下各法院之法官，應就具有下列資格之一者任用之：

一、經法官、檢察官考試及格，或曾實際執行律師業務三年以上且具擬任職務任用資格。但以任用於地方法院法官為限。

二、曾任實任法官。

三、曾任實任檢察官。

四、曾任公設辯護人六年以上。

五、曾實際執行律師業務六年以上，具擬任職務任用資格。

六、公立或經立案之私立大學、獨立學院法律學系或其研究所畢業，曾任教育部審定合格之大學或獨立學院專任教授、副教授或助理教授合計六年以上，講授主要法律科目二年以上，有法律專門著作，具擬任職務任用資格。

七、公立或經立案之私立大學、獨立學院法律學系或其研究所畢業，曾任中央研究院研究員、副研究員或助研究員合計六年以上，有主要法律科目之專門著作，具擬任職務任用資格。

高等行政法院之法官，應就具有下列資格之一者任用之：

一、曾任實任法官。

二、曾任實任檢察官。

三、曾任法官、檢察官職務並任公務人員合計八年以上。

四、曾實際執行行政訴訟律師業務八年以上，具擬任職務任用資格。

五、公立或經立案之私立大學、獨立學院法律、政治、行政學系或其研究所畢業，曾任教育部審定合格之大學或獨立學院專任教授、副教授或助理教授合計八年以上，講授憲法、行政法、商標法、專利法、租稅法、土地法、公平交易法、政府採購法或其他行政法課程五年以上，有上述相關之專門著作，具擬任職務任用資格。

六、公立或經立案之私立大學、獨立學院法律、政治、行政學系或其研

究所畢業，曾任中央研究院研究員、副研究員或助研究員合計八年以上，有憲法、行政法之專門著作，具擬任職務任用資格。

七、公立或經立案之私立大學、獨立學院法律、政治、行政學系或其研究所畢業，曾任簡任公務人員，辦理機關之訴願或法制業務十年以上，有憲法、行政法之專門著作。

最高法院、最高行政法院之法官及公務員懲戒委員會之委員，除法律另有規定外，應就具有下列資格之一者任用之：

一、曾任司法院大法官，具擬任職務任用資格。

二、曾任公務員懲戒委員會委員。

三、曾任實任法官十二年以上。

四、曾任實任檢察官十二年以上。

五、曾實際執行律師業務十八年以上，具擬任職務任用資格。

六、公立或經立案之私立大學、獨立學院法律學系或其研究所畢業，曾任教育部審定合格之大學或獨立學院專任教授十年以上，講授主要法律科目五年以上，有法律專門著作，具擬任職務任用資格。

七、公立或經立案之私立大學、獨立學院法律學系或其研究所畢業，曾任中央研究院研究員十年以上，有主要法律科目之專門著作，具擬任職務任用資格。

第一項第六款、第七款及第三項第六款、第七款所稱主要法律科目，指憲法、民法、刑法、國際私法、商事法、行政法、民事訴訟法、刑事訴訟法、行政訴訟法、強制執行法、破產法及其他經考試院指定為主要法律科目者而言。

第一項第六款、第七款、第二項第五款、第六款及第三項第六款、第七款之任職年資，分別依各項之規定合併計算。

其他專業法院之法官任用資格另以法律定之。

未具擬任職務任用資格之大法官、律師、教授、副教授、助理教授及中央研究院研究員、副研究員、助研究員，其擬任職務任用資格取得之考試，得採筆試、口試及審查著作發明、審查知能有關學歷、經歷證明之考試方

式行之，其考試辦法由考試院定之。

經依前項通過擬任職務任用資格考試及格者，僅取得參加由考試院委託司法院依第七條辦理之法官遴選之資格。

司法院為辦理前項法官遴選，其遴選標準、遴選程序、被遴選人員年齡限制及其他應遵行事項之辦法，由司法院會同考試院定之。

第6條

具有下列情事之一者，不得任法官：

一、依公務人員任用法之規定，不得任用為公務人員。

二、因故意犯罪，受有期徒刑以上刑之宣告確定，有損法官職位之尊嚴。

三、曾任公務員，依公務員懲戒法或相關法規之規定，受撤職以上處分確定。

四、曾任公務員，依公務人員考績法或相關法規之規定，受免職處分確定。但因監護宣告受免職處分，經撤銷監護宣告者，不在此限。

五、受破產宣告，尚未復權。

六、曾任民選公職人員離職後未滿三年。但法令另有規定者，不在此限。

第7條

初任法官者除因法官、檢察官考試及格直接分發任用外，應經遴選合格。曾任法官因故離職後申請再任者，亦同。

司法院設法官遴選委員會，掌理前項法官之遴選及其他法律規定辦理之事務。

前項遴選委員會，以司法院院長為當然委員，其他委員任期二年，得連任一次，名額及產生之方式如下：

一、考試院代表一人：由考試院推派。

二、法官代表七人：由司法院院長提名應選名額三倍人選，送請司法院人事審議委員會從中審定應選名額二倍人選，交法官票選。

三、檢察官代表一人：由法務部推舉應選名額三倍人選，送請司法院院長從中提名應選名額二倍人選，辦理檢察官票選。

四、律師代表三人：由律師公會全國聯合會、各地律師公會各別推舉應選
　　名額三倍人選，送請司法院院長從中提名應選名額二倍人選，辦理全
　　國性律師票選。

五、學者及社會公正人士共六人：學者應包括法律、社會及心理學專長
　　者，由司法院院長遴聘。

第二項委員會由司法院院長召集並擔任主席；其因故不能召集或主持會議
時，由其指定之委員代理之。委員會之決議，應以委員總人數三分之二以
上出席，出席委員過半數之同意行之。

前項總人數，應扣除任期中解職、死亡致出缺之人數，但不得低於十二
人。

遴選委員會之審議規則，由司法院定之。

法官遴選委員會委員任一性別不得少於三分之一。

遴選委員之資格條件、票選程序及委員出缺之遞補等相關事項之辦法，由
司法院、行政院、律師公會全國聯合會分別定之，並各自辦理票選。

第8條

司法院法官遴選委員會遴選法官，應審酌其操守、能力、身心狀態、敬業
精神、專長及志願。

已具擬任職務任用資格之法官之遴選，其程序、法官年齡限制等有關事項
之辦法，由司法院定之。

經遴選為法官者，應經研習；其研習期間、期間縮短或免除、實施方式、
津貼、費用、請假、考核、獎懲、研習資格之保留或廢止等有關事項之辦
法，由司法院定之。

第9條

具第五條第一項第一款資格經遴選者，為候補法官，候補期間五年，候補
期滿審查及格者，予以試署，試署期間一年。因法官、檢察官考試及格直
接分發任用為法官者，亦同。

具第五條第一項第四款至第七款、第二項第三款至第七款資格經遴選者，

為試署法官，試署期間二年；曾任法官、檢察官並任公務人員合計十年以上或執行律師業務十年以上者，試署期間一年。

第一項候補法官於候補期間，輪辦下列事務。但司法院得視實際情形酌予調整之：

一、調至上級審法院辦理法院組織法第三十四條第三項、行政法院組織法第十條第五項之事項，期間為一年。

二、充任地方法院合議案件之陪席法官及受命法官，期間為二年。

三、獨任辦理地方法院少年案件以外之民刑事有關裁定案件、民刑事簡易程序案件、民事小額訴訟程序事件或刑事簡式審判程序案件，期間為二年。

候補法官於候補第三年起，除得獨任辦理前項第三款事務外，並得獨任辦理刑事訴訟法第三百七十六條第一款、第二款所列之罪之案件。

候補法官應依第三項各款之次序輪辦事務，但第一款與第二款之輪辦次序及其名額分配，司法院為應業務需要，得調整之；第二款、第三款之輪辦次序，各法院為應業務需要得調整之。

對於候補法官、試署法官，應考核其服務成績；候補、試署期滿時，應陳報司法院送請司法院人事審議委員會審查。審查及格者，予以試署、實授；不及格者，應於二年內再予考核，報請審查，仍不及格時，停止其候補、試署並予以解職。

前項服務成績項目包括學識能力、敬業精神、裁判品質、品德操守及身心健康情形。

司法院人事審議委員會為服務成績之審查時，應徵詢法官遴選委員會意見；為不及格之決定前，應通知受審查之候補、試署法官陳述意見。

司法院為審查候補、試署法官裁判或相關書類，應組成審查委員會，其任期、審查標準等由司法院另定之。

候補、試署法官，於候補、試署期間辦理之事務、服務成績考核及再予考核等有關事項之辦法，由司法院定之。

第10條

法官之遷調改任，應本於法官自治之精神辦理；其資格、程序、在職研習及調派辦事等有關事項之辦法，由司法院會同考試院定之。

各法院庭長之遴任，其資格、程序等有關事項之辦法，由司法院定之。

第11條

高等法院以下各法院及高等行政法院、其他專業法院院長、庭長之任期為三年，得連任一次。但司法院認為確有必要者，得再延任之，其期間以三年為限。

前項院長不同審級之任期，應合併計算。司法院每年應對前項院長之品德、操守、執行職務之能力及參與審判工作之努力等事項，徵詢該院法官意見，並得參酌徵詢結果，對任期尚未屆滿者免兼院長職務。

第一項庭長同審級之任期，應合併計算。其任期屆滿連任前，司法院應徵詢該庭長曾任職法院法官之意見。

司法院於庭長任期中，如發現有具體事證，足認其有不適任庭長之情事者，得對其免兼庭長職務。

院長及庭長之調任、連任、延任、免兼等有關事項之辦法，由司法院定之。

第12條

法官之任用，準用公務人員相關規定先派代理，並應送請銓敘部銓敘審定，經銓敘審定合格者，呈請總統任命。銓敘審定不合格者，應即停止其代理。

法官於任用前有第六條所列各款情事之一，或不合各該審級法官任用資格者，撤銷其任用或該審級法官之任用資格。

第一項代理之停止及前項任用之撤銷，不影響其在任時職務行為之效力；業已依規定支付之給與，不予追還。

第三章　法官之司法倫理與監督

第13條

法官應依據憲法及法律，本於良心，超然、獨立、公正審判，不受任何干涉。

法官應遵守法官倫理規範，其內容由司法院徵詢全國法官代表意見定之。

第14條

法官於就職時應依法宣誓，其誓詞如下：「余誓以至誠，接受國家任命，恪遵憲法及法律之規定，秉持超然獨立之精神，公正廉明，勤奮謹慎，執行法官職務，如違誓言，願受最嚴厲之制裁。謹誓。」。

第15條

法官於任職期間不得參加政黨、政治團體及其活動，任職前已參加政黨、政治團體者，應退出之。

法官參與各項公職人員選舉，應於各該公職人員任期屆滿一年以前，或參與重行選舉、補選及總統解散立法院後辦理之立法委員選舉，應於辦理登記前，辭去其職務或依法退休、資遣。

法官違反前項規定者，不得登記為公職人員選舉之候選人。

第16條

法官不得兼任下列職務或業務：

一、中央或地方各級民意代表。

二、公務員服務法規所規定公務員不得兼任之職務。

三、司法機關以外其他機關之法規、訴願審議委員會委員或公務人員保障暨培訓委員會委員。

四、各級私立學校董事、監察人或其他負責人。

五、其他足以影響法官獨立審判或與其職業倫理、職位尊嚴不相容之職務或業務。

第17條

法官兼任前條以外其他職務者，應經其任職機關同意；司法院大法官、各

級法院院長及機關首長應經司法院同意。

第18條

法官不得為有損其職位尊嚴或職務信任之行為，並應嚴守職務上之秘密。

前項守密之義務，於離職後仍應遵守。

第19條

法官於其獨立審判不受影響之限度內，受職務監督。職務監督包括制止法官違法行使職權、糾正法官不當言行及督促法官依法迅速執行職務。

法官認職務監督危及其審判獨立時，得請求職務法庭撤銷之。

第20條

法官之職務監督，依下列規定：

一、司法院院長監督各法院法官及公務員懲戒委員會委員。

二、最高法院院長監督該法院法官。

三、最高行政法院院長監督該法院法官。

四、公務員懲戒委員會委員長監督該委員會委員。

五、高等法院院長監督該法院及其分院與所屬地方法院及其分院法官。

六、高等法院分院院長監督該分院與轄區內地方法院及其分院法官。

七、高等行政法院院長監督該法院及其分院法官。

八、高等行政法院分院院長監督該分院法官。

九、專業法院院長監督該法院法官。

十、地方法院院長監督該法院及其分院法官。

十一、地方法院分院院長監督該分院法官。

第21條

前條所定職務監督權人，對於被監督之法官得為下列處分：

一、關於職務上之事項，得發命令促其注意。

二、違反職務上之義務、怠於執行職務或言行不檢者，加以警告。

基於保障人民之訴訟權及服公職權益，各法院或分院院長，得對該院法官遲延未結之案件，提經法官會議決議改分同院其他法官辦理，或為其他適

當之處理。

第22條

被監督之法官有前條第一項第二款之情事，情節重大者，第二十條所定職務監督權人得以所屬機關名義，請求法官評鑑委員會評鑑，或移由司法院依第五十一條第二項、第三項規定辦理。

被監督之法官有前條第一項第二款之情事，經警告後一年內再犯，或經警告累計達三次者，視同情節重大。

第23條

司法院大法官為強化自律功能，應就自律事項、審議程序、決議之作成及處分種類等有關事項，訂定司法院大法官自律實施辦法。

前項辦法經司法院大法官現有總額三分之二以上之出席及出席人數三分之二以上之決議訂定之；修正時亦同。

司法院應就公務員懲戒委員會委員及各法院法官之自律事項、審議程序、決議之作成及處分種類等有關事項，訂定各級法院法官自律實施辦法。

第四章　法官會議

第24條

各法院及其分院設法官會議，議決下列事項：

一、依法律及司法院所定事務分配辦法，預定次年度司法事務分配、代理次序及合議審判時法官之配置事項。

二、辦理法官考核之建議事項。

三、第二十一條所定對法官為監督處分之建議事項。

四、其他與法官權利義務有重大影響之建議事項。

前項第一款之議決對象，不包括調至他機關辦事之法官。

法官年度司法事務分配後，因案件增減或他項事由，有變更之必要時，得由院長徵詢有關庭長、法官之意見後定之。但遇有法官分發調動，而有大幅變更法官司法事務分配之必要時，應以法官會議議決。

院長認為法官會議關於第一項第一款或第三項但書議決事項所為決議有違

背法令之情事，應於議決後五日內以書面附具理由，交法官會議復議。復議如經三分之二以上法官之出席及出席人數四分之三以上之同意維持原決議時，院長得於復議決議後五日內聲請職務法庭宣告其決議違背法令。

法官會議關於第一項第一款或第三項但書議決事項所爲決議經職務法庭宣告爲違背法令者，其決議無效。法官會議自發交復議日起十五日內未議決，或未作成前項維持原決議之議決者，其原決議失其效力。

前項情形，院長得提出事務分配方案取代原決議。

職務法庭審理第四項之聲請案件，得不經言詞辯論，並應於受理後三十日內爲裁定。

院長認爲法官會議就第一項第二款至第四款所列建議事項之決議違背法令或窒礙難行時，應拒絕之，並於一個月內，以書面或其他適當方式說明之。

第25條

法官會議由全體實際辦案之法官組成，以院長爲主席，每半年召開一次，無議案時，得不召開。必要時，亦得由院長或五分之一以上之法官提議，加開臨時會。

法官會議之決議，除前條第四項之復議外，應以過半數法官之出席及出席人數過半數以上之同意行之，可否同數時，取決於主席；法官因故不能出席時，得出具委託書委託其他法官代理出席，但每一法官受託代理以一人爲限。

委託代理出席人數，不得逾前項出席人數三分之一。

第26條

法官會議得組成法官司法事務分配小組或其他小組，研擬第二十四條第一項各款所列事項之意見，並提出法官會議議決。

前項事務分配小組遇有第二十四條第三項但書情形時，亦得預擬事務分配方案，提出法官會議議決。

前二項事務分配方案，應顧及審判業務之需要、承辦法官之專業、職務之

穩定及負擔之公平。

第一項小組由法官代表組成，任期一年；其人數及得否連任由法官會議議決。

前項法官代表，除院長為當然代表外，其餘三分之一由院長指定，另三分之二依法官會議議決之方式產生。

第27條

前條法官代表，因調職或其他事由無法執行職務時，依其產生之方式，分別遞補，任期接續原代表任期計算。

第28條

法官司法事務分配小組會議，由院長或其指定之人擔任主席，其決議以法官代表三分之二以上出席，出席人數二分之一以上同意行之。可否同數時，取決於主席。

第29條

法官會議之議事規則、決議及建議之執行、司法事務分配小組或其他小組之組成及運作等有關事項之辦法，由司法院定之。

第五章　法官評鑑

第30條

司法院設法官評鑑委員會，掌理法官之評鑑。

法官有下列各款情事之一者，應付個案評鑑：

一、裁判確定後或自第一審繫屬日起已逾六年未能裁判確定之案件，有事實足認因故意或重大過失，致審判案件有明顯違誤，而嚴重侵害人民權益。

二、有第二十一條第一項第二款情事，情節重大。

三、違反第十五條第二項、第三項規定。

四、違反第十五條第一項、第十六條或第十八條規定，情節重大。

五、違反辦案程序規定或職務規定，情節重大。

六、無正當理由遲延案件之進行，致影響當事人權益，情節重大。

七、違反法官倫理規範，情節重大。

適用法律之見解，不得據為法官個案評鑑之事由。

第31條

（刪除）

第32條

司法院應每三年一次進行各級法院之團體績效評比，其結果應公開，並作為各級法院首長職務評定之參考。

前項評比之標準、項目及方式，由司法院定之。

第33條

法官評鑑委員會由法官三人、檢察官一人、律師三人、學者及社會公正人士六人組成；評鑑委員任期為二年，得連任一次。

評鑑委員有下列各款情形之一者，應自行迴避，不得執行職務：

一、評鑑委員或其配偶、前配偶或未婚配偶，為評鑑事件所涉個案之當事人。

二、評鑑委員為受評鑑法官、請求人八親等內之血親或五親等內之姻親，或曾有此親屬關係。

三、評鑑委員或其配偶、前配偶或未婚配偶，就評鑑事件所涉個案，與當事人有共同權利人、共同義務人或償還義務人之關係。

四、評鑑委員於評鑑事件所涉個案，現為或曾為當事人之代理人、辯護人、輔佐人或家長、家屬。

五、評鑑委員於評鑑事件所涉個案，曾為證人或鑑定人。

六、評鑑委員曾參與評鑑事件之法官自律程序。

七、評鑑委員現受任或三年內曾受任辦理受評鑑法官所承辦之各類案件。

遇有下列各款情形，請求人或受評鑑法官得聲請評鑑委員迴避：

一、評鑑委員有前項所定之情形而不自行迴避者。

二、評鑑委員有前項所定以外之情形，足認其執行職務有偏頗之虞者。

法官評鑑委員會如認評鑑委員有應自行迴避之原因，或受前項之聲請，應爲迴避與否之決議。但被聲請迴避之評鑑委員，不得參與該決議。

前項決議，不得聲明不服。

第34條

評鑑委員產生之方式如下：

一、法官代表由全體法官票選之。

二、檢察官代表由全體檢察官票選之。

三、律師代表，由各地律師公會各別推舉一人至三人，由律師公會全國聯合會辦理全國性律師票選。

四、學者及社會公正人士，由法務部、律師公會全國聯合會各推舉法官、檢察官、律師以外之人六人，送司法院院長遴聘。

有下列情形之一者，不得擔任前項委員：

一、各級法院及其分院之現任院長。

二、各級檢察署及其檢察分署之現任檢察長。

三、全國性及各地方律師公會之現任理事長。

四、前項第一款及第二款以外之公務人員。但公立各級學校及學術研究機構之教學、研究人員不在此限。

五、政黨黨務工作人員。

司法院院長遴聘第一項第四款之委員時，任一性別不得少於三分之一。

評鑑委員之資格條件、票選程序及委員出缺之遞補等有關事項之辦法，由司法院、行政院、律師公會全國聯合會分別定之。

第35條

法官有第三十條第二項各款情事之一者，下列人員或機關、團體認爲有個案評鑑之必要時，得請求法官評鑑委員會進行個案評鑑：

一、受評鑑法官所屬機關法官三人以上。

二、受評鑑法官所屬機關、上級機關或所屬法院對應設置之檢察署。

三、受評鑑法官所屬法院管轄區域之律師公會或全國性律師公會。

四、受評鑑法官所承辦已終結案件檢察官以外之當事人或犯罪被害人。

就第三十條第二項各款情事，法官認有澄清之必要時，得陳請所屬機關請求法官評鑑委員會個案評鑑之。

前二項請求，應提出書狀及繕本，記載下列各款事項，並檢附相關資料：

一、請求人之姓名及住所或居所、所屬機關名稱；請求人爲機關、團體者，其名稱、代表人姓名及機關、團體所在地。

二、受評鑑法官之姓名及所屬或評鑑事實發生機關名稱。

三、與第三十條第二項各款所列情事有關之具體事實。

四、請求評鑑之日期。

個案評鑑事件之請求有下列情形之一者，法官評鑑委員會應決定不予受理：

一、無具體之內容或未具眞實姓名或住址。

二、同一事由，經法官評鑑委員會決議不付評鑑後仍一再請求。

個案評鑑事件之請求，應先依前項及第三十七條規定審查有無應不予受理或不付評鑑之情事，不得逕予調查或通知受評鑑法官陳述意見。

法官評鑑委員會審議個案評鑑事件，爲確定違失行爲模式之必要，或已知受評鑑法官有其他應受評鑑之情事時，得就未經請求之違失情事，併予調查及審議。

第36條

法官個案評鑑之請求，應於下列期間內爲之：

一、無涉受評鑑法官承辦個案者，自受評鑑事實終了之日起算三年。

二、牽涉受評鑑法官承辦個案，非以裁判終結者，自該案件辦理終結之日起算三年。

三、牽涉受評鑑法官承辦個案，並以裁判終結者，自裁判確定之日起算三年。但自案件辦理終結日起算逾六年者，不得請求。

四、第三十條第二項第一款情形，自裁判確定或案件繫屬滿六年時起算三年。

受評鑑事實因逾前項請求期間而不付評鑑者，不影響職務監督權或移付懲

戒程序之行使。

第37條

個案評鑑事件之請求，有下列情形之一者，法官評鑑委員會應爲不付評鑑之決議：

一、個案評鑑事件之請求，不合第三十五條第一項至第三項之規定。

二、個案評鑑事件之請求，已逾前條第一項所定期間。

三、對不屬法官個案評鑑之事項，請求評鑑。

四、就法律見解請求評鑑。

五、已爲職務法庭判決、監察院彈劾、或經法官評鑑委員會決議之事件，重行請求評鑑。

六、受評鑑法官死亡。

七、請求顯無理由。

第38條

法官評鑑委員會認法官無第三十條第二項各款所列情事者，應爲請求不成立之決議。必要時，並得移請職務監督權人依第二十一條規定爲適當之處分。

第39條

法官評鑑委員會認法官有第三十條第二項各款所列情事之一，得爲下列決議：

一、有懲戒之必要者，報由司法院移送職務法庭審理，並得建議懲戒之種類。

二、無懲戒之必要者，報由司法院交付司法院人事審議委員會審議，並得建議處分之種類。

前項第一款情形，司法院應將決議結果告知監察院。

第一項評鑑決議作成前，應予受評鑑法官陳述意見之機會。

第40條

司法院應依法官評鑑委員會所爲之前條決議，檢具受個案評鑑法官相關資

料，分別移送職務法庭審理或交付司法院人事審議委員會審議。

第41條

法官評鑑委員會會議之決議，除本法另有規定外，以委員總人數二分之一以上之出席，出席委員過半數之同意行之。

法官評鑑委員會爲第三十五條第四項之決定及第三十七條之決議，得以三名委員之審查及該三名委員一致之同意行之。該三名委員之組成由委員會決定之。

法官評鑑委員會爲第三十八條、第三十九條之決議，應以委員總人數三分之二以上之出席，出席委員過半數之同意行之。

第一項、第三項委員總人數，應扣除未依規定推派、票選或任期中解職、死亡或迴避致出缺之人數，但不得低於八人。

第41-1條

法官評鑑委員會得依受評鑑法官及請求人之聲請或依職權爲必要之調查，並得通知關係人到會說明；調查所得資料，除法令另有規定外，不得提供其他機關、團體、個人，或供人閱覽、抄錄。

受評鑑法官及請求人聲請到會陳述意見，除顯無必要者外，不得拒絕；其到會陳述如有不當言行，並得制止之。

請求人得聲請交付受評鑑法官提出之意見書，如無正當理由，法官評鑑委員會不得限制或拒絕之；如同意交付，並應給予表示意見之合理期間。

受評鑑法官及請求人得聲請閱覽、抄錄、複印或攝錄第一項調查所得資料。但有下列情形之一者，法官評鑑委員會得限制或拒絕之：

一、個案評鑑事件決議前擬辦之文稿。

二、個案評鑑事件決議之準備或審議文件。

三、爲第三人之正當權益有保障之必要。

四、其他依法律或基於公益，有保密之必要。

前項經聲請而取得之資料，應予保密。

評鑑程序關於調查事實及證據、期日與期間及送達，除本法另有規定外，

準用行政程序法之規定。

第41-2條

個案評鑑事件牽涉法官承辦個案尚未終結者，於該法官辦理終結其案件前，停止進行評鑑程序。

司法院應依法聘用專責人員，協助辦理評鑑請求之審查、評鑑事件之調查，及其他與評鑑有關之事務。

法官評鑑委員會行使職權，應兼顧評鑑功能之發揮及受評鑑法官程序上應有之保障，且不得影響審判獨立。

前項職權之行使，非經受評鑑法官之同意或法官評鑑委員會之決議，不得公開。

法官評鑑委員會之決議書，應於法官評鑑委員會網站公開。但其他法律另有規定者，依其規定。

法官評鑑委員會組織規程、評鑑實施辦法及評鑑委員倫理規範，由司法院定之。

第六章　法官之保障

第42條

實任法官非有下列情事之一，不得免職：

一、因犯內亂、外患、故意瀆職罪，受判刑確定者。

二、故意犯前款以外之罪，受有期徒刑以上刑之宣告確定，有損法官尊嚴者。但宣告緩刑者，不在此限。

三、受監護之宣告者。

實任法官受監護或輔助之宣告者，自宣告之日起，得依相關規定辦理退休或資遣。

司法院大法官於任職中，有第一項各款情事之一時，經司法院大法官現有總額三分之二以上之出席，出席人數三分之二以上之同意，由司法院呈請總統免職。

候補、試署法官除本法另有規定外，準用第一項、第二項規定。

第43條

實任法官，除法律別有規定者外，非有下列各款情事之一，不得停止其職務：

一、依公務人員任用法之規定，不得任用為公務人員者。

二、有第六條第五款之情事者。

三、依刑事訴訟程序被通緝或羈押者。

四、依刑事確定判決，受徒刑或拘役之宣告，未依規定易科罰金，或受罰金之宣告，依規定易服勞役，在執行中者。

五、所涉刑事、懲戒情節重大者。

六、有客觀事實足認其不能執行職務，經司法院邀請相關專科醫師及學者專家組成小組認定者。

經依法停職之實任法官於停職事由消滅後三個月內，得申請復職，並依公務人員保障法及公務員懲戒法復職之規定辦理。

實任法官因第一項第一款至第五款事由停止其職務者，其停止職務期間及復職後之給俸，準用公務人員俸給法之規定；因第一項第六款事由停止其職務者，支給第七十一條第一項所定本俸及加給各三分之一。但期限最長不得逾三年。

司法院大法官有第一項各款情事之一者，經司法院大法官現有總額三分之二以上之出席及出席人數過半數之同意，由司法院呈請總統停止其職務；因第一項第六款情事停止其職務者，於停止職務期間，支給第七十二條所定月俸及加給各三分之一。

實任法官或司法院大法官有貪污行為，經有罪判決確定或經職務法庭裁判確定而受第五十條第一項第一款至第三款之懲戒處分者，應繳回其停職期間所領之本俸。

第44條

實任法官除法律規定或經本人同意外，不得將其轉任法官以外職務。

第45條

實任法官除經本人同意外，非有下列原因之一，不得為地區調動：

一、因法院設立、裁併或員額增減者。

二、因審判事務量之需要，急需人員補充者。

三、依法停止職務之原因消滅而復職者。

四、有相當原因足資釋明不適合繼續在原地區任職者。

五、因法院業務需要，無適當人員志願前往，調派同級法院法官至該法院
任職或辦理審判事務者，其期間不得逾二年，期滿回任原法院。

前項第五款之法官調派辦法，由司法院定之；其調派期間之津貼補助辦
法，由司法院會同行政院定之。

第46條

實任法官除經本人同意外，非有下列原因之一，不得為審級調動：

一、因法院設立、裁併或編制員額增減而調派至直接下級審法院。

二、於高等法院繼續服務二年以上，為堅實事實審功能，調派至直接下級
審法院。

三、依法停止職務之原因消滅而復職，顯然不適合在原審級法院任職者。

四、有相當原因足資釋明不適合繼續在原審級法院任職者。

第七章　職務法庭

第47條

公務員懲戒委員會設職務法庭，審理下列之事項：

一、法官懲戒之事項。

二、法官不服撤銷任用資格、免職、停止職務、解職、轉任法官以外職務
或調動之事項。

三、職務監督影響法官審判獨立之事項。

四、其他依法律應由職務法庭管轄之事項。

對職務法庭之裁判，不得提起行政訴訟。

第48條

職務法庭第一審案件之審理及裁判，以公務員懲戒委員會委員一人爲審判長，與法官二人爲陪席法官組成合議庭行之。但審理法官懲戒案件時，應增加參審員二人爲合議庭成員。

前項合議庭之法官應至少一人與當事人法官爲同審判系統；於審理司法院大法官懲戒案件時，陪席法官應全部以最高法院、最高行政法院法官充之。

第一項之陪席法官，須具備實任法官十年以上之資歷，由司法院法官遴選委員會遴定普通法院、行政法院法官各三人，提請司法院院長任命，任期三年，得連任。其人數並得視業務需要增加之。

各法院院長不得爲職務法庭之陪席法官。

第一項但書之參審員，由司法院法官遴選委員會遴定學者及社會公正人士六人，提請司法院院長任命，任期三年，不得連任。其人數並得視業務需要增加之。

有下列情形之一者，不得擔任參審員：

一、全國性及各地方律師公會之現任理事長。

二、公務人員。但公立各級學校及學術研究機構之教學、研究人員不在此限。

三、政黨黨務工作人員。

第48-1條

前條第一項但書之參審員，職權與法官同，應依據法律獨立行使職權，不受任何干涉。

參審員應依法公平誠實執行職務，不得爲有害司法公正信譽之行爲，並不得洩漏評議秘密及其他職務上知悉之秘密。

參審員有第四十二條第一項、第四十三條第一項各款情形之一，或有具體事證足認其執行職務有難期公正之虞者，司法院院長得經法官遴選委員會同意後解任之。

參審員應按到庭日數支給日費、旅費及相關必要費用。

前項費用之支給辦法及參審員之倫理規範，由司法院定之。

第48-2條

職務法庭第二審案件之審理及裁判，以公務員懲戒委員會委員長為審判長，與最高法院法官二人、最高行政法院法官一人及公務員懲戒委員會委員一人為陪席法官組成合議庭行之。

前項最高法院、最高行政法院陪席法官由司法院法官遴選委員會遴定，提請司法院院長任命，任期為三年，得連任。其人數並得視業務需要增加之。

第48-3條

法官經任命為職務法庭成員者，有兼任義務。

法官遴選委員會依第四十八條第三項、第五項、第四十八條之二第二項規定遴定職務法庭成員時，應同時遴定遞補人選，於成員出缺時遞補之，任期至出缺者任滿時為止。

職務法庭之事務分配及代理次序，由全體職務法庭成員決定之。

職務法庭成員之遴選及遞補規則由司法院定之。

第49條

法官有第三十條第二項各款所列情事之一，有懲戒之必要者，應受懲戒。

第三十條第二項法官應付個案評鑑之規定及第五十條懲戒之規定，對轉任司法行政人員、退休或其他原因離職之法官，於轉任、退休或離職前之行為亦適用之。

適用法律之見解，不得據為法官懲戒之事由。

法官應受懲戒之同一行為，不受二次懲戒。同一行為已經職務法庭為懲戒、不受懲戒或免議之判決確定者，其原懲處失其效力。

法官應受懲戒之同一行為已受刑罰或行政罰之處罰者，仍得予以懲戒。其同一行為不受刑罰或行政罰之處罰者，亦同。但情節輕微，如予懲戒顯失公平者，無須再予懲戒。

懲戒案件有下列情形之一者，應為免議之判決：

一、同一行為，已受懲戒判決確定。

二、受褫奪公權之宣告確定，認已無受懲戒之必要。

三、已逾第五十二條規定之懲戒權行使期間。

四、有前項但書之情形。

第50條

法官之懲戒處分如下：

一、免除法官職務，並不得再任用為公務員。

二、撤職：除撤其現職外，並於一定期間停止任用，其期間為一年以上五年以下。

三、免除法官職務，轉任法官以外之其他職務。

四、剝奪退休金及退養金，或剝奪退養金。

五、減少退休金及退養金百分之十至百分之二十。

六、罰款：其數額為現職月俸給總額或任職時最後月俸給總額一個月以上一年以下。

七、申誡。

依應受懲戒之具體情事足認已不適任法官者，應予前項第一款至第三款之處分。

受第一項第一款、第二款之懲戒處分者，不得充任律師，其已充任律師者，停止其執行職務；其中受第一項第二款、第三款之懲戒處分者，並不得回任法官職務。

受第一項第二款之懲戒處分者，於停止任用期間屆滿，再任公務員，自再任之日起，二年內不得晉敘、陞任或遷調主管職務。

職務法庭為第一項第三款之懲戒處分，關於轉任之職務應徵詢司法院之意見後定之。

第一項第四款、第五款之懲戒處分，以退休或其他原因離職之法官為限。

已給付之給與，均應予追回，並得以受懲戒法官尚未領取之退休金或退養

金爲抵銷、扣押或強制執行。

第一項第四款、第五款之退休金，指受懲戒法官離職前所有任職年資所計給之退休或其他離職給與。但公教人員保險養老給付、受懲戒法官自行繳付之退撫基金費用本息，不在此限。

第一項第六款得與第四款、第五款以外之其餘各款併爲處分。

第一項第七款之懲戒處分，以書面爲之。

第50-1條

法官退休或其他原因離職後始受前條第一項第一款至第三款之處分確定者，應依下列規定剝奪或減少其退休金、退養金；其已支領者，照應剝奪或減少之全部或一部追繳之：

一、受前條第一項第一款處分者，應自始剝奪其退休金及退養金。

二、受前條第一項第二款處分者，應自始減少其退休金及退養金百分之
　　六十。

三、受前條第一項第三款處分者，應自始剝奪其退養金。

前項所指之退休金，適用前條第七項之規定。

第一項人員因同一案件，於其他法律有較重之剝奪或減少退休金處分者，從重處罰。

第51條

法官之懲戒，除第四十條之情形外，應由監察院彈劾後移送職務法庭審理。

司法院認法官有應受懲戒之情事時，除依法官評鑑之規定辦理外，得逕行移送監察院審查。

司法院依前項規定逕行移送監察院審查前，應予被付懲戒法官陳述意見之機會，並經司法院人事審議委員會決議之。

第52條

法官應受懲戒行爲，自行爲終了之日起，至案件繫屬職務法庭之日止，已逾五年者，不得爲減少退休金及退養金、罰款或申誡之懲戒。但第三十條

第二項第一款情形，自依本法得付個案評鑑之日起算。

前項行為終了之日，係指法官應受懲戒行為終結之日。但應受懲戒行為係不作為者，自法官所屬機關知悉之日起算。

第53條

法官不服司法院所為撤銷任用資格、免職、停止職務、解職、轉任法官以外職務或調動等職務處分，應於收受人事令翌日起三十日內，以書面附具理由向司法院提出異議。

法官認職務監督影響審判獨立時，應於監督行為完成翌日起三十日內，以書面附具理由向職務監督權人所屬之機關提出異議。

第54條

前條所列機關應於受理異議之日起三十日內，作成決定。

對於前條第一項之異議所作之決定，應依原決定程序為決議。

法官不服前條所列機關對異議所作之決定，應於決定書送達翌日起三十日內，向職務法庭起訴。

前條所列機關未於第一項期間內作成決定時，法官得逕向職務法庭起訴。

第55條

法官經司法院或監察院移送懲戒，或經司法院送請監察院審查者，在判決確定生效或審查結束前，不得申請退休或資遣。但移送懲戒後經職務法庭同意者，不在此限。

經移送懲戒之法官於判決確定生效時已逾七十歲，且未受撤職以上之處分，並於判決確定生效後六個月內申請退休者，計算其任職年資至滿七十歲之前一日，準用第七十八條第一項第一款至第三款規定給與退養金。

職務法庭於受理第一項之移送後，應將移送書繕本送交被移送法官所屬法院及銓敘機關。

第56條

監察院、司法院、各法院或分院、法官，得為第四十七條各款案件之當事人。

職務法庭審理法官評鑑委員會報由司法院移送之案件，應通知法官評鑑委員會派員到庭陳述意見。

第57條

職務法庭審理案件均不公開。但職務法庭認有公開之必要，或經被移送或提起訴訟之法官請求公開時，不在此限。

第58條

職務法庭第一審案件之審理，除法律另有規定者外，應行言詞辯論。

職務法庭第一審審判長於必要時，得命法官一人為受命法官，先行準備程序，闡明起訴之事由。

受命法官經審判長指定調查證據，以下列情形為限：

一、有在證據所在地調查之必要者。

二、依法應在法院以外之場所調查者。

三、於言詞辯論期日調查，有致證據毀損、滅失或礙難使用之虞，或顯有其他困難者。

四、調取或命提出證物。

五、就必要之事項，請求該管機關報告。

第59條

職務法庭審理法官懲戒案件，認為情節重大，有先行停止職務之必要者，得依職權或依聲請裁定先行停止被付懲戒法官之職務，並通知所屬法院院長。

職務法庭為前項裁定前，應予被付懲戒法官陳述意見之機會。

職務法庭第一審判決為第五十條第一項第一款至第三款之懲戒處分者，除受懲戒法官已遭停職者外，應依職權裁定停止受懲戒法官之職務，並通知所屬法院院長。

前項裁定，不得抗告。

第一項及第三項裁定於送達受懲戒法官所屬法院院長之翌日起發生效力。

第一項之訴如經駁回，或第三項之判決如經廢棄，被停職法官得向司法院

請求復職，其停止職務期間及復職後之給俸，準用公務人員俸給法之規定。

第59-1條

當事人對於職務法庭第一審之終局判決不服者，得自判決送達後二十日之不變期間內，上訴於職務法庭第二審。但判決宣示或公告後送達前之上訴，亦有效力。

第59-2條

對於職務法庭第一審判決提起上訴，非以其違背法令爲理由，不得爲之。

第59-3條

判決不適用法規或適用不當者，爲違背法令。

有下列各款情形之一者，其判決當然違背法令：

一、判決職務法庭之組織不合法。

二、依法律或裁判應迴避之法官或參審員參與審判。

三、職務法庭對於權限之有無辨別不當。

四、當事人於訴訟未經合法代理、代表或辯護。

五、判決不備理由或理由矛盾，足以影響判決之結果。

第59-4條

提起上訴，應以上訴狀表明下列各款事項，提出於原職務法庭爲之：

一、當事人。

二、第一審判決，及對於該判決上訴之陳述。

三、對於第一審判決不服之程度，及應如何廢棄或變更之聲明。

四、上訴理由。

前項上訴理由應表明下列各款事項：

一、原判決所違背之法令及其具體內容。

二、依訴訟資料合於該違背法令之具體事實。

第一項上訴狀內應添具關於上訴理由之必要證據。

第59-5條

職務法庭第二審案件應於六個月內審結。

職務法庭第二審之判決，應經言詞辯論爲之。但職務法庭認爲不必要者，不在此限。

前項言詞辯論實施之辦法，由公務員懲戒委員會定之。

第59-6條

對於職務法庭第一審案件之裁定，得提起抗告。但別有不許抗告之規定者，不在此限。

第60條

職務法庭審理第四十七條第一項第一款法官懲戒案件審理規則，由司法院定之。

職務法庭審理第四十七條第一項第二款、第三款及第四款法官職務案件之程序及裁判，除本法另有規定外，準用行政訴訟法之規定。

第61條

有下列各款情形之一者，當事人得提起再審之訴，對於確定終局判決聲明不服。但當事人已依上訴主張其事由或知其事由而不爲主張者，不在此限：

一、適用法規顯有錯誤。

二、判決職務法庭之組織不合法。

三、依法律或裁定應迴避之法官、參審員參與審判。

四、參與裁判之法官或參審員關於該訴訟違背職務，犯刑事上之罪已經證明，或關於該訴訟違背職務受懲戒處分，足以影響原判決。

五、原判決所憑之證言、鑑定、通譯或證物，已證明係虛僞或僞造、變造。

六、原判決就足以影響於判決之重要證物漏未斟酌。

七、發現確實之新證據，足認應變更原判決。

八、同一行爲其後經不起訴處分確定，或爲判決基礎之民事或刑事判決及

其他裁判或行政處分，依其後之確定裁判或行政處分已變更。

九、確定終局判決所適用之法律或命令，經司法院大法官依當事人之聲
　　請，解釋為牴觸憲法。

前項第四款及第五款情形之證明，以經判決確定，或其刑事訴訟不能開始
或續行非因證據不足者為限，得提起再審之訴。

判決確定後受判決人已死亡者，其配偶、直系血親、三親等內之旁系血
親、二親等內之姻親或家長、家屬，得為受判決人之利益，提起再審之
訴。

再審之訴，於原判決執行完畢後，亦得提起之。

第62條

再審之訴，專屬為判決之原職務法庭管轄之。

對於職務法庭就同一事件所為之第一審、第二審判決提起再審之訴者，由
第二審合併管轄之。

對於職務法庭之第二審判決，本於前條第一項第五款至第八款事由聲明不
服者，雖有前二項之情形，仍專屬職務法庭第一審管轄。

第63條

提起再審之訴，應於下列期間為之：

一、以第六十一條第一項第一款至第三款、第六款為原因者，自原判決確
　　定之翌日起三十日內。但判決於送達前確定者，自送達之翌日起算。

二、以第六十一條第一項第四款、第五款、第八款為原因者，自相關之裁
　　判或處分確定之翌日起三十日內。但再審之理由知悉在後者，自知悉
　　時起算。

三、以第六十一條第一項第七款為原因者，自發現新證據之翌日起三十日
　　內。

四、以第六十一條第一項第九款為原因者，自解釋公布之翌日起三十日
　　內。

為受懲戒法官之不利益提起再審之訴，於判決後經過一年者不得為之。

第63-1條

職務法庭法官或公務員懲戒委員會委員曾參與職務法庭之第二審確定判決者，於就該確定判決提起之再審訴訟，無庸迴避。

第64條

提起再審之訴，無停止裁判執行之效力。

第65條

職務法庭認為再審之訴不合法者，應以裁定駁回之。

第66條

職務法庭認為再審之訴顯無再審理由者，得不經言詞辯論，以判決駁回之。

再審之訴雖有理由，職務法庭如認原判決為正當者，應以判決駁回之。

第67條

再審之訴之辯論及裁判，以聲明不服之部分為限。

第68條

再審之訴，於職務法庭裁判前得撤回之。

再審之訴，經撤回或裁判者，不得更以同一原因提起再審之訴。

第68-1條

裁定已經確定，且有第六十一條第一項之情形者，得準用第六十一條至前條之規定，聲請再審。

第69條

職務法庭懲戒處分之第二審判決，於送達受懲戒法官所屬法院院長之翌日起發生懲戒處分效力。

受懲戒法官因懲戒處分之判決而應為金錢之給付，經所屬法院定相當期間催告，逾期未履行者，該院得以判決書為執行名義，囑託民事執行處或法務部行政執行署所屬各分署代為執行。

前項執行程序，應視執行機關為民事執行處或法務部行政執行署所屬各分署而分別準用強制執行法或行政執行法之規定。

受懲戒法官所屬法院院長收受剝奪或減少退休金及退養金處分之判決後，應即通知退休金及退養金之支給機關，由支給或發放機關依第二項規定催告履行及囑託執行。

第二項及第四項情形，於退休或其他原因離職法官，並得對其退休金、退養金或其他原因離職之給與執行。受懲戒法官死亡者，就其遺產強制執行。

法官懲戒判決執行辦法，由司法院會同行政院、考試院定之。

第70條

司法院大法官之懲戒，得經司法院大法官現有總額三分之二以上之出席及出席人數三分之二以上之決議，由司法院移送監察院審查。

監察院審查後認應彈劾者，移送職務法庭審理。

第八章　法官之給與

第71條

法官不列官等、職等。其俸給，分本俸、專業加給、職務加給及地域加給，均以月計之。

前項本俸之級數及點數，依法官俸表之規定。

本俸按法官俸表俸點依公務人員俸表相同俸點折算俸額標準折算俸額。

法官之俸級區分如下：

一、實任法官本俸分二十級，從第一級至第二十級，並自第二十級起敘。

二、試署法官本俸分九級，從第十四級至第二十二級，並自第二十二級起敘。依本法第五條第二項第七款轉任法官者，準用現職法官改任換敘辦法敘薪。

三、候補法官本俸分六級，從第十九級至第二十四級，並自第二十四級起敘。

律師、教授、副教授、助理教授及中央研究院研究員、副研究員、助研究員轉任法官者，依其執業、任教或服務年資六年、八年、十年、十四年及十八年以上者，分別自第二十二級、二十一級、二十級、十七級及第十五

級起敘。

法官各種加給之給與條件、適用對象及支給數額，依行政院所定各種加給表規定辦理。但全國公務人員各種加給年度通案調整時，以具法官身分者為限，其各種加給應按各該加給通案調幅調整之。

法官生活津貼及年終工作獎金等其他給與，準用公務人員相關法令規定。

法官曾任公務年資，如與現任職務等級相當、性質相近且服務成績優良者，得按年核計加級至所任職務最高俸級為止。

前項所稱等級相當、性質相近、服務成績優良年資提敘俸級之認定，其辦法由考試院會同司法院、行政院定之。

第72條

司法院院長、副院長、大法官、最高法院院長、最高行政法院院長及公務員懲戒委員會委員長之俸給，按下列標準支給之：

一、司法院院長準用政務人員院長級標準支給。

二、司法院副院長準用政務人員副院長級標準支給。

三、司法院大法官、最高法院院長、最高行政法院院長及公務員懲戒委員會委員長準用政務人員部長級標準支給。

前項人員並給與前條第一項規定之專業加給。

司法院秘書長由法官、檢察官轉任者，其俸給依第一項第三款及第二項標準支給。

第73條

法官現辦事務所在之法院院長或機關首長應於每年年終，辦理法官之職務評定，報送司法院核定。法院院長評定時，應先徵詢該法院相關庭長、法官之意見。

法官職務評定項目包括學識能力、品德操守、敬業精神及裁判品質；其評定及救濟程序等有關事項之辦法，由司法院定之。

第74條

法官任職至年終滿一年，經職務評定為良好，且未受有刑事處罰、懲戒處

分者，晉一級，並給與一個月俸給總額之獎金；已達所敘職務最高俸級者，給與二個月俸給總額之獎金。但任職不滿一年已達六個月，未受有刑事處罰、懲戒處分者，獎金折半發給。

法官連續四年職務評定為良好，且未受有刑事處罰、懲戒處分者，除給與前項之獎金外，晉二級。

法官及司法行政人員於年度中相互轉（回）任時，其轉（回）任當年之年資，得合併計算參加年終考績或職務評定。

第一項及第二項有關晉級之規定於候補、試署服務成績審查不及格者不適用之。

第75條

現職法官之改任換敘及行政、教育、研究人員與法官之轉任提敘辦法，由考試院會同司法院、行政院定之。

依法官俸表所支俸給如較原支俸給為低者，補足其差額，並隨同待遇調整而併銷。

前項所稱待遇調整，指全國軍公教員工待遇之調整、職務調動（升）、職務評定晉級所致之待遇調整。

第76條

實任法官轉任司法行政人員者，視同法官，其年資及待遇，依相當職務之法官規定列計，並得不受公務人員任用法，有關晉升簡任官等訓練合格之限制；轉任期間三年，得延長一次；其達司法行政人員屆齡退休年齡三個月前，應予回任法官。

前項任期於該實任法官有兼任各法院院長情事者，二者任期合計以六年為限。但司法院認確有必要者，得延任之，延任期間不得逾三年。

第十一條第一項及前二項所定任期，於免兼或回任法官本職逾二年時，重行起算。

曾任實任法官之第七十二條人員回任法官者，不受公務人員任用法第二十七條之限制。

第一項轉任、回任、換敘辦法，由考試院會同司法院、行政院定之。

第77條

實任法官任職十五年以上年滿七十歲者，應停止辦理審判案件，得從事研究、調解或其他司法行政工作；滿六十五歲者，得申請調任地方法院辦理簡易案件。

實任法官任職十五年以上年滿六十五歲，經中央衛生主管機關評鑑合格之醫院證明身體衰弱，難以勝任職務者，得申請停止辦理審判案件。

前二項停止辦理審判案件法官，仍爲現職法官，但不計入該機關所定員額之內，支領俸給總額之三分之二，並得依公務人員退休法及公務人員撫卹法辦理自願退休及撫卹。

第一項、第二項停止辦理審判案件之申請程序、從事研究之方法項目、業務種類等有關事項之辦法，由司法院定之。

第78條

法官自願退休時，除依公務人員退休法規定給與一次退休金總額或月退休金外，其爲實任法官者，另按下列標準給與一次退養金或月退養金：

一、任職法官年資十年以上十五年未滿者，給與百分之二十，十五年以上者，給與百分之三十。

二、五十五歲以上未滿六十歲者，任職法官年資十五年以上二十年未滿者，給與百分之四十，二十年以上者，給與百分之五十。

三、六十歲以上未滿七十歲，且任職法官年資滿二十年者，給與百分之六十，其每逾一年之年資，加發百分之八，最高給與百分之一百四十。

滿二十年以上之年資，尾數不滿六個月者，給與百分之四，滿六個月以上者，以一年計。但本法施行前，年滿六十五歲者，於年滿七十歲前辦理自願退休時，給與百分之一百四十。

四、七十歲以上者，給與百分之五。

依前項給與標準支領之月退養金與依法支領之月退休金、公保養老給付之

每月優惠存款利息合計，超過同俸級現職法官每月俸給之百分之九十八者，減少其月退養金給與數額，使每月所得，不超過同俸級現職法官每月俸給之百分之九十八。

第二項退養金給與辦法由司法院會同考試院、行政院定之。

司法院大法官、最高法院院長、最高行政法院院長及公務員懲戒委員會委員長退職時，除準用政務人員退職撫卹條例規定給與離職儲金外，並依前三項規定給與退養金。但非由實任法官、檢察官轉任者，不適用退養金之規定。

司法院秘書長由法官、檢察官轉任者，準用前項規定。

第79條

法官經中央衛生主管機關評鑑合格之醫院證明身體衰弱，不堪工作者，得準用公務人員有關資遣之規定申請資遣。

法官經中央衛生主管機關評鑑合格之醫院證明身心障礙難以回復或依第四十三條第一項第六款之規定停止職務超過三年者，得準用公務人員有關資遣之規定資遣之。

前二項資遣人員除依法給與資遣費外，並比照前條規定，發給一次退養金。

第80條

法官之撫卹，適用公務人員撫卹法之規定。

司法院大法官、最高法院院長、最高行政法院院長及公務員懲戒委員會委員長，其在職死亡之撫卹，準用政務人員退職撫卹條例之規定。

司法院秘書長由法官、檢察官轉任者，準用前項規定。

第九章　法官之考察、進修及請假

第81條

法官每年度應從事在職進修。

司法院應逐年編列預算，遴選各級法院法官，分派國內外從事司法考察或進修。

第82條

實任法官每連續服務滿七年者，得提出具體研究計畫，向司法院申請自行進修一年，進修期間支領全額薪給，期滿六個月內應提出研究報告送請司法院審核。

前項自行進修之人數，以不超過當年度各該機關法官人數百分之七為限。但人數不足一人時，以一人計。

第83條

實任法官於任職期間，得向司法院提出入學許可證明文件，經同意後，聲請留職停薪。

前項留職停薪之期間，除經司法院准許外，以三年為限。

第84條

前三條之考察及進修，其期間、資格條件、遴選程序、進修人員比例及研究報告之著作財產權歸屬等有關事項之辦法，由司法院定之。

第85條

法官之請假，適用公務人員有關請假之規定。

除本法另有規定外，法官之留職停薪，準用公務人員有關留職停薪之規定。

第十章　檢察官

第86條

檢察官代表國家依法追訴處罰犯罪，為維護社會秩序之公益代表人。檢察官須超出黨派以外，維護憲法及法律保護之公共利益，公正超然、勤慎執行檢察職務。

本法所稱檢察官，指下列各款人員：

一、最高法院檢察署檢察總長、主任檢察官、檢察官。

二、高等法院以下各級法院及其分院檢察署檢察長、主任檢察官、檢察官。

前項第二款所稱之檢察官，除有特別規定外，包括試署檢察官、候補檢察官。

本法所稱實任檢察官，係指試署服務成績審查及格，予以實授者。

第87條

地方法院或其分院檢察署檢察官，應就具有下列資格之一者任用之：

一、經法官、檢察官考試及格。

二、曾任法官。

三、曾任檢察官。

四、曾任公設辯護人六年以上。

五、曾實際執行律師職務六年以上，成績優良，具擬任職務任用資格。

六、公立或經立案之私立大學、獨立學院法律學系或其研究所畢業，曾任教育部審定合格之大學或獨立學院專任教授、副教授或助理教授合計六年以上，講授主要法律科目二年以上，有法律專門著作，具擬任職務任用資格。

高等法院或其分院檢察署檢察官，應就具有下列資格之一者任用之：

一、曾任地方法院或其分院實任法官、地方法院或其分院檢察署實任檢察官二年以上，成績優良。

二、曾實際執行律師職務十四年以上，成績優良，具擬任職務任用資格。

最高法院檢察署檢察官，應就具有下列資格之一者任用之：

一、曾任高等法院或其分院實任法官、高等法院或其分院檢察署實任檢察官四年以上，成績優良。

二、曾任高等法院或其分院實任法官、高等法院或其分院檢察署實任檢察官，並任地方法院或其分院兼任院長之法官、地方法院或其分院檢察署檢察長合計四年以上，成績優良。

三、公立或經立案之私立大學、獨立學院法律學系或其研究所畢業，曾任教育部審定合格之大學或獨立學院專任教授，講授主要法律科目，有法律專門著作，並曾任高等法院或其分院法官、高等法院或其分院檢

察署檢察官。

第一項第六款、前項第三款所稱主要法律科目，指憲法、民法、刑法、國際私法、商事法、行政法、民事訴訟法、刑事訴訟法、行政訴訟法、強制執行法、破產法及其他經考試院指定為主要法律科目者。

未具擬任職務任用資格之律師、教授、副教授及助理教授，其擬任職務任用資格取得之考試，得採筆試、口試及審查著作發明、審查知能有關學歷、經歷證明之考試方式行之，其考試辦法由考試院定之。

經依前項通過擬任職務任用資格考試及格者，僅取得參加由考試院委託法務部依第八十八條辦理之檢察官遴選之資格。

法務部為辦理前項檢察官遴選，其遴選標準、遴選程序、被遴選人員年齡之限制及其他應遵行事項之辦法，由行政院會同考試院定之。

第88條

依前條第一項第一款之規定，任用為檢察官者，為候補檢察官，候補期間五年，候補期滿審查及格者，予以試署，試署期間一年。

具前條第一項第四款至第六款資格經遴選者，為試署檢察官，試署期間二年。

具前條第二項第二款資格經遴選者，為試署檢察官，試署期間一年。

曾任候補、試署、實任法官或檢察官經遴選者，為候補、試署、實任檢察官。

對於候補檢察官、試署檢察官，應考核其服務成績；候補、試署期滿時，應陳報法務部送請檢察官人事審議委員會審查。審查及格者，予以試署、實授；不及格者，應於二年內再予考核，報請審查，仍不及格時，停止其候補、試署並予以解職。

前項服務成績項目包括學識能力、敬業精神、辦案品質、品德操守及身心健康情形。

檢察官人事審議委員會為服務成績之審查時，除法官、檢察官考試及格任用者外，應徵詢檢察官遴選委員會意見；為不及格之決定前，應通知受審

查之候補、試署檢察官陳述意見。

法務部設檢察官遴選委員會，掌理檢察官之遴選；已具擬任職務任用資格之檢察官之遴選，其程序、檢察官年齡限制等有關事項之辦法，由法務部定之。

經遴選為檢察官者，應經研習；其研習期間、期間縮短或免除、實施方式、津貼、費用、請假、考核、獎懲、研習資格之保留或廢止等有關事項之辦法，由法務部定之。

候補、試署檢察官，於候補、試署期間辦理之事務、服務成績考核及再予考核等有關事項之辦法，由法務部定之。

第89條

本法第一條第二項、第三項、第六條、第十二條、第十三條第二項、第十五條、第十六條第一款、第二款、第四款、第五款、第十七條、第十八條、第四十二條第一項、第二項、第四項、第四十三條第一項至第三項、第五項、第四十四條至第四十六條、第四十九條、第五十條、第五十條之一、第七十一條、第七十三條至第七十五條、第七十六條第一項、第四項、第五項、第七十七條、第七十八條第一項至第三項、第七十九條、第八十條第一項、第一百零一條之二、第五章、第九章有關法官之規定，於檢察官準用之；其有關司法院、法官學院及審判機關之規定，於法務部、法務部司法官學院及檢察機關準用之。

高等檢察署以下各級檢察署及其檢察分署檢察長、主任檢察官之職期調任辦法，由法務部定之。

檢察官評鑑委員會由檢察官三人、法官一人、律師三人、學者及社會公正人士六人組成；評鑑委員任期為二年，得連任一次。

檢察官有下列各款情事之一者，應付個案評鑑：

一、裁判確定後或自第一審繫屬日起已逾六年未能裁判確定之案件、不起訴處分或緩起訴處分確定之案件，有事實足認因故意或重大過失，致有明顯違誤，而嚴重侵害人民權益者。

二、有第九十五條第二款情事，情節重大。

三、違反第十五條第二項、第三項規定。

四、違反第十五條第一項、第十六條或第十八條規定，情節重大。

五、違反偵查不公開等辦案程序規定或職務規定，情節重大。

六、無正當理由遲延案件之進行，致影響當事人權益，情節重大。

七、違反檢察官倫理規範，情節重大。

適用法律之見解，不得據爲檢察官個案評鑑之事由。

第四項第七款檢察官倫理規範，由法務部定之。

檢察官有第四項各款所列情事之一，有懲戒之必要者，應受懲戒。

檢察官之懲戒，由公務員懲戒委員會職務法庭審理之。其移送及審理程序準用法官之懲戒程序。

法務部部長由法官、檢察官轉任者及最高檢察署檢察總長，其俸給準用第七十二條第一項第三款及第二項標準支給。法務部政務次長由法官、檢察官轉任者，其俸給準用政務人員次長級標準支給，並給與第七十一條第一項規定之專業加給。

法務部部長、政務次長由法官、檢察官轉任者退職時，準用第七十八條第四項規定辦理。最高檢察署檢察總長退職時，亦同。

最高檢察署檢察總長在職死亡之撫卹，準用第八十條第二項之規定。

第90條

法務部設檢察官人事審議委員會，審議高等法院以下各級法院及其分院檢察署主任檢察官、檢察官之任免，轉任、停止職務、解職、陞遷、考核及獎懲事項。

前項審議之決議，應報請法務部部長核定後公告之。

第一項委員會之設置及審議規則，由法務部定之。

法務部部長遴任檢察長前，檢察官人事審議委員會應提出職缺二倍人選，由法務部部長圈選之。檢察長之遷調應送檢察官人事審議委員會徵詢意見。

檢察官人事審議委員會置委員十七人，由法務部部長指派代表四人、檢察總長及其指派之代表三人與全體檢察官所選出之代表九人組成之，由法務部部長指派具法官、檢察官身分之次長爲主任委員。

前項選任委員之任期，均爲一年，連選得連任一次。

全體檢察官代表，以全國爲單一選區，以秘密、無記名及單記直接選舉產生，每一檢察署以一名代表爲限。

檢察官人事審議委員會之組成方式、審議對象、程序、決議方式及相關事項之審議規則，由法務部徵詢檢察官人事審議委員會後定之。但審議規則涉及檢察官任免、考績、級俸、陞遷及褒獎之事項者，由行政院會同考試院定之。

第91條

各級法院及其分院檢察署設檢察官會議，由該署全體實際辦案之檢察官組成。

檢察官會議之職權如下：

一、年度檢察事務分配、代理順序及分案辦法之建議事項。

二、檢察官考核、監督之建議事項。

三、第九十五條所定對檢察官爲監督處分之建議事項。

四、統一法令適用及起訴標準之建議事項。

五、其他與檢察事務有關之事項之建議事項。

檢察總長、檢察長對於檢察官會議之決議有意見時，得交檢察官會議復議或以書面載明理由附於檢察官會議紀錄後，變更之。

檢察官會議實施辦法，由法務部定之。

第92條

檢察官對法院組織法第六十三條第一項、第二項指揮監督長官之命令，除有違法之情事外，應服從之。

前項指揮監督命令涉及強制處分權之行使、犯罪事實之認定或法律之適用者，其命令應以書面附理由爲之。檢察官不同意該書面命令時，得以書面

敘明理由，請求檢察總長或檢察長行使法院組織法第六十四條之權限，檢察總長或檢察長如未變更原命令者，應即依第九十三條規定處理。

第93條

檢察總長、檢察長於有下列各款情形之一者，得依法院組織法第六十四條親自處理其所指揮監督之檢察官之事務，並得將該事務移轉於其所指揮監督之其他檢察官處理：

一、為求法律適用之妥適或統一追訴標準，認有必要時。

二、有事實足認檢察官執行職務違背法令、顯有不當或有偏頗之虞時。

三、檢察官不同意前條第二項之書面命令，經以書面陳述意見後，指揮監督長官維持原命令，其仍不遵從。

四、特殊複雜或專業之案件，原檢察官無法勝任，認有移轉予其他檢察官處理之必要時。

前項情形，檢察總長、檢察長之命令應以書面附理由為之。

前二項指揮監督長官之命令，檢察官應服從之，但得以書面陳述不同意見。

第94條

各級法院及其分院檢察署行政之監督，依下列規定：

一、法務部部長監督各級法院及分院檢察署。

二、最高法院檢察署檢察總長監督該檢察署。

三、高等法院檢察署檢察長監督該檢察署及其分院檢察署與所屬地方法院及其分院檢察署。

四、高等法院檢察署智慧財產分署檢察長監督該分署。

五、高等法院分院檢察署檢察長監督該檢察署與轄區內地方法院及其分院檢察署。

六、地方法院檢察署檢察長監督該檢察署及其分院檢察署。

七、地方法院分院檢察署檢察長監督該檢察署。

前項行政監督權人為行使監督權，得就一般檢察行政事務頒布行政規則，

督促全體檢察官注意辦理。但法務部部長不得就個別檢察案件對檢察總長、檢察長、主任檢察官、檢察官為具體之指揮、命令。

第95條

前條所定監督權人，對於被監督之檢察官得為下列處分：

一、關於職務上之事項，得發命令促其注意。

二、有廢弛職務、侵越權限或行為不檢者，加以警告。

第96條

被監督之檢察官有前條第二款之情事，情節重大者，第九十四條所定監督權人得以所屬機關名義，請求檢察官評鑑委員會評鑑，或移由法務部準用第五十一條第二項、第三項規定辦理。

被監督之檢察官有前條第二款之情事，經警告後一年內再犯，或經警告累計達三次者，視同情節重大。

第十一章　附則

第97條

實任法官、檢察官於自願退休或自願離職生效日前六個月起，得向考選部申請全部科目免試以取得律師考試及格資格。

前項申請應繳驗司法院或法務部派令、銓敘部銓敘審定函及服務機關出具之服務紀錄良好證明等文件；服務紀錄良好證明之內容、標準及其他應遵循事項之辦法，由司法院、法務部分別定之。

第98條

現職法官於本法施行前已任命為實任法官者，毋須經法官遴選程序，當然取得法官之任用資格，且其年資之計算不受影響，本法施行前已任命為實任檢察官者，亦同。

法官、檢察官之年資相互併計。

第99條

於本法施行前尚未取得實任法官、檢察官資格者，仍依施行前之相關法令

取得其資格。但有關候補法官於候補期間僅得擔任陪席法官或受命法官之限制，仍依本法規定。

第100條

本法施行前已依司法人員人事條例第四十條第一項或第二項停止辦理案件之實任法官、檢察官，支領現職法官、檢察官之俸給，不適用第七十七條第三項之規定。

第101條

自本法施行後，現行法律中有關法官、檢察官之相關規定，與本法牴觸者，不適用之。

第101-1條

本法中華民國一百零八年六月二十八日修正之條文施行前，已繫屬於職務法庭之案件尚未終結者，於本法修正施行後，依下列規定辦理：

一、由職務法庭依修正後之程序規定繼續審理。但修正施行前已依法進行之程序，其效力不受影響。

二、其懲戒種類及其他實體規定，依修正施行前之規定。但修正施行後之規定有利於被付懲戒法官、檢察官者，依最有利於被付懲戒法官、檢察官之規定。

第101-2條

第五十條之一修正施行前，有該條第一項規定之情形者，不適用修正施行後之規定。

第101-3條

本法中華民國一百零八年六月二十八日修正之第七條、第三十四條及第四十八條施行前，已任法官遴選委員會委員、法官評鑑委員會委員及職務法庭法官者，任期至上開條文施行日前一日止，不受修正前任期之限制。

第102條

本法施行細則由司法院會同行政院、考試院定之。

律師公會全國聯合會依本法授權訂定之辦法，其訂定、修正及廢止應經主

管機關備查，並即送立法院。

第103條

本法除第五章法官評鑑自公布後半年施行、第七十八條自公布後三年六個月施行者外，自公布後一年施行。

本法中華民國一百零八年六月二十八日修正之條文，除第二條、第五條、第九條、第三十一條、第四十三條、第七十六條、第七十九條及第一百零一條之三，自公布日施行者外，其餘條文自公布後一年施行。

律師倫理規範

中華民國律師公會全國聯合會擬訂

中華民國72年12月18日會員代表大會修正通過全文33條

中華民國84年7月29日第3屆第3次會員代表大會修正通過

中華民國85年8月11日第4屆第1次會員代表大會通過第18條暫停適用

中華民國87年7月18日第4屆第3次會員代表大會通過修正第30條第5款及修正第18條條文並恢復適用

中華民國92年9月7日第6屆第2次會員代表大會通過修正第49條第2款

中華民國95年9月23日第7屆第2次會員代表大會通過修正第5條

中華民國98年9月19日第8屆第2次會員代表大會通過修正第5、6、9、10、12、14、15、16、22、23、

24、25、26、28、29、30、31、32、33、34、35、36、41、42、43、46、48、49、50條條文及第五章章名；

增訂第30-1、30-2、38、47-1條條文；刪除原第38條條文。

前言

律師以保障人權、實現社會正義及促進民主法治爲使命，並應基於倫理自覺，實踐律師自治，維護律師職業尊嚴與榮譽，爰訂定律師倫理規範，切盼全國律師一體遵行。

第一章　總則

第1條

本規範依律師法第15條第2項規定訂定之。

第2條

律師執行職務，應遵守法律、本規範及律師公會章程。

第3條

律師應共同維護律師職業尊嚴及榮譽。

第4條

律師應重視職務之自由與獨立。

第5條

律師應精研法令，充實法律專業知識，吸收時代新知，提昇法律服務品質，並依中華民國律師公會全國聯合會所訂在職進修辦法，每年完成在職進修課程。

第6條

律師應謹言慎行，以符合律師職業之品位與尊嚴。

第7條

律師應體認律師職務為公共職務，於執行職務時，應兼顧當事人合法權益及公共利益。

第8條

律師執行職務，應基於誠信、公平、理性及良知。

第9條

律師應參與法律扶助、平民法律服務，或從事其他社會公益活動，以普及法律服務。但依法免除者，不在此限。

第10條

律師對於所屬律師公會就倫理風紀事項之查詢應據實答復。

第11條

律師不應拘泥於訴訟勝敗而忽略真實之發現。

第二章　紀律

第12條

律師不得以下列方式推展業務：

一、作誇大不實或引人錯誤之宣傳。

二、支付介紹人報酬。

三、利用司法人員或聘僱業務人員為之。

四、其他不正當之方法。

第13條

律師不得以違反公共秩序善良風俗或有損律師尊嚴與信譽之方法受理業務。

第14條

律師不得向司法人員或仲裁人關說案件，或向當事人明示或暗示其有不當影響司法或仲裁人之關係或能力，或從事其他損害司法或仲裁公正之行為。

律師不得與司法人員出入有害司法形象之不正當場所，或從事其他有害司法形象之活動，亦不得教唆、幫助司法人員從事違法或違反司法倫理風紀之行為。

第15條

律師事務所聘僱人員，應遴選品行端正者擔任之。

律師事務所中負有監督或管理權限之律師，應負責督導所聘僱之人員不得有違法或不當之行為。

第16條

律師接受事件之委託後，應忠實蒐求證據、探究案情，並得在訴訟程序外就與案情或證明力有關之事項詢問證人，但不得騷擾證人，或將詢問所得作不正當之使用。

律師不得以威脅、利誘、欺騙或其他不當方法取得證據。

律師不得自行或教唆、幫助他人使證人於受傳喚時不出庭作證，或使證人

出庭作證時不為真實完整之陳述。但有拒絕證言事由時，律師得向證人說明拒絕證言之相關法律規定。

第17條

律師不得以合夥或其他任何方式協助無中華民國律師資格者執行律師業務。但法律另有規定者，不在此限。律師不得將律師證書、律師事務所、會員章證或標識以任何方式提供他人使用。

第18條

司法人員自離職之日起三年內，不得在其離職前三年內曾任職務之法院或檢察署執行律師職務。

第19條

律師不得以受當事人指示為由，為違反本規範之行為。

第三章　律師與司法機關

第20條

律師應協助法院維持司法尊嚴及實現司法正義，並與司法機關共負法治責任。

第21條

律師應積極參與律師公會或其他機關團體所辦理之法官及檢察官評鑑。

第22條

律師對於依法指定其辯護、代理或輔佐之案件，非經釋明有正當理由，不得拒絕或延宕，
亦不得自當事人或其他關係人收取報酬或費用。

第23條

律師於執行職務時，不得有故為矇蔽欺罔之行為，亦不得偽造變造證據、教唆偽證或為其他刻意阻礙真實發現之行為。
律師於案件進行中，經合理判斷為不實之證據，得拒絕提出。但刑事被告之陳述，不在此限。

第24條

律師不得惡意詆譭司法人員或司法機關；對於司法人員貪污有據者，應予舉發。

律師不得公開或透過傳播媒體發表有關特定司法人員品格、操守，足以損害司法尊嚴或公正形象之輕率言論。但有合理之懷疑者，不在此限。

律師就受任之訴訟案件於判決確定前，不得就該案件公開或透過傳播媒體發表足以損害司法公正之言論。但為保護當事人免於輿論媒體之報導或評論所致之不當偏見，得在必要範圍內，發表平衡言論。

第25條

律師對於司法機關詢問、囑託、指定之案件，應予以協助。但有正當理由者，不在此限。

第四章　律師與委任人

第26條

律師為當事人承辦法律事務，應努力充實承辦該案所必要之法律知識，並作適當之準備。

律師應依據法令及正當程序，盡力維護當事人之合法權益，對於受任事件之處理，不得無故延宕，並應及時告知事件進行之重要情事。

第27條

律師對於受任事件，應將法律意見坦誠告知委任人，不得故意曲解法令或為欺罔之告知，致誤導委任人為不正確之期待或判斷。

第28條

律師就受任事件，不得擔保將獲有利之結果。

第29條

律師於執行職務時，如發現和解、息訟或認罪，符合當事人之利益及法律正義時，宜協力促成之。

第30條

律師不得受任下列事件：

一、依信賴關係或法律顧問關係接受諮詢，與該諮詢事件利害相衝突之同一或有實質關連之事件。

二、與受任之事件利害相衝突之同一或有實質關連之事件。關於現在受任事件，其與原委任人終止委任者，亦同。

三、以現在受任事件之委任人爲對造之其他事件。

四、由現在受任事件之對造所委任之其他事件。

五、曾任公務員或仲裁人，其職務上所處理之同一或有實質關連之事件。

六、與律師之財產、業務或個人利益有關，可能影響其獨立專業判斷之事件。

七、相對人所委任之律師，與其有配偶或二親等內之血親或姻親關係之同一或有實質關連之事件。

八、委任人有數人，而其間利害關係相衝突之事件。

九、其他與律師對其他委任人、前委任人或第三人之現存義務有衝突之事件。

前項除第五款情形外，律師於告知受影響之委任人與前委任人並得其書面同意後，仍得受任之。

律師於同一具訟爭性事件中，不得同時受兩造或利害關係相衝突之一造當事人數人委任，亦不適用前項之規定。

律師於特定事件已充任爲見證人者，不得擔任該訟爭性事件之代理人或辯護人，但經兩造當事人同意者，不在此限。

委任人如爲行政機關，適用利益衝突規定時，以該行政機關爲委任人，不及於其所屬公法人之其他機關。相對人如爲行政機關，亦同。

第30條之1

律師因受任事件而取得有關委任人之事證或資訊，非經委任人之書面同意，不得爲不利於委任人之使用。但依法律或本規範之使用，或該事證、

資訊已公開者，不在此限。

第30條之2

律師不得接受第三人代付委任人之律師費。但經告知委任人並得其同意，且不影響律師獨立專業判斷者，不在此限。

第31條

有下列情形之一者，律師不得接受當事人之委任；已委任者，應終止之：

一、律師明知當事人採取法律行動、提出防禦、或在訴訟中為主張之目的僅在恐嚇或惡意損害他人。

二、律師明知其受任或繼續受任將違反本規範。

三、律師之身心狀況使其難以有效執行職務。

律師終止與當事人間之委任關係時，應採取合理步驟，以防止當事人之權益遭受損害，並應返還不相當部分之報酬。

第32條

律師依第30條第1項、第3項、第30條之1、第30條之2受利益衝突之限制者，與其同事務所之其他律師，亦均受相同之限制。但第30條第1項第6款、第7款、第9款之事件，如受限制之律師未參與該事件，亦未自該事件直接或間接獲取任何報酬者，同事務所之其他律師即不受相同之限制。

律師適用前項但書而受委任時，該律師及受限制之律師，應即時以書面通知受影響之委任人或前委任人有關遵守前項但書規定之情事。

第33條

律師對於受任事件內容應嚴守秘密，非經告知委任人並得其同意，不得洩漏。但有下列情形之一，且在必要範圍內者，得為揭露：

一、避免任何人之生命、身體或健康之危害。

二、避免或減輕因委任人之犯罪意圖及計畫或已完成之犯罪行為之延續可能造成他人財產上之重大損害。

三、律師與委任人間就委任關係所生之爭議而需主張或抗辯時，或律師因處理受任事務而成為民刑事訴訟之被告，或因而被移送懲戒時。

四、依法律或本規範應揭露者。

第34條

律師對於受任事件代領、代收之財物，應即時交付委任人。但法令另有規定或契約另有約定者，不在此限。

律師對於保管與事件有關之物品，應於事件完畢後或於當事人指示時立即返還，不得無故拖延或拒絕返還。

第35條

律師應對於委任人明示其酬金數額或計算方法。

律師不得就家事、刑事案件或少年事件之結果約定後酬。

第36條

律師不得就其所經辦案件之標的獲取財產利益，但依法就受任之報酬及費用行使留置權，或依本規範收取後酬者，不在此限。

律師不得就尚未終結之訴訟案件直接或間接受讓系爭標的物。

第37條

律師未得主管機關之許可，不得為受羈押之嫌疑人、被告或受刑人傳遞或交付任何物品，但與承辦案件有關之書狀，不在此限。

第38條

律師應就受任事件設置檔案，並於委任關係結束後二年內保存卷證。

律師應依委任人之要求，提供檔案影本，不得無故拖延或拒絕；其所需費用，由委任人負擔。但依法律規定不得提供予委任人之文件、資料，不在此限。

第五章　律師與事件之相對人及第三人

第39條

律師就受任事件維護當事人之合法權益時不得故為詆譭、中傷或其他有損相對人之不當行為。

第40條

律師就受任事件於未獲委任人之授權或同意前，不得無故逕與相對人洽議，亦不得收受相對人之報酬或餽贈。

第41條

律師於處理受任事件時，知悉相對人或關係人已委任律師者，不應未經該受任律師之同意而直接與該他人討論案情。

第六章　律師相互間

第42條

律師間應彼此尊重，顧及同業之正當利益，對於同業之詢問應予答復或告以不能答復之理由。

第43條

律師不應詆譭、中傷其他律師，亦不得教唆當事人為之。

第44條

律師知悉其他律師有違反本規範之具體事證，除負有保密義務者外，宜報告該律師所屬之律師公會。

第45條

律師不得以不正當之方法妨礙其他律師受任事件，或使委任人終止對其他律師之委任。

第46條

律師基於自己之原因對於同業進行民事或刑事訴訟程序之前，宜先通知所屬律師公會。

前項程序，若為民事爭議或刑事告訴乃論事件，宜先經所屬律師公會試行調解。

第47條

律師相互間因受任事件所生之爭議，應向所屬律師公會請求調處。

第47條之1

數律師共同受同一當事人委任處理同一事件時，關於該事件之處理，應盡力互相協調合作。

第48條

受僱於法律事務所之律師離職時，不應促使該事務所之當事人轉委任自己為受任人；另行
受僱於其他法律事務所者，亦同。

第七章　附則

第49條

律師違反本規範，由所屬律師公會審議，按下列方法處置之：
一、勸告。
二、告誡。
三、情節重大者，送請相關機關處理。

第50條

本規範經中華民國律師公會全國聯合會會員代表大會通過後施行，並報請法務部備查；修正時，亦同。

法官倫理規範

發布日期：民國101年01月05日

第1條

本規範依法官法第十三條第二項規定訂定之。

第2條

法官為捍衛自由民主之基本秩序，維護法治，保障人權及自由，應本於良心，依據憲法及法律，超然、獨立從事審判及其他司法職務，不受任何干涉，不因家庭、社會、政治、經濟或其他利害關係，或可能遭公眾批評議論而受影響。

第3條

法官執行職務時，應保持公正、客觀、中立，不得有損及人民對於司法信賴之行為。

第4條

法官執行職務時，不得因性別、種族、地域、宗教、國籍、年齡、身體、性傾向、婚姻狀態、社會經濟地位、政治關係、文化背景或其他因素，而有偏見、歧視、差別待遇或其他不當行為。

第5條

法官應保有高尚品格，謹言慎行，廉潔自持，避免有不當或易被認為損及司法形象之行為。

第6條

法官不得利用其職務或名銜，為自己或他人謀取不當財物、利益或要求特殊待遇。

第7條

法官對於他人承辦之案件，不得關說或請託。

第8條

法官不得收受與其職務上有利害關係者之任何餽贈或其他利益。

法官收受與其職務上無利害關係者合乎正常社交禮俗標準之餽贈或其他利益，不得有損司法或法官之獨立、公正、中立、廉潔、正直形象。

法官應要求其家庭成員或受其指揮、服從其監督之法院人員遵守前二項規定。

第9條

法官應隨時注意保持並充實執行職務所需之智識及能力。

第10條

法官應善用在職進修、國內外考察或進修之機會，增進其智識及能力。

第11條

法官應謹慎、勤勉、妥速執行職務，不得無故延滯或增加當事人、關係人不合理之負擔。

第12條

法官開庭前應充分準備；開庭時應客觀、公正、中立、耐心、有禮聽審，維護當事人、關係人訴訟上權利或辯護權。

法官應維持法庭莊嚴及秩序，不得對在庭之人辱罵、無理之責備或有其他損其尊嚴之行為。

法官得鼓勵、促成當事人進行調解、和解或以其他適當方式解決爭議，但不得以不當之方式為之。

第13條

法官就審判職務上受其指揮或服從其監督之法院人員，應要求其切實依法執行職務。

第14條

法官知悉於收受案件時，當事人之代理人或辯護人與自己之家庭成員於同

一事務所執行律師業務者，應將其事由告知當事人並陳報院長知悉。

第15條

法官就承辦之案件，除有下列情形之一者外，不得僅與一方當事人或其關係人溝通、會面：

一、有急迫情形，無法通知他方當事人到場。

二、經他方當事人同意。

三、就期日之指定、程序之進行或其他無涉實體事項之正當情形。

四、法令另有規定或依其事件之性質確有必要。

有前項各款情形之一者，法官應儘速將單方溝通、會面內容告知他方當事人。但法令另有規定者，不在此限。

第16條

法官不得揭露或利用因職務所知悉之非公開訊息。

第17條

法官對於繫屬中或即將繫屬之案件，不得公開發表可能影響裁判或程序公正之言論。但依合理之預期，不足以影響裁判或程序公正，或本於職務上所必要之公開解說者，不在此限。

法官應要求受其指揮或服從其監督之法院人員遵守前項規定。

第18條

法官參與職務外之團體、組織或活動，不得與司法職責產生衝突，或有損於司法或法官之獨立、公正、中立、廉潔、正直形象。

第19條

法官不得為任何團體、組織募款或召募成員。但為機關內部成員所組成或無損於司法或法官之獨立、公正、中立、廉潔、正直形象之團體、組織募款或召募成員，不在此限。

第20條

法官參與司法職務外之活動，而收受非政府機關支給之報酬或補助逾一定金額者，應申報之。

前項所稱一定金額及申報程序，由司法院定之。

第21條

法官於任職期間不得從事下列政治活動：

一、為政黨、政治團體、組織或其內部候選人、公職候選人公開發言或發表演說。

二、公開支持、反對或評論任一政黨、政治團體、組織或其內部候選人、公職候選人。

三、為政黨、政治團體、組織或其內部候選人、公職候選人募款或為其他協助。

四、參與政黨、政治團體、組織之內部候選人、公職候選人之政治性集會或活動。

法官不得指示受其指揮或服從其監督之法院人員或利用他人代為從事前項活動；並應採取合理措施，避免親友利用法官名義從事前項活動。

第22條

法官應避免為與司法或法官獨立、公正、中立、廉潔、正直形象不相容之飲宴應酬、社交活動或財物往來。

第23條

法官不得經營商業或其他營利事業，亦不得為有減損法官廉潔、正直形象之其他經濟活動。

第24條

法官不得執行律師職務，並避免為輔佐人。但無償為其家庭成員、親屬提供法律諮詢或草擬法律文書者，不在此限。

前項但書情形，除家庭成員外，法官應告知該親屬宜尋求其他正式專業諮詢或法律服務。

第25條

本規範所稱家庭成員，指配偶、直系親屬或家長、家屬。

第26條

法官執行職務時，知悉其他法官、檢察官或律師確有違反其倫理規範之行為時，應通知該法官、檢察官所屬職務監督權人或律師公會。

第27條

司法院得設諮詢委員會，負責本規範適用疑義之諮詢及研議。

第28條

本規範自中華民國一百零一年一月六日施行。

資料來源：司法院法學資料檢索系統

檢察官倫理規範

公發布日：民國101年01月04日

第一章　通則

第1條

本規範依法官法第八十九條第六項規定訂定之。

第2條

檢察官為法治國之守護人及公益代表人，應恪遵憲法、依據法律，本於良知，公正、客觀、超然、獨立、勤慎執行職務。

第3條

檢察官應以保障人權、維護社會秩序、實現公平正義、增進公共利益、健全司法制度發展為使命。

第4條

檢察總長、檢察長應依法指揮監督所屬檢察官，共同維護檢察職權之獨立行使，不受政治力或其他不當外力之介入；檢察官應於指揮監督長官之合法指揮監督下，妥速執行職務。

第5條

檢察官應廉潔自持，謹言慎行，致力於維護其職位榮譽及尊嚴，不得利用其職務或名銜，為自己或第三人謀取不當財物、利益。

第6條

檢察官執行職務時，應不受任何個人、團體、公眾或媒體壓力之影響。檢察官應本於法律之前人人平等之價值理念，不得因性別、種族、地域、宗教、國籍、年齡、性傾向、婚姻狀態、社會經濟地位、政治關係、文化背

景、身心狀況或其他事項，而有偏見、歧視或不當之差別待遇。

第7條

檢察官應精研法令，隨時保持其專業知能，積極進修充實職務上所需知識技能，並體察社會、經濟、文化發展與國際潮流，以充分發揮其職能。

第二章　執行職務行為之規範

第8條

檢察官辦理刑事案件時，應致力於真實發現，兼顧被告、被害人及其他訴訟關係人參與刑事訴訟之權益，並維護公共利益與個人權益之平衡，以實現正義。

第9條

檢察官辦理刑事案件，應嚴守罪刑法定及無罪推定原則，非以使被告定罪為唯一目的。對被告有利及不利之事證，均應詳加蒐集、調查及斟酌。

第10條

檢察官行使職權應遵守法定程序及比例原則，妥適運用強制處分權。

第11條

檢察官應不為亦不受任何可能損及其職務公正、超然、獨立、廉潔之請託或關說。

第12條

檢察官執行職務，除應依刑事訴訟法之規定迴避外，並應注意避免執行職務之公正受懷疑。

檢察官知有前項情形，應即陳報其所屬指揮監督長官為妥適之處理。

第13條

檢察官執行職務，應本於合宜之專業態度。

檢察官行訊問時，應出以懇切之態度，不得用強暴、脅迫、利誘、詐欺、疲勞訊問或其他不正方法，亦不得有笑謔、怒罵或歧視之情形。

第14條

檢察官對於承辦案件之意見與指揮監督長官不一致時,應向指揮監督長官說明其對案件事實及法律之確信。

指揮監督長官應聽取檢察官所為前項說明,於完全掌握案件情況前,不宜貿然行使職務移轉或職務承繼權。

第15條

檢察總長、檢察長為確保受其行政監督之檢察官妥速執行職務,得視人力資源及預算經費情況,採取合理之必要措施。

第16條

檢察官偵辦案件應本於團隊精神,於檢察總長、檢察長之指揮監督下分工合作、協同辦案。

第17條

檢察官偵查犯罪應依法令規定,嚴守偵查不公開原則。但經機關首長授權而對偵查中案件為必要說明者,不在此限。

第18條

檢察官不得洩漏或違法使用職務上所知悉之秘密。

第19條

檢察官應督促受其指揮之檢察事務官、司法警察(官)本於人權保障及正當法律程序之精神,公正、客觀依法執行職務,以實現司法正義。

第20條

檢察官為促其職務之有效執行,得與各政府機關及民間團體互相合作。但應注意不得違反法令規定。

第21條

檢察官得進行國際交流與司法互助,以利犯罪之追訴及裁判之執行。但應注意不得違反法令規定。

第22條

檢察官爲維護公共利益及保障合法權益，得進行法令宣導、法治教育。

第23條

檢察官執行職務時，應與法院及律師協同致力於人權保障及司法正義迅速實現。

第24條

檢察官應審愼監督裁判之合法與妥當。經詳閱卷證及裁判後，有相當理由認裁判有違法或不當者，應以書狀詳述不服之理由請求救濟。

第三章　執行職務以外行爲之規範

第25條

檢察官應避免從事與檢察公正、廉潔形象不相容或足以影響司法尊嚴之社交活動。

檢察官若懷疑其所受邀之應酬活動有影響其職務公正性或涉及利益輸送等不當情形時，不得參與；如於活動中發現有前開情形者，應立即離去或採取必要之適當措施。

第26條

檢察官於任職期間不得從事下列政治活動：

一、爲政黨、政治團體、組織、其內部候選人或公職候選人公開發言或發表演說。

二、公開支持、反對或評論任一政黨、政治團體、組織、其內部候選人或公職候選人。

三、爲政黨、政治團體、組織、其內部候選人或公職候選人募款或利用行政資源爲其他協助。

檢察官不得發起、召集或加入歧視性別、種族、地域、宗教、國籍、年齡、性傾向、婚姻狀態、社會經濟地位、政治關係、文化背景及其他與檢察公正、客觀之形象不相容之團體或組織。

第27條

檢察官不得經營商業或其他營利事業。但法令另有規定者，不在此限。檢察官不得與執行職務所接觸之律師、當事人或其他利害關係人有財務往來或商業交易。

第28條

檢察官不得收受與其職務上有利害關係者之任何餽贈或其他利益。但正常公務禮儀不在此限。

檢察官收受與其職務上無利害關係者合乎正常社交禮俗標準之餽贈或其他利益，不得有損檢察公正、廉潔形象。

檢察官應要求其家庭成員遵守前二項規定。

前項所稱之家庭成員，指配偶、直系親屬或家長、家屬。

第四章　附則

第29條

法務部得設諮詢委員會，負責本規範適用疑義之諮詢及研議。

第30條

本規範自中華民國一百零一年一月六日施行。

資料來源：法務部主管法規查詢系統

國家考試律師司法官試題彙編

律師試題

108年試題

1. 關於我國法律倫理規範之制定與執行，何者正確？
   (A)就律師法與律師倫理規範有所疑義者，應送交律師公會做解釋。
   (B)法官與檢察官倫理規範由司法院制定；律師倫理規範由法務部制定。
   (C)法官與檢察官倫理規範其法源爲法官法，律師倫理規範其法源爲律師法。
   (D)違反法官與檢察官倫理規範者，直接送職務法庭審理；違反律師倫理規範者，則於律師公會審議。

   答案：C

2. 關於法官、檢察官及律師之職務特性，下列敘述何者正確？
   (A)律師無退休金保障，其執業乃以營利大化爲主要目標，毋需考慮公益。
   (B)律師基於委託人利益，不需強調獨立性，即使確認委託人係爲詐害相對人，亦可爲之提起該訴訟。
   (C)檢察官係公務員，有服從義務，因而對於其所承辦而依法及依其心證認爲應起訴之案件，直屬檢察長對之口頭要求不予起訴，應服從之。
   (D)法官審判具獨立性，但法院院長對於法官多次未請假而無故缺席法官會議，仍得爲行政監督。

   答案：D

3. 關於倫理規範中對於律師保密義務之敘述，下列何者正確？

(A)律師對當事人所負之保密義務，於彼此間之委任關係結束後免除。

(B)律師對於受任內容應嚴守秘密，即使告知委任人並得其同意後，仍不得揭露。

(C)律師因承辦案件所知悉當事人之秘密，其同一事務所之其他律師對之不負有保密義務。

(D)律師因處理受任事件而被當事人起訴請求返還報酬，於答辯之必要範圍內，得揭露原應保密的受任事件內容。

答案：D

4. 關於律師與法院及司法人員之間的關係，下列敘述何者錯誤？

(A)律師不得惡意詆毀司法人員或司法機關。

(B)律師應協助法院發現真實及實現司法正義。

(C)律師應扮演監督法官及檢察官的角色，積極參與法官評鑑及檢察官評鑑。

(D)地方法院法官得依職權將應付懲戒之律師直接送請律師懲戒委員會處理。

答案：D

5. 甲律師受當事人委託處理遺產糾紛案件，案件終結並結束委任後1年半，甲律師的事務所要搬遷，新的事務所空間較小，無法存放太多檔案卷宗，甲律師得否銷毀該遺產案件卷證資料？

(A)如果新的事務所空間足夠，甲律師就不能銷毀；如果新的事務所空間真的無法容納，就可以銷毀。

(B)案件結束後，依法只要保存卷證資料6個月，既然已經1年半了，就可以銷毀。

(C)案件結束後，律師依倫理規範有義務保存卷證資料2年，現在只經過1年半，尚不能銷毀。

(D)律師為保護當事人權益，所有的卷證資料永遠都不能銷毀。

答案：C

6. A今年21歲，因持有毒品遭警方逮捕，A的父親拜託甲律師協助，同時表示將為兒子支付律師費。下列敘述何者正確？

(A)甲不得受任，因為律師不得接受第三人代付律師費。

(B)甲不得受任，因為A已經成年，不得由第三人代付律師費。

(C)甲可以受任，但必須先取得A同意，也必須判定由A的父親代付律師費，是否會影響自己處理此案件的獨立專業判斷。

(D)甲可以受任，只要A書面授權其父親全權處理委託律師事宜。

答案：C

7. 下列有關律師收費之行為，何者違反法律倫理規範？

(A)律師在告知委任人並得其同意，且不影響律師獨立專業判斷時，接受第三人代付之律師費。

(B)律師就其委任人所委任之民事侵權行為損害賠償訴訟約定後酬。

(C)律師對於依法律扶助法接受委任之案件，私下向當事人收取費用。

(D)律師於當事人委任時，僅以口頭向其說明以按件計酬方式收費。

答案：C

8. 關於甲律師執行職務的行為，下列敘述何者正確？

(A)甲所聘僱的助理延誤受任事件的上訴期間，造成委任人的損害，甲毋須負責。

(B)甲於處理受任的事件中，教唆證人於作證時不為真實之陳述，甲未違反律師倫理。

(C)甲於訴訟進行中，因疏忽未提出對委任人有利之證據，而造成委任人敗訴，甲毋須負責。

(D)甲於案件進行中，對於身為刑事被告之委任人的陳述，雖經合理判斷為不實，仍將之提出，不違反律師倫理。

答案：D

107年試題

1. 法官、檢察官與律師都屬於為司法制度提供專業服務之法律人，就其職業特性來看，關於法官倫理、檢察官倫理與律師倫理之比較敘述，下列何者正確？

   (A)律師雖不屬於國家機關，其仍有兼職上的限制；法官與檢察官與其他國家公務員一樣，不能任意兼職。

   (B)法官與檢察官都具有獨立性的倫理要求，律師因為要為委任人提供專業服務，所以不能獨立於委任人。

   (C)律師為了貫徹其忠誠義務，有利益衝突迴避之義務；法官與檢察官不需要有迴避義務，以免造成勞逸不均。

   (D)法官與檢察官身為國家司法機關的成員，有監督下屬之義務；律師身為自由業，不需要負有監督下屬之義務。

   答案：A

2. A律師是某事務所主持律師，為了推廣業務，將事務所過去曾經處理過之重大案件列在事務所網頁上。A律師所為有無違反現行律師倫理相關規範？

   (A)看情形，律師將過去承辦案件放在網頁時，如果有得到案件當事人之同意就可以列出，但如果沒有經過當事人同意就不可以列出。

   (B)有違反，律師事務所根本不能夠架設網頁推廣業務。

   (C)有違反，律師事務所只能在客戶詢問時，提供過去承辦案件的實績做為參考，不能刊載於網頁上供不特定人查看。

   (D)有違反，律師事務所只能將現在處理的案件列為宣傳內容，不得將過去所處理的案件作為宣傳之用。

   答案：A

3. A律師受債權人甲的委任提起返還借款之訴。第一審訴訟進行到一半時，雙方代理人當庭同意合意停止訴訟以進行調解，審判長並告知代理人及當天也有出庭之債權人甲4個月內若未續行訴訟，將視為撤回起

訴。雙方調解未成，A律師也沒有在4個月內聲明續行訴訟，以致被視為撤回起訴。A律師是否違反律師倫理規範？

(A)只要A律師負擔另行起訴之裁判費用且不另行收取律師費用，就沒有違反律師倫理規範。

(B)只要A律師同意另行重新起訴且不另行收取律師費用，就沒有違反律師倫理規範。

(C)A律師未在4個月內請求續行訴訟，未盡力維護當事人權益，違反律師倫理規範。

(D)因為債權人甲未提醒A律師，是甲的錯，A律師並不違反律師倫理規範。

答案：C

4. A律師承辦某刑事案件，因為法庭要傳訊證人甲，所以A律師在開庭前事先安排與證人甲洽談。洽談時A律師發覺證人甲現在的敘述和他之前在偵查庭時的證詞筆錄內容有出入，A律師就提示偵查筆錄給證人甲看，詢問甲到底什麼樣的說法才是正確。A律師提示筆錄之行為有沒有違反律師倫理相關規範？

(A)有違反，律師在任何情況下都不得提示筆錄給證人。

(B)沒有違反，可以提示證人之前曾經作證之筆錄給他看，但不能有威脅、利誘、騷擾或其他影響證人作證證詞的行為。

(C)如果有經過法院同意就可以提示筆錄給證人看，否則不可以。

(D)沒有違反，律師和證人接觸，本來就是要安排套好在法庭上的證詞，所以律師要提示筆錄並幫證人編一套完整無瑕的證詞。

答案：B

5. 債權人甲與債務人乙就支票欠款達成協議，約定由債務人乙分3年償還，該協議書簽署時並由A律師擔任雙方見證人。惟簽立協議書之後，債務人乙均未依協議書內容償還。經過6年之後，債權人甲想委託A律師擔任訴訟代理人，依據該協議書請求債務人乙償還欠款，A律師可以

接受甲的委任嗎？

(A)不可以，A律師在得到雙方同意之前，不得擔任與該協議書相關訴訟之任何一方的代理人。

(B)可以，該票據債權已經罹於短期時效，A律師可不受約束擔任甲的代理人。

(C)可以，該協議書約定還款期限爲3年，現在已經第6年，A律師可以不受約束擔任甲的代理人。

(D)可以，不過A律師必須要先以書面通知乙，但不需要得到乙之同意。

答案：A

6. 關於律師酬金之敘述，下列何者應無違反律師倫理相關規範？

(A)律師受當事人委託，協助其投標承攬政府公共工程案，得就工作進度及性質，約定一定金額上限之分收酬金標準。

(B)律師就返還土地爭議案件，得約定勝訴確定以主文所載返還土地面積的三分之一爲酬勞。

(C)律師受當事人委託處理改定子女親權行使的案件，得約定若勝訴，始需給付律師費。

(D)律師就業務過失致死二審上訴案件，得約定如二審判決獲緩刑，另再給付律師費10萬元。

答案：A

7. A律師提供免費法律諮詢。甲前來詢問目前他對乙提的損害賠償訴訟的法律依據，但未提到乙的姓名。A律師請甲簽署同意書，聲明〔本人並未委託貴律師辦理今日諮詢事項，貴律師事後可以接受其他人委任處理與本事件相關的一切事件，無須通知本人。〕數周後，A律師接受乙委任處理同一訴訟事件。甲主張A律師違反利益衝突規定，不得受任。甲的主張有無理由？

(A)無理由，甲已經簽署同意書。

(B)無理由，無償法律諮詢不構成律師與當事人委任關係。

(C)有理由，甲的同意書不能有效豁免A律師的利益衝突。

(D)無理由，A律師受甲諮詢時，不知道甲的對造就是乙。

答案：C

8. A律師下列行為，何者未違反律師倫理？

(A)A律師得知對造當事人因資訊不足，聘請了一位律師界公認不敬業的律師B。為避免對造當事人因此受害，A律師善意告知對造當事人關於B律師的風評。

(B)A律師的當事人被控告殺人罪，A律師請當事人告知事情真相並答應為其守密。

(C)A律師的當事人涉及索賄貪瀆。於偵查程序將終結時，發現接案之初當事人提供的資訊極可能為偽造。A律師在開庭前一天解除委任，並在臉書上建議當事人向法庭坦白一切。

(D)在事務所外懸掛布條宣傳業務，內容為「天下第一訟師：百戰百勝。購書者可獲免費諮詢」。

答案：B

9. 下列何種情形，律師得執行律師職務？

(A)A律師擔任替代役期間曾在甲法院服司法行政役，於退役後第2年擬在甲法院執行律師職務。

(B)A曾擔任甲法院的書記官，考取律師後離職，擬於離職後第3年在甲法院執行律師職務。

(C)A曾擔任甲地檢署的檢察官，轉任律師1年後擬於甲地檢署執行律師職務。

(D)A律師曾在甲法院擔任法官，於轉任律師2年後擬僱用律師B，就A律師所承接的案件，在甲法院出庭執行律師職務。

答案：A

106年試題

1. 甲律師和A當事人初次討論完案情之後，甲覺得這個案件需要有專業建築師的參考意見，因此可能會有鑑定費用或諮詢費用，甲應如何處理？

   (A)甲必須將可能產生的鑑定費用或諮詢費用預先告知A，作爲A委任與否之考量。

   (B)先不要講這件事情，等到A委任之後，再向A說明有這筆費用，以免A不委任。

   (C)鑑定費用和諮詢費用並不在律師報酬裡面，因此不須任何說明。

   (D)把預期的諮詢費用或鑑定費用計入律師的報酬裡面，再向當事人報價。

   答案：A

2. 關於律師制度及律師倫理，下列敘述，何者錯誤？

   (A)律師職務具有公益性，執行職務時不能僅考慮當事人私益而忽略公益。

   (B)律師必須重視其職務之獨立性，不能完全順從當事人的要求或指示。

   (C)律師不應爲了追求當事人勝訴，而忽略自己有協助法院發現事實之眞實義務。

   (D)當事人於一審敗訴後，只要當事人堅持，即使顯無理由律師仍應代爲上訴。

   答案：D

3. 甲律師因爲事務所所在地的律師人數過多，競爭激烈，所以案源不足。他想設法推廣業務、增加案源。請問下列各種推廣業務的方法，何者違反律師法及律師倫理規範？

   (A)於網際網路上設立事務所的臉書（Facebook）專頁，提供個人學經歷資料及連絡方式。

   (B)律師委請其配偶，聯繫某地方法院之法警長，請託其介紹羈押庭人

犯委任該律師擔任辯護人。

(C)參加民間社團組織以結識朋友拓展人脈。

(D)經常撰寫法律相關文章署名律師身分而投書報紙。

答案：B

4. 於臺中執業的甲律師，認為任職於臺中地院的乙法官辦理一宗剛結案的家族爭產的案件時，開庭時對雙方當事人語帶責備，並一再要求雙方和解否則「判決會對不孝及浪費司法資源的人不利」，造成甲的當事人丙很大精神負擔致影響陳述而敗訴，甲認為已有法官法規定應付評鑑的情形，請問下列何者非屬甲依法可陳請發動個案評鑑的機關、團體？

(A)臺中高分院。

(B)律師公會全國聯合會。

(C)臺中律師公會。

(D)臺中高分檢。

答案：D

5. 下列何種情形，律師得受委任？

(A)甲律師為A公司之法律顧問，A公司曾向甲諮詢與B員工間之勞資糾紛。嗣B擬委任甲律師對A公司提起確認僱傭關係存在之訴訟。

(B)乙律師受A委任偵查中為其辯護涉嫌偽造本票案，偵查中A嗣已終止委任，本票執票人B擬委任乙律師對A訴請給付票款之訴訟。

(C)丙律師受A委任對B訴請調整租金，訴訟中達成訴訟上和解。5年後，A訴請B給付借款，B擬委任丙律師為訴訟代理人。

(D)丁律師曾受A公司委任而提供與B員工間之勞資糾紛法律諮詢。嗣B擬委任與丁律師同一事務所之戊律師對A公司提起確認僱傭關係存在之訴訟。

答案：C

6. 下列關於律師與司法機關之關係的敘述，何者正確或未違反律師倫

理？

(A)被告辯護律師甲於法院開庭後，接受媒體訪問，得公開批評承辦法官係基於特定政治立場而羈押被告，顯係政治迫害。

(B)乙律師為自訴人撰寫上訴狀，指摘原判決聽信證人片面之詞而判決被告無罪，實乃司法偏袒不公等語。

(C)丙律師基於其對法庭之真實義務，自證人處取得證據後，雖合理判斷其並非真實，仍應提出供法院判斷取捨。

(D)丁律師發現被告所述，合理判斷與真實不符時，基於被告不自證己罪之原則，不應提出被告之陳述於法院。

答案：一律給分

7. 有當事人張三透過友人介紹找到王律師，王律師了解到張三曾經先諮詢過李律師，也正在考慮案件到底要委任那一位律師辦理。王律師就向張三指述李律師在法院的人緣很差，私生活不檢點等等不實的情事，並要張三不要委任李律師。王律師所為是否有違律師倫理規範？

(A)律師不能以不正當之方法妨礙其他律師受任事件，王律師所為違反律師倫理規範。

(B)如果王律師認識李律師就會違反律師倫理規範，但如果兩個人完全不認識，王律師就不會違反律師倫理規範。

(C)王律師只對張三講，並沒有散布於眾的意思，不構成誹謗，所以沒有違反律師倫理規範。

(D)如果王律師認識李律師就不會違反律師倫理規範，但如果兩個人完全不認識，王律師就會違反律師倫理規範。

答案：A

105年試題

1. 律師法第29條規定，律師不得有足以損及其名譽或信用之行為。下列何者情形並不牴觸該規定？

(A)律師任由其受僱事務員撰寫告訴狀，亦未親自審核其內容，即由當事人持以提出告訴。

(B)律師因疏忽未申報執行業務所得，但無以不正當方法逃漏稅之行為。

(C)律師就未親見之事實為見證之簽署。

(D)律師未查明當事人之真實身分，即對內容繕打完成、當事人欄空白之合約書為「鑑證」。

答案：B

2. 甲律師加入臺北律師公會後，因拒繳常年會費數年，公會理事會決議令其退會，甲被退會後仍繼續接受多人委託，於轄區執行律師業務。試問甲之行為是否違反律師倫理規範？

(A)不違反，因強制入會及強制繳交會費違憲。

(B)違反，因律師屬自律自治，應加入公會且受公會章程之拘束，包括繳交會費。

(C)不違反，因一旦被令退會，即非公會成員，自可不受律師倫理規範之拘束。

(D)不違反，甲仍具有律師資格。

答案：B

3. 下列有關律師與委託案件當事人之間的行為，何者違反律師之倫理規範？

(A)為使當事人掌握狀況，律師應將法律意見坦誠告知委任人。

(B)律師對於受任事件代領、代收之財物，應即時交付委任人。

(C)為讓當事人安心，律師就受任事件，可擔保將獲有利之結果。

(D)在符合當事人之利益下，就案件有和解可能時，律師宜協力促成之。

答案：C

4. 下列四種律師行為，何者並未違反律師法及律師倫理規範？

(A)家事事件調解可望成立，且符合當事人利益及法律正義，律師在調解程序中卻予以阻撓而希望進入訴訟程序。

(B)律師知悉其他律師違反律師倫理規範，但並未向該律師所屬律師公會報告或檢舉。

(C)律師接受委任之後，才發現手上案件太多，便挑選幾件自己不想辦的案件去終止委任。

(D)受任律師向當事人表示「這個案件沒問題，我保證一定會勝訴」。

答案：B

5. 為確保律師、法官與檢察官的專業性，對於其兼職有一定之限制，下列關於其兼職之敘述，何者正確？

(A)檢察官在不影響職務範圍內可兼任私立學校之董事。

(B)法官可管理自己與家庭成員之財產，並購買公債進行投資。

(C)律師只要不親自經營，但可為理財目的之投資舞廳，成為股東。

(D)律師可經由選舉擔任地方民選縣市首長後，仍可同時繼續執行律師業務。

答案：B

6. 甲律師擔任某上市公司之法律顧問，在會議討論時，甲得知該公司增資發行股票後之資金用途會被挪用而有背信及侵占之犯行，對公司股東將造成嚴重之利益損害。甲覺得不妥，極力反對。事後調查局約談甲時，甲是否一定要告訴調查局開會之情況？

(A)甲對其當事人負有保密義務，不可以洩露開會之情形。

(B)該案只涉及財產之權益，不涉及身體的傷害，因此甲不得洩露。

(C)該案件屬於律師倫理規範第33條第2款保密義務例外情形，因此甲一定要向調查局說明該案件之內容。

(D)該案件係屬於律師倫理規範第33條第2款保密義務例外情形，但是甲可以選擇說明或不說明。

答案：D

7. 關於律師不得從事之行為，下列敘述何者錯誤？

(A)律師不得就向未終結之訴訟案件直接或間接受讓系爭標的物。

(B)律師原則上不得就其所經辦案件之標的中獲取財產利益。

(C)律師原則上不得兼營商業。

(D)律師原則上不得兼任公務員。

答案：C

8. 當事人張三想要委託陳律師辦理告李四妨害名譽的官司，詳細商談後，陳律師發覺李四是他多年不曾謀面的表弟，在陳律師將此情形告知張三，而張三表示沒關係後，問陳律師基於律師倫理可不可以接任這個案件？

(A)不可以，對造當事人為四親等內血親的案件律師不可以接受委任。

(B)只要最近五年沒有往來就可以，否則就不可以。

(C)如果表兄弟的關係不會影響陳律師的獨立專業判斷就可以，若有影響就不可以。

(D)一定可以，法律只限制對造當事人為配偶及二親等內血親的案件，律師才不能接受委任，表兄弟的案件不受限制。

答案：C

9. 下列關於律師後酬之約定，何者不違反律師法及律師倫理規範之規定？

(A)甲律師在訴訟代理某知名藝人之離婚事件，約定如能進一步取得子女監護權，可取得後酬五百萬元。

(B)乙律師在代理某土地徵收之行政訴訟事件，約定如獲得勝訴判決，可取得後酬五百萬元。

(C)丙律師在某重大金融犯罪事件中，與其辯護之被告約定，如獲得無罪判決，可取得後酬五百萬元。

(D)丁律師在代理某繼承登記訴訟事件，與當事人約定，如獲得勝訴判決，即取得系爭土地十分之二作為後酬。

答案：B

10. 下列律師行為，何者沒有違反律師倫理？

(A)受任律師於起訴後至判決時，未曾提供相關書狀及證據與當事人，使當事人沒有充分表示意見之機會。

(B)律師至法院出庭執行律師職務不穿著制服。

(C)律師事務所之受僱律師離職時，勸說事務所之當事人轉委任自己為受任人。

(D)律師於某新聞雜誌上付費刊載自己的姓名、學經歷、事務所地址及連絡方式。

答案：D

104年試題

1. 下列關於法官、檢察官及律師執行職務或業務應遵守事項之敘述，何者錯誤？

(A)法官應不受當事人聲明及聲請之限制，積極搜集及調查證據，以求發現真實，實現社會正義。

(B)律師不應拘泥於訴訟勝敗而忽略真實之發現。

(C)檢察官辦理案件應努力發現真實，對被告有利、不利之證據均應詳細調查。

(D)法官及檢察官自離職之日起3年內，不得在其離職前3年內曾任職務之法院或檢察署執行律師職務。

答案：A

2. 律師法第30條規定：律師不得刊登跡近招搖之啟事；同法第35條規定：律師不得以不正當方法招攬訴訟。下列情形何者不牴觸上述規定：

(A)於公開發行之雜誌上刊登律師事務所之廣告，其中有「旗開得勝」之文句，並以不具律師資格之市議員為律師事務所之「董事長」。

(B)律師未受委託前即主動發函給當事人，表示「……該案甚為複雜，倘未小心處理，恐對臺端有不利之結果，尚希從速來所一談為要……」。

(C)律師未受委託前即主動發函給當事人，表示「……違反票據法如能早期辦理辯護者可得減輕或免除其刑，輕重懸殊，可見一斑，當期立即駕臨本所洽談，幸勿延誤時期……」。

(D)以律師事務所名義致函各工商團體，表示該事務所設有全民法律服務中心，免費提供法律諮詢。

答案：D

3. A科技公司與B科技公司間因專利侵權事件而爭訟，倘若A勝訴，則B公司之股票價值極可能下跌。甲律師接受A之委任擔任其訴訟代理人。下列何者情形，甲不違反律師倫理規範？

(A)甲是B公司的股東。

(B)甲是B公司的監察人。

(C)甲是B公司董事乙的舅舅。

(D)甲是B公司於此案件委任之律師丙的女婿。

答案：C

4. 甲律師處理其當事人A與對造B的債務糾紛時，得知A要夥同朋友到B家毆打B並進行恐嚇，問甲應如何處理？

(A)全力阻止A進行此事，並以若不聽勸要終止委任作為威脅。

(B)勸導A不應有如此違法行為，若有必要，並將此事告知警察機關。

(C)應該嚴格保密，不洩露給任何人知道。

(D)必須為A設計安排，以便事後可以規避法律之制裁。

答案：B

5. 甲藏身幕後開設地下簽賭站，僱用乙、丙為其員工。後來，乙、丙因涉嫌賭博罪被檢察官偵查，甲遂出錢委任律師丁擔任乙、丙的辯護人。因為甲表達關切，丁未經乙、丙同意便將他們於警詢、偵查、聲押庭之陳述告知甲。關於丁的行為是否違反律師倫理的問題，有四種說法：①丁違反律師倫理，因為原則上律師不得接受第三人代付委任人之律師費②丁違反律師倫理，因為律師對於受任事件內容有保密義

務，非經當事人同意不得洩漏③丁未違反律師倫理，因爲甲出錢委任有權知悉委任事務之內容與進行狀況④丁未違反律師倫理，因爲甲、乙、丙之利益一致，不會有利益衝突。請問這四種說法何者正確？

(A)僅①正確。

(B)僅①②正確。

(C)僅③④正確。

(D)僅③正確。

答案：B

6. 下列何種情形之律師拓展業務，不違反律師法或律師倫理規範？

(A)甲律師乃由A地方法院法官轉任，在其事務所招牌上標榜「司法官訓練所某期第一名結業，曾任臺北、桃園法院法官兼庭長」字樣。

(B)乙律師之當事人A爲協助乙拓展業務，以乙律師名義在平面媒體刊登「某事務所，旗開得勝」字語。

(C)丙律師與某網路平臺合作，提供該平臺會員法律諮詢，再以特定成數拆帳收取諮詢費用。

(D)丁律師在其事務所招牌上標榜「勝率高達九成」等語。

答案：A

7. 黃律師擔任甲公司的顧問，因而得知甲公司正在研發某個超導體製程專利的秘密。後來黃律師受乙公司委任和丙公司進行履約糾紛的訴訟，如果使用甲公司該正在研發的超導體製程的秘密資料，會對乙公司的官司很有幫助。試問黃律師可不可以在乙、丙間的官司中使用該資料？

(A)可以，因爲甲公司還沒有正式取得專利。

(B)可以，因爲是乙、丙公司間的訴訟，和甲公司無關。

(C)如果黃律師還是甲公司的顧問就不可以，如果已經不是就可以。

(D)如果得到甲公司同意就可以，如果沒有得到同意就不可以。

答案：D

8. 陳律師承辦一件民事案件，雙方都有委請律師，開庭後對造當事人打電話到陳律師事務所，要求和陳律師碰面解釋案情。陳律師為了安撫對方情緒，在未知會對方律師的情況下，就和對方當事人碰面會談。試問陳律師可以和對造碰面商談嗎？

(A)除非得到對方律師之同意，否則陳律師不得擅自與對方當事人商談，陳律師已違反律師倫理規範。

(B)如果在事務所之外碰面就沒有關係，但不可以在陳律師事務所碰面。

(C)陳律師是為了安撫情緒才不得已約碰面，動機純正，並無不妥。

(D)只要得到己方當事人同意就好，不需要得到對方律師的同意。

答案：A

法官試題

一、審判獨立與基本精神

1. 以下敘述，何者錯誤？（102司法官一試）

(A)法官對於高標準之司法行為應以身作則，以增強公眾對於司法之信賴。公眾對於司法之信賴是維繫司法獨立之基礎。

(B)法官應確保其於法庭內外之行為，及參與職務內與職務外之一切活動，均足以維繫並促進公眾、法律專業人士及當事人對於法官及司法公正性之信賴。

(C)法官不得容許在法庭服務之職員及其他受法官指揮、監督之人藉職務之便，索取或收受任何餽贈及利益。

(D)為維繫法官公正客觀之形象，避免產生法官涉入政治之疑慮，法官不得公開發表或講授與現行法律有關之議題；亦不得參與任何形式之公聽會。

答案：D

2. 關於法官獨立審判，下列敘述，何者正確？（102律師一試）

(A)法官身分、職位應獲得保障，即使候補法官之審判行為，其獨立、

不受干涉之保障，亦應獲得確保。

(B)法官為了解人民觀感，於某特定案件開庭前，應多參考報紙及電視對於該案之看法，作為是否作成有罪或羈押裁定之依據。

(C)法官審判應受判例及其他法院見解之拘束。

(D)地方法院院長基於司法監督，為維持審判效率，可對於某一法官指示其某一案件應於10日內終結之。

答案：A

3. 關於法官依法裁判民事事件，下列敘述何者正確？（102律師一試）

(A)法官應依法裁判，任何事件不可依法理進行裁決。

(B)法官應受立法院通過之法律拘束，絕對不可藉由法律解釋，限縮某一條文之適用範圍。

(C)法官審判應受法令拘束，此所謂法令之範圍並不包括司法院民事廳座談會之研究意見結論。

(D)地方法院法官審判，若認為某一法律違反憲法，其乃可逕將之視為無效條文，自行造法處理該事件。

答案：C

二、法官的職務倫理

(一)審判職務行使

1. 下列法官與法院同儕間相處之行為，何者未違反法官倫理？（103司律一試）

(A)法官開庭時，見書記官因為筆錄記載速度一直無法配合當事人之陳述而慌亂不已，心生不忍，乃請書記官退至一側，由法官自行製作筆錄。

(B)庭長對於其所屬庭員所承辦之案件，以該庭員審理該案件無正當事由已逾2年仍然未終結，告知該庭員應從速辦理。

(C)就高等法院之合議案件擔任受命法官，在評議時因自己之意見與多

數意見不同，而要求應由持多數意見之法官執筆撰寫判決，否則應再開辯論。

(D)法官向承辦刑事案件之同院法官表示，該案件之被告是其親屬，請承辦法官應調查清楚，以免冤抑。

答案：B

2. 下列情形，何者構成法官受懲戒之事由？（101律師一試）

(A)判決見解違反最高法院判決之見解。

(B)判決見解與通說不同。

(C)羈押必要性之判斷，與上級審見解不同。

(D)審理程序中完全禁止辯護人詰問證人。

答案：D

3. 下列法官開庭時之行為，何者並不違反法官倫理？（106司律一試）

(A)法官在開庭時告知被告所犯罪名輕微，且事證明確，被害人要求賠償金額未必高於委任律師辯護之花費，建議被告考慮直接與被害人和解。

(B)法官開庭時，對於當場筆記開庭情形，並無其他妨礙開庭行為之旁聽者，一律要求法警予以禁止，對於不從者，即以影響法庭秩序為理由命退出法庭。

(C)法官開庭時，因書記官反應懼怕犬類動物，而禁止視覺功能障礙者帶同導盲犬入庭。

(D)法官於審理家庭暴力保護令聲請事件，訊問15歲之未成年被害人時，認為有隔離訊問之必要，命陪同到庭之社會工作人員退出庭外，而在訊問完畢後，始請社會工作人員入庭並告以訊問要旨。

答案：A

(二) 禁止關說

1. 甲法官因其子駕車肇事逃逸遭檢察官起訴，經某地方法院刑事庭判決有罪後，嗣其子向臺灣高等法院提起上訴，乃基於愛子心切，透過大

學同學法官乙向承辦該案件之受命法官丙及審判長丁關說，希能判決無罪。其後，丁在評議簿中表示該案應判決無罪，丙則表示應至少判決五個月有期徒刑。陪席法官戊未曾閱卷，基於丁之指示，同意爲無罪判決。下列敘述，何者正確？（106司律一試）

(A)甲請託乙向丙關說，乃人情之常，應未違反法官倫理。

(B)丁受乙請託，基於同事情誼，判決被告無罪，係自由心證所容許，無違反法官倫理。

(C)丙表示應判決有期徒刑五個月，此與丁之意見相左，應已違反法官倫理。

(D)戊未閱卷即參與評議，雖未接受關說，其同意無罪之行爲，應已違反法官倫理。

答案：D

㈢ 法官的保密義務

1. 地方法院法官甲與法官乙相識多年，經由報載，知悉法官乙甫宣判之某一案件結果，對於法官甲於該案中所持之見解非常不以爲然，其於該案件確定前之下列行爲，何者違反法律倫理之要求？（101律師一試）

(A)於日記本中記錄自己之感想。

(B)提供相關之判決先例及論文給法官乙，作爲其未來辦案之參考。

(C)回家與配偶閒聊時，抒發己見。

(D)在高等法院舉辦之法律問題座談會中，研討該案件應如何正確適用法律。

答案：D

2. 關於法官評論其他法官審判中個案的言論自由問題，下列敘述何者錯誤？（102司法官一試）

(A)法官發表評論時，應避免影響該個案承審法官之獨立性與公正性。

(B)法官發表評論時，應注意社會大眾對於司法公正性的信賴。

(C)法官應避免針對個案之事實認定及證據取捨做評論。

(D)法官評論其他法官審判中個案的言論自由，不應受到任何限制。

答案：C

3. 有關法官對於司法案件評論之倫理規範，下列敘述，何者正確？（103司律一試）

(A)法官得對尚在法院繫屬中之案件，為公開評論。

(B)法官對於繫屬中之司法案件，如係基於媒體業已報導之資訊而為評論，即不違反法官倫理。

(C)法官應該要求書記官等受其指揮或監督之法院人員，不得就案件公開發表足以影響裁判公正之評論。

(D)法官就自己承辦之案件，不論在訴訟中或訴訟外，對於當事人或其他公眾，均不得表明對案件之觀點，以免影響民眾對法官中立之信賴。

答案：D

4. 法官A審理某知名藝人甲涉犯性侵害案件，判決甲有罪。甲投書媒體稱法官A拿到對方的好處，脅迫他承認犯罪，他是冤枉的。下述法官A所為，何者未違法官倫理？（107司律1試）

(A)向媒體提供並詳細說明他在判決書內沒有提到的其他定罪證據，以彰顯其認事用法之嚴謹專業。

(B)將甲開庭時之影音電子檔放在自己的臉書網頁上，供各界檢視，以正視聽。

(C)向媒體提供卷內資料，說明其實還有其他判決沒提到的被害人數名及其具體情節，但未經檢察官起訴，所以未審理論科。

(D)對甲提起民事訴訟，主張其投書媒體指控之內容不實，損害其名譽，請求賠償及登報道歉。

答案：D

三、法官的保持品格義務

㈠ 基本精神

1. 下列何者行為，未違反法官倫理？（101司法官一試）

   (A)甲法官心儀某電視臺主播，乃利用司法院提供之相關查詢系統查詢該主播住家等資訊。

   (B)乙法官於某網路交友網站自稱為律師，同時與二位網友發生性關係。

   (C)單身之丙法官前往某合法立案之婚友社，未隱瞞自己身分，而由該婚友社安排數位異性進行聯誼。

   (D)丁法官未依相關規定申請許可及請假，赴大陸地區攻讀博士學位。

   答案：C

2. 法官甲之配偶乙為律師，同住在法官甲之職務宿舍內。乙時常利用甲上班不在宿舍內之時間，在該宿舍內接見委任人。某甲發現上情，以如何處置為宜？（102司法官一試）

   (A)若乙係利用其夫之身分、名望等牟取委任人之信賴，則應禁止乙在宿舍內接見委任人；若無此情形，即無禁止之必要。

   (B)若乙受任處理之案件非其夫甲審理者，甲既毋庸迴避之，自無理由禁止乙在甲之宿舍內接見委任人；惟法官甲仍以避免在場為宜。

   (C)若乙之委任人不知其處所為法官職務宿舍，則可接見之；倘乙事先已告知委任人其處所為法官職務宿舍，或委任人已自行知之者，則應禁止乙利用該處所接見委任人。

   (D)放任乙在法官職務宿舍接見委任人，易使委任人及通情達理之旁觀者看來誤以為乙及其委任人可以在案件之處理上享有特別之待遇，不論事實上有無此不當情形，均不容許乙繼續利用宿舍接見委任人。

   答案：D

3. 甲法官之配偶乙為律師，試問甲法官關於配偶之工作應注意之倫理規範，下列敘述，何者正確？（106司律一試）

   (A)甲法官應避免其配偶乙經常進出其法院之辦公室，且其亦應避免經

常進出配偶乙之律師事務所。

(B)甲法官得同意乙在受配住之法官職務宿舍接見乙之委託人，但此時甲法官宜迴避。

(C)甲法官應避免與配偶乙一同出席乙所屬律師事務所同事之婚禮。

(D)乙律師出馬競選民意代表，甲法官不得為乙公開站臺助選，僅得在私下為乙向社區鄰居請求支持。

答案：A

(二) 兼職兼業

1. 法官甲之長年友人乙，因合夥糾紛，遭其他合夥人提出業務侵占罪之告訴，乙情急下向甲求助，請問甲下列何種處置，無違反法律倫理之虞？（102律師一試）

(A)聽取乙關於案情之陳述後，為乙分析利害關係後，應乙之要求，以乙名義撰寫答辯狀。

(B)聽取乙關於案情之陳述後，為乙分析利害關係後，僅口授到庭應答之技巧與答辯之要旨，但拒絕為乙撰狀。

(C)建議乙委任律師或向律師諮詢，並提出若干口碑較佳之律師名單供乙參考。

(D)電請承辦檢察官詳查本案，秉公處理，勿枉勿縱。

答案：C

2. A係B法官之大學同學，A因案遭提起公訴，乃藉機向B法官訴苦，下列敘述，何者最正確？（103司律一試）B

(A)B法官得基於同學情誼，為A草擬辯護狀。

(B)B法官不得為A提供任何法律上建議。

(C)如B法官認A係蒙受不白之冤，得婉轉向承辦法官請求慎重審理。

(D)如B法官認A係蒙受不白之冤，得向原承辦檢察官反應。

答案：B

3. 某私立大學爲提高其聲譽，擬聘請某知名法官甲擔任監察人一職，下列敘述，何者正確？（104年司律一試）
   (A)甲法官絕不得擔任該職。
   (B)甲法官如未收受報酬時，得擔任該職。
   (C)甲法官如所收受報酬未逾6000元時，得擔任該職。
   (D)甲法官如未收受報酬又無其他兼職時，得擔任該職。

   答案：A

4. 法官甲之妻乙因從事網拍業務遭丙提出詐欺取財之控告，乙接獲警察局之調查通知，即向甲訴說原委，法官甲遇此情形所採行下列之處置，何者不違反法律倫理之要求？（106司律一試）
   (A)私下提供個人意見，但向乙說明僅供參考，如果有必要，最好還是委任律師處理。
   (B)打電話給承辦警員，表示乙雖爲法官之配偶，但不要求特別待遇，只拜託務必審慎公正處理。
   (C)直接聯絡丙，以自己歷年豐富之審判經驗及專業知識，向丙說明乙所爲不構成犯罪，促丙諒解及撤回告訴。
   (D)爲乙輔佐辯護。

   答案：A

5. 法官A的胞弟甲，與他人乙之間發生糾葛，乙對甲提起詐欺取財之刑事自訴。甲求助於胞兄法官A。法官A之下列行爲，何者爲法官倫理所容許？（107司律一試）
   (A)法官A於甲出庭時到庭關切，與承審法官打招呼，表明其法官身分及與被告的關係，但僅默默旁聽。
   (B)法官A爲甲提供諮商、撰擬書狀，及建議其尋求律師諮商與辯護。
   (C)法官A於甲被訴案件之審判期日以言詞陳明擔任甲之輔佐人。
   (D)法官A提供自己所審理其他案件中有關乙之筆錄與證據資料，讓甲得以證明乙素行不良。

6. 法官依法得兼任下列何種職務或業務？（105年司律一試）

(A)公務人員保障暨培訓委員會委員。

(B)國公營事業公股董監事。

(C)行政機關性別工作平等委員會委員。

(D)律師。

答案：C

7. 下列何一行為，未違背專業倫理規範之要求？（107司律一試）

(A)法官A為增進對於社會百態的認識，利用公餘及假日時光兼任計程車駕駛，並按公告費率收取車資以應車輛行駛及維修之所需。

(B)法官B自行在家開設讀經班，招收社區內學齡兒童研讀四書五經，並向學童家長收取學費供聘請師資及維持班務之用。

(C)法官C愛好攝影，在添購更高階之相機及閃光燈等攝影器材設備後，將自己已使用過之攝影器材設備透過拍賣網站出售。

(D)法官D於留職停薪期間，開設早餐店貼補家用。

答案：C

8. 依法官倫理規範的規定，法官得為下列那個團體募集成員？（105年司律一試）

(A)多層次傳銷事業。

(B)政黨。

(C)刑事法學會。

(D)立法委員競選後援會。

答案：C

(三) 政治活動

1. 下列行為，何者為適當？（101律師一試）

(A)法官不得加入政黨或政治團體，亦不得兼任公職候選人競選辦事處之職務。但得利用下班時間為公職候選人拜票。

(B)法官仍爲公民之一份子，得在辦公場所懸掛、張貼、穿戴或標示特定政黨、其他政治團體或公職候選人之旗幟、徽章或服飾。

(C)法官爲維護人民對司法公正之信賴，應避免參加政治活動，且不得兼任政黨或其他政治團體之職務。

(D)法官不得爲公職候選人站臺或公開拉票，但爲參選公職之直系血親、配偶站臺或拉票者，不在此限。

答案：C

2. 下列關於法官參與職務外政治活動之倫理限制，何者爲正確？（104司律一試）

(A)法官在我國雖得參加政黨，但不得參與任何政黨之政治活動。

(B)法官不得公開站臺支持任何政治上選舉之候選人，但可參與該候選人之競選集會活動。

(C)法官不得爲特定政治上選舉之候選人公開站臺表示支持，但連署支持特定被連署人參選總統、副總統，並不違反法官倫理。

(D)法官不得爲參加公職選舉之候選人募款或提供協助，但如僅係對政治團體內部職務之候選人提供競選協助，則無不可。

答案：C

3. 下列何種情形，可不受法官在任職期間禁止從事政治活動之限制？（105年司律一試）

(A)爲特定政黨候選人之造勢晚會站臺。

(B)成爲特定政黨成員。

(C)小額捐款與特定政黨或政治團體。

(D)知其配偶以其法官之名義爲特定候選人募款而不反對。

答案：C

(四) 商業與社交活動

1. 下列敘述，何者與法律倫理有所扞格？（101司法官一試）

(A)法官得管理自己所有及與家庭成員共有之財產，亦得進行投資，並得兼任以營利爲目的之事業或團體之職務或經營商業。

(B)法官應避免與律師、案件的當事人有財務往來。但該當事人爲金融機構且其交易係正當者，不在此限。

(C)法官應阻止家庭成員從事看似利用法官職務之交易行爲。

(D)法官應儘量避免金錢借貸、邀集或參與合會、擔任財物或身分之保證人。

答案：A

2. 下列敘述，何者合於法律倫理？（101司法官一試）

(A)法官於調查或出差時，得接受相關機關（構）茶點及食宿之接待。

(B)法官在處理私人事務時，無需刻意隱瞞自己之職務或工作，但是應該避免他人以爲有藉法官身分牟利或受到優待的情形，尤其要避免運用法官的身分或職務爲自己或第三人牟取私人利益。

(C)法官對於其他法官受理之個案發表公開意見，屬於個人言論自由之範疇，不受限制。

(D)法官不得爲候選人拉票，但在辦公室內懸掛心儀之公職候選人旗幟、肖像，爲法所不禁。

答案：B

四、法官的評鑑與懲戒

1. 下列情形，何者不構成法官受懲戒之事由？（101律師一試）

(A)向先前審理案件之被告借用進口轎車。

(B)與審理中案件之被告於私宅會晤。

(C)與先前審理案件之被告有不正常之男女關係。

(D)與先前審理案件之被告參加同一個公開宗教活動。

答案：D

2. 關於法官之職務監督，下列情事，何者非屬得加以警告之事由？（102

律師一試）

(A)所採法律見解與最高法院之多數庭判決見解不同。

(B)廢弛職務。

(C)侵越權限。

(D)行為不檢。

答案：A

3. 下列情形，何者不構成司法人員受懲戒之事由？（102律師一試）

(A)民事執行處法官收受經營法拍屋之業者所餽贈之價值30餘萬元的勞力士金錶。

(B)於上班時間打電話下單買賣股票。

(C)於上班時間偶以電話關切家中事務。

(D)未依公職人員財產申報法申報財產。

答案：C

4. 有關法官審判職務行為之倫理規範，下列敘述，何者正確？（104司律一試）

(A)法官之審判，必須絕對遵守最高法院判例，即使在個案判決中附理由表明最高法院判例之見解有誤，而拒絕採取，仍屬違反法官倫理，應追究責任。

(B)法官之審判，如有事實足認其因故意或重大過失，致有明顯重大違誤，而嚴重損害人民權益時，得對法官請求個案評鑑，追究責任，但必須該案件已裁判確定，或者是自第一審繫屬日起已逾6年仍未能裁判確定之案件，始得為之。

(C)法官審判職務之倫理，係指法官認定事實及適用法律之裁判行為，至於訴訟過程中之指揮訴訟，當事人如有不服，僅得於訴訟中聲明異議，在任何情形下均不得主張法官之訴訟指揮有違法偏頗，而依評鑑程序要求追究法官個人之責任。

(D)法官之審判即使因故意或重大過失，致有明顯而重大之違誤，但如

果當事人已依上訴或抗告請求救濟，而遭駁回確定者，即不得再循評鑑程序，追究法官個人之紀律責任，以免造成評鑑程序與訴訟程序認定之歧異。

答案：B

5. 請問下列何者不屬法官法所定法官懲戒措施？（104司律一試）

(A)記過。

(B)撤職。

(C)轉任。

(D)罰款。

答案：A

檢察官試題

一、職務倫理

㈠ 基本概念

1. 高等法院檢察署至地方法院檢察署進行業務檢查，發現檢察官甲有一件案件，已逾二年尚未結案，請檢察官甲說明理由。下列那一種狀況理由妥適？（100司法官一試）

(A)甲：因係醫療糾紛案件，已將相關資料送請行政院衛生署進行審議鑑定尚未完成鑑定，每季定期函詢行政院衛生署鑑定進度，故無法結案。

(B)甲：因前一年颱風來襲，地方法院檢察署贓物庫淹水，導致該案之證物滅失，無法鑑定取證，為保障被告權益，故暫不結案。

(C)甲：因該案件之犯罪是否成立，應以民事法律關係為斷，因當事人就民事法律關係，已於前一年在法院進行民事訴訟，所以依刑事訴訟法第261條規定，停止偵查，因法院已許久未通知，目前尚不知法院民事訴訟進行狀況，故尚未偵結案件。

(D)甲：因該案件太複雜，暫無從下手，且伊有許多案件，故先進行其

他案件，以免耽誤其他案件之進行，故尚未結案。

答案：A

2. 公訴檢察官甲於審判期日在法庭內實行公訴調查證據程序時，從卷證資料發現其父親係未經起訴之共犯，而案件即將辯論終結，法院亦未發現。甲下列那一項處置方式，符合法律倫理？（100司法官一試）

(A)基於職責，當庭依法追加起訴其父親，並向法院聲請另定期日，並於後續審判期日，公正無私的堅守崗位，依法完成該案之審判程序。

(B)應即向法院釋明發現其父親為同案共犯，聲請另定期日，並於退庭後即向所屬檢察長聲請迴避承辦上開公訴案件。

(C)基於親情與人性考量，且刑事訴訟法第180條本即有親屬間得拒絕證言之規定，同時兼顧避免浪費司法資源，可不予告發。

(D)向法院聲請休庭，並立即通知其父親到庭接受調查，以完成審判程序。

答案：B

(二) 保密義務與偵查不公開

1. 甲檢察官參加電視談話性節目，並在節目中針對某地方法院檢察署正在偵辦之案件，發表評論，甲認為以其擔任多年檢察官之經驗，該案件如果對被告實施搜索，應可扣得相關證物，承辦檢察官未進行搜索，不符檢察實務經驗，如果不是檢察官辦案不力，就有可能係受到上級干預。請問，下列敘述，何者正確？（100司法官一試）

(A)檢察官應保持客觀中立，不應上傳播媒體發言，甲參加電視談話性節目，本身就不符法律倫理。

(B)甲並非案件之承辦檢察官，自可就他檢察官偵辦中之案件，依其經驗客觀評論，並無不合法律倫理。

(C)甲並非案件之承辦檢察官，故可對某地檢署偵辦中之案件，依其經驗，在電視上發表看法，但甲之評論，洩漏檢察官可能之偵查方向，所以不符法律倫理。

⒟檢察官於職務外，參加電視談話性節目，並無不可，但甲於節目中對他檢察官正在偵辦中之個案，發表評論，並推測該檢察官可能辦案不力或受上級干預，有損他人及機關形象，所以不符法律倫理。

答案：D

2. 檢察官甲接受電臺談話性節目邀請，數次上電臺談話性節目，針對社會矚目之偵查中個案發表專業看法。試問甲之行為是否違反檢察官倫理？（101司法官）

⒜如係利用公餘時間，且以私人身分應邀參加，不違反檢察官倫理。

⒝言論內容只要不涉及檢察官所承辦案件或其個人職務有關，即不違反檢察官倫理。

⒞檢察官本有維護法律制度健全發展之義務，本諸偵查業務經驗，對社會矚目案件發表專業看法，只要不涉及昧於事實之負面批評，如能導正民眾對法律正確看法，不違反檢察官倫理。

⒟檢察官對社會矚目案件發表專業看法，即使不涉及承辦案件或個人職務，仍屬有關職務之不當言論，違反檢察官倫理。

答案：D

3. 面對多元及進步的社會，不同專業領域類型之新興犯罪型態，應運而生，檢察官面對涉及相關專業領域犯罪，下列那一項做法，不符檢察官倫理？（104司律一試）

⒜應隨時充實新知，參與各類專業知能講習或進修，提升本身辦案專業能力。

⒝因偵查不公開，可視案件類型，採行團隊辦案模式，除送請專業鑑定外，不宜讓專家參與辦案，以維持案件之中立與秘密。

⒞檢察署應建立專組辦案機制，檢察官應落實專組辦案，對於非其熟悉之專業案件，可陳請檢察長移轉他組承辦。

⒟檢察官對其承辦之專業案件，經偵查後所得出之心證與專家鑑定意見完全相反時，可以放棄其心證，改採專家之鑑定意見。

答案：B

4. 甲檢察官在網路上有其自己所屬之臉書（Facebook），一般民眾可透過公開網路，觀看甲檢察官之臉書，甲檢察官之臉書上記載其職業為檢察官。下列相關行為敘述，何者不違反檢察官倫理？（106司律一試）

(A)甲檢察官在其臉書上發表文章，評論美國影藝學院本年度奧斯卡最佳影片獎的得獎作品藝術價值不高。

(B)颱風來襲，A縣山區爆發土石流，造成多處道路坍方，甲檢察官在其臉書上撰文批評該地方政府首長，防洪治水嚴重失職，監察院應調查彈劾。

(C)甲檢察官在臉書上為文分享其執行外勤相驗時之心得，並張貼死者陳屍現場的照片，說明其心情的轉折與震撼。

(D)甲不滿其起訴之案件遭法院判決無罪，將法院之判決書全文及其撰寫之上訴書全文，登於其臉書上，要求大家評評理，號召大眾共同監督上級審法院之上訴審理程序。

答案：A

(三) 執行職務的正當法律程序

1. 追訴犯罪，將犯罪者繩之以法，是檢察官的職責。下列敘述，何者符合檢察官倫理？（104司律一試）

(A)檢察官偵查犯罪，應認真詳實，以使被告定罪為唯一目的。

(B)檢察官調查犯罪事證，為取得搜索票，必要時得以假的檢舉筆錄向法院聲請搜索票。

(C)檢察官於偵查中發現警察逮捕殺害警察之現行犯時，於制伏嫌疑人後，警察同僚基於義憤，於警局內痛毆嫌疑人，檢察官考量警察毆打嫌疑人係因痛失同僚之義憤行為，故可不予以追究調查。

(D)檢察官於法庭執行公訴職務時，發現被告犯行之追訴期間已過，主動將資料訊息向法院陳報。

2. 甲與乙共同持槍擄人勒贖，甲於前往約定地點拿取贖款時遭警逮捕，乙發現後押同人質逃離現場，事後以電話通知被害人家屬，揚言將撕票。甲由警方移送檢察官偵辦，惟甲經檢察官多次訊問，均拒絕供出乙之年籍資料與藏匿處所。檢察官下列那一項作為，符合檢察官倫理規範？（104司律一試）

(A)因人質已處於高度危險，救人第一，為保護人質肉票之安全，檢察官同意警察對甲施以必要之刑求，以利及時查出人質下落。

(B)檢察官於訊問甲時，當庭告知甲，如拒不供出乙之年籍及下落，將來起訴，將以其犯後態度不佳，向法院求處重刑。

(C)甲自知刑責嚴重，向檢察官要求讓其女友前來與其發生親密關係以傳宗接代，才願意供出乙與人質藏匿處所，檢察官遂要求警方安排押解戒護甲與其女友前往汽車旅館發生親密關係。

(D)檢察官訊問甲時告知甲，如甲供出乙之下落，且順利救出人質，就會立即釋放甲，並可以對甲為不起訴處分。

答案：B

3. 檢察官A負責偵辦甲、乙涉嫌詐欺案件，甲、乙均否認犯罪，並供稱並不認識告訴人丙；且稱當時均在國外經商，聲請檢察官查調甲、乙之入出境資料。惟檢察官並未查調甲、乙之入出境資料，依告訴人丙之指訴及證人丁之證詞，對甲、乙提起公訴。嗣經法院審理，查調甲、乙入出境資料後，發現甲、乙被訴犯罪行為時間，確實在國外，告訴人丙指訴誤認，因而判決甲、乙無罪，並經判決確定。下列敘述，何者正確？（107司律一試）

(A)檢察官A係根據告訴人丙指訴及證人丁之證述，據以提起公訴，雖法院判決無罪，但係屬證據取捨問題，A或有疏忽之處，但未違反檢察官倫理規範。

(B)被告甲、乙雖聲請檢察官A調查其不在場證明，A認為沒有必要，係

屬檢察官偵查裁量權，不涉檢察官倫理規範問題。

(C)檢察官偵查犯罪，應致力發現真實，兼顧被害人與被告權益，若被害人原本指訴明確，A獲得心證，即應堅持立場，以使被告定罪為目的。

(D)A對於甲、乙所聲請調查之入出境資料，查調並無困難，且於犯罪事實之認定具有重要關聯性，但A未盡調查能事，有違檢察官應勤慎執行職務之疏失。

答案：D

4. 慣竊甲與姓名不詳之男子，在捷運車站內扒竊時，甲當場被逮，惟該不詳姓名之共犯趁隙逃脫。甲經移送地檢署並坦承犯案，惟於值班內勤檢察官乙訊問時，拒絕供述共犯姓名，乙下列那一項處置，不違反檢察官倫理？（106司律一試）

(A)乙訊問甲時，當庭告知甲，如甲能誠實供出共犯姓名，代表犯後態度良好，會記明筆錄，將來承辦檢察官可從輕處理，一定會給予緩起訴。

(B)乙訊問甲時，當庭告知甲，如不供出共犯姓名，將向法院聲請羈押甲。

(C)乙訊問甲時，當庭告知甲，因甲係慣竊，已有多次竊盜前科，恐有再犯之虞，且有不詳姓名共犯在逃，有串證之虞，決定向法院聲請羈押甲。

(D)乙訊問甲時，為使甲明白供出共犯與否之利害關係，先暫停製作筆錄並關閉偵查庭錄音設備，與甲閒聊說明，說明完畢後，再重新開啟偵查庭錄音設備進行筆錄製作。

答案：C

(四) 檢察一體與檢察獨立

1. 甲檢察官負責檢察署偵查案件之辦理，每月新收案件超過百件，工作負荷量極大，未結案件量為該檢察署最高，且辦案遲延嚴重。下列敘

述，何者符合檢察官倫理規範之要求？（106司律一試）

(A)因新收案件量大，但甲檢察官爲求謹愼，仔細調查案件，採取一件辦完再辦另一件的方式偵辦案件，且爲避免造成其他檢察官工作負擔，未請求檢察長調整人力協助。

(B)甲檢察官認爲新收案件量大，但不能草率結案，案件偵辦遲延係司法機關正常現象，案件當事人須耐心等待。

(C)甲檢察官案件量過多無法負荷，造成未結案件量爲該檢察署最高，該署檢察長可衡酌人力調度，本諸檢察一體指揮調度，將甲檢察官承辦之部分案件，移轉其他檢察官偵辦。

(D)甲檢察官對於所屬檢察長行使檢察一體職務移轉命令，要求其交出未結之案件，其已開始偵辦之案件，可拒絕移轉，僅就尚未開始偵辦之案件移轉。

答案：C

二、保持品格義務

㈠ 基本精神

1. 甲檢察官之夫在美工作，甲懷孕，請假未經機關首長簽准，即赴美產子。經機關首長予以書面警告，甲不服，私下以假案號查詢同署各檢察官之出入境資料。試問甲前述各行爲何者違反檢察官倫理？（100司法官一試）

(A)赴美產子、請假未簽准、私下查詢其他檢察官出入境資料均違反。

(B)請假未簽准、私下查詢其他檢察官出入境資料違反，但赴美產子未違反。

(C)私下查詢其他檢察官出入境資料部分違反，其他未違反。

(D)赴美產子、請假未簽准、私下查詢其他檢察官出入境資料三項均不違反。

答案：B

2. 檢察官甲與乙結婚後，仍持續與多名女子交往並同居。甲是否違反檢察官倫理規範？（105司律一試）

(A)只要乙不提出告訴，即不違反檢察官倫理。

(B)不論乙是否提出告訴，均屬檢察官私德領域，甲不違反檢察官倫理。

(C)檢察官言行應端莊謹慎，甲與他人同居只要未損及其職位尊嚴或職務信任，即不違反檢察官倫理。

(D)檢察官言行應端莊謹慎，維護司法形象，即使乙默許，甲仍違反檢察官倫理。

答案：D

3. 檢察官於假日、下班後等非執行公務期間，從事私人活動時，下列敘述，何者違反檢察官倫理規範？（104司律一試）

(A)檢察官參加重機車隊，騎乘重機車環島。

(B)檢察官前往墾丁渡假，在飯店內賭場賭博。

(C)單身檢察官報名參加錄製電視男女交友節目。

(D)檢察官到舞蹈教室學習國際標準舞，並參加國際標準舞比賽。

答案：B

(二) 兼職兼業

1. 檢察官身為執法者，言行舉止，應有一定之要求，下列敘述，何者明顯不符合檢察官倫理規範要求？（106司律一試）

(A)檢察官因購置住宅，向銀行申辦購屋貸款。

(B)檢察官於非上班時間，將其薪資所得，購買公債，進行個人理財。

(C)檢察官結婚，於婚宴收受與其無職務上利害關係，擔任律師之大學同學祝賀禮金2000元。

(D)檢察官利用下班時間，未向機關申請，在公職考試補習班教授法律課程領取鐘點費。

答案：D

㈢ 社交活動

1. 甲檢察官休假與家人前往韓國濟州島旅遊，巧遇詐欺案通緝犯之同鄉乙，相偕前往濟州島博弈場所小玩幾把，甲輸鉅款，乙先協助代墊，返國後，甲以被設計詐賭為由，賴帳不還。試問甲前述各行為何者違反檢察官倫理？（101司法官一試）
   (A)賭債非債，甲賴帳屬民事糾紛，不違反檢察官倫理。
   (B)濟州島為博弈勝地，小玩幾把無傷大雅，不違反檢察官倫理。
   (C)與詐欺案通緝犯相偕賭博之舉，已違反檢察官倫理。
   (D)國外巧遇同鄉，相偕賭博，乃人之常情，不違反檢察官倫理。
   答案：C

2. 某日檢察官甲接到其大學同學乙律師之邀約，前往某日本料理店與其聚餐敘舊，問下列關於檢察官倫理之敘述，何者正確？（101司法官一試）
   (A)若甲在受邀約時知悉乙為甲現正承辦中某菸毒案被告之辯護人，但因係同窗之故，仍得前往參加此一聚餐。
   (B)若甲到聚餐處，發現乙所邀朋友中有一現正為其所偵查中犯罪嫌疑人，此時，甲基於人情，仍可參與此一眾餐，待事後再向乙抱怨。
   (C)若甲到聚餐處，發現乙所邀朋友中，有現正為其所偵查之犯罪嫌疑人，甲應即告退。
   (D)甲係檢察官，對於律師之邀約，無論是否大學同學，均不應答應前往。
   答案：C

3. 檢察官之下列行為，何者最為妥適？（104司律一試）
   (A)檢察官屬國家公務員，故行為舉措，只要不違反公務員相關法規，即屬妥適之行為。
   (B)憲法保障人民有言論自由，故檢察官之言論只要不涉及毀謗、虛構，可就偵查中之案件自由投書報章、雜誌，發表看法。

(C)投資連鎖餐飲業。

(D)檢察官受邀參加同學會餐敘，雖無利害關係與特定目的，惟餐敘中如發現同學中有人係其承辦中案件之被告，宜立即離去避免社會物議。

答案：D

4. 下列檢察官之行為，何者未違反檢察官倫理？（105司律一試）

(A)甲檢察官在進行被害人屍體相驗後，接受被害人家屬邀宴。

(B)乙檢察官在某次總統選舉，為某一總統候選人站臺演講，批評司法已死。

(C)丙檢察官將其積蓄所得新臺幣七百萬元，購買宜蘭市房屋二戶，於一年後，因行情起漲，隨即售出得利。

(D)丁檢察官於某次參觀預售屋時，向銷售員表明自己為檢察官，藉此取得低於一般交易行情二成之購屋價格。

答案：C

5. 檢察官A參加大學同學律師B之婚宴，律師C係A正在承辦案件被告甲之辯護人，C、甲係B之朋友，亦參加B之婚宴。C、甲恰巧安排與A同桌。下列敘述，何者符合法律倫理規範的要求？（107司律一試）

(A)婚宴屬正常社交活動，A雖與C、甲同桌，但屬於公開場合，毋庸顧慮他人眼光。

(B)A係檢察官，B係律師，因檢察官與律師職務上對立不相容，為維持檢察公正、廉潔形象，A不可參加B之婚宴。

(C)A在婚宴會場先入席後，C、甲方入席同桌，A為避免物議，遂先行離去。

(D)C、甲入席後，發現A在同桌參加喜宴，C帶同甲向A打招呼，並向A陳述甲確實係遭冤枉，請A主持正義。

答案：C

㈣ 政治活動

1. 檢察官於職務外之假日公餘時間，一樣享有私領域之生活，但從事下列那一項活動，不符檢察官倫理規範？（104司律一試）

(A)前往寺廟，參加法會、媽祖鑾轎出巡遶境。

(B)學習舞蹈課程，參加國標舞比賽。

(C)前往政黨黨部，投票選舉黨代表。

(D)參加大學法律系同學會，有許多律師同學出席。

答案：C

Note

國家圖書館出版品預行編目資料

專業倫理：法律倫理／史慶璞、林春元、洪兆
承、蔡鐘慶著. -- 初版. -- 臺北市：五
南, 2020.02
　　面；　公分
　ISBN 978-957-763-832-8（平裝）

1.法律倫理

198.58　　　　　　　　　　108022652

1XHY 通識系列

專業倫理：法律倫理

作　　者 ― 史慶璞、林春元、洪兆承、蔡鐘慶

發 行 人 ― 楊榮川

總 經 理 ― 楊士清

總 編 輯 ― 楊秀麗

副總編輯 ― 黃惠娟

責任編輯 ― 高雅婷

校對編輯 ― 謝怡婷

封面設計 ― 姚孝慈

出 版 者 ― 五南圖書出版股份有限公司

地　　址：106台北市大安區和平東路二段339號4樓

電　　話：(02)2705-5066　　傳　　真：(02)2706-6100

網　　址：http://www.wunan.com.tw

電子郵件：wunan@wunan.com.tw

劃撥帳號：19628053

戶　　名：五南圖書出版股份有限公司

法律顧問　林勝安律師事務所 林勝安律師

出版日期　2020年2月初版一刷
　　　　　2020年6月初版二刷

定　　價　新臺幣380元

經典永恆・名著常在

五十週年的獻禮──經典名著文庫

五南，五十年了，半個世紀，人生旅程的一大半，走過來了。

思索著，邁向百年的未來歷程，能為知識界、文化學術界作些什麼？

在速食文化的生態下，有什麼值得讓人雋永品味的？

歷代經典・當今名著，經過時間的洗禮，千錘百鍊，流傳至今，光芒耀人；

不僅使我們能領悟前人的智慧，同時也增深加廣我們思考的深度與視野。

我們決心投入巨資，有計畫的系統梳選，成立「經典名著文庫」，

希望收入古今中外思想性的、充滿睿智與獨見的經典、名著。

這是一項理想性的、永續性的巨大出版工程。

不在意讀者的眾寡，只考慮它的學術價值，力求完整展現先哲思想的軌跡；

為知識界開啟一片智慧之窗，營造一座百花綻放的世界文明公園，

任君遨遊、取菁吸蜜、嘉惠學子！